# 现代教育技术

主　编　苏秋萍　李运福
副主编　黄希敏　师　诺　王春娟　杨梦竹

MODERN
EDUCATIONAL
TECHNOLOGY

西安交通大学出版社
国家一级出版社
全国百佳图书出版单位

**图书在版编目(CIP)数据**

现代教育技术 / 苏秋萍,李运福主编. — 西安:西安交通大学出版社,2021.6
ISBN 978-7-5693-1752-7

Ⅰ.①现… Ⅱ.①苏… ②李… Ⅲ.①教育技术学-教材 Ⅳ.①G40-057

中国版本图书馆 CIP 数据核字(2020)第 095128 号

Xiandai Jiaoyu Jishu

| | | |
|---|---|---|
| 书 名 | 现 代 教 育 技 术 | |
| 主 编 | 苏秋萍　李运福 | |
| 策划编辑 | 郭鹏飞 | |
| 责任编辑 | 陈　昕 | |
| 责任校对 | 郭鹏飞 | |
| 出版发行 | 西安交通大学出版社 | |
| | (西安市兴庆南路1号　邮政编码 710048) | |
| 网　　址 | http://www.xjtupress.com | |
| 电　　话 | (029)82668357　82667874(发行中心) | |
| | (029)82668315(总编办) | |
| 传　　真 | (029)82668280 | |
| 印　　刷 | 陕西奇彩印务有限责任公司 | |
| 开　　本 | 787 mm×1092 mm　1/16　印张 14.75　彩页 2 页　字数 366 千字 | |
| 版次印次 | 2021 年 6 月第 1 版　2021 年 6 月第 1 次印刷 | |
| 书　　号 | ISBN 978-7-5693-1752-7 | |
| 定　　价 | 42.00 元 | |

如发现印装质量问题,请与本社发行中心联系。
订购热线:(029)82665248　(029)82665249
投稿热线:(029)82669097
读者信箱:lg_book@163.com

**版权所有　侵权必究**

# 前言
## Foreword

信息技术的快速发展和深度应用,对教育教学产生了革命性影响。随着信息技术与教育教学的深度融合,掌握信息技术已经成为中小学、幼儿园教师创造性地开展教育教学活动的必备素养。全国中小学教师信息技术应用能力提升工程2.0的启动和实施,推动中小学、幼儿园教师信息技术应用能力的培养进入了新的历史阶段。根据《教师教育课程标准(试行)》的要求,现代教育技术应用是中小学、幼儿园、职前教师"职业道德与专业发展"中的内容之一。此外,师范类专业认证工作的深入推进,有力地促进了师范生现代教育技术能力的培养。

本书是培养师范生信息化教学理念、提升其信息化教学能力与专业发展能力的重要载体,是在陕西学前师范学院"现代教育技术"课程教学团队使用多年的教学讲义及相关讲座报告等材料的基础上加工整理而成的。陕西学前师范学院教育科学学院、信息工程学院以及教务处对本书的不断完善提供了很大的帮助。

全书共九章,主要围绕三个与师范生密切相关的问题展开。第一章、第二章主要介绍什么是现代教育技术;第三章至第八章主要介绍如何更好地利用信息技术推动课堂教学改革;第九章主要介绍如何利用信息化手段更好地促进教师专业发展常态化。

本书的特色主要表现在以下两点:其一,结合师范生培养需求,在精心编排已有知识内容的基础上,融入了团队成员关于教师教育研究的最新成果,如提出了教师专业发展常态的内涵,并指出提高教师信息化领导力是在文化生态取向下,利用信息技术促进教师全员协同发展的最新途径;其二,在前期广泛调研的基础上,依据陕西省中小学、幼儿园信息化教学的环境与需求情况精心编写内容,如信息化教学环境的介绍、信息化教学资源的设计与开发等,凸显师范生现代教育技术能力服务地方的重要性。

本书在陕西学前师范学院校级规划教材专项建设经费的资助下,由苏秋萍教授和李运福博士主编,黄希敏、师诺、王春娟等课程教学团队成员共同撰写。马霞歌副教授对本书内容的完善提出了许多宝贵建议,并付出了辛勤的劳动,在此表示感谢。

本书在编写过程中引用、借鉴了许多国内外的研究成果,西安交通大学出版社的编辑对本书提出了宝贵意见,这些都为本书的顺利出版提供了重要支撑。在此对各位学者及出版社的相关同志表示衷心感谢。

本书是一门理论与实践并重、经典与前沿共存的教材,在信息技术快速发展及中小学、幼儿园信息化教学需求日益多样化的背景下,编写一本经得起时间检验的教材具有极大挑战,实为不易。尽管本书是在"现代教育技术"课程教学团队多年教学经验的基础上编写的,并经过多次反复修改,但难免存在纰漏,恳请各位读者批评指正。

编者

2020年5月

# 目录 Contents

## 第一章　现代教育技术概述 (001)
第一节　现代教育技术概念辨析 ……………………………………………… (002)
第二节　现代教育技术发展历程 ……………………………………………… (009)
第三节　现代教育技术发展趋势 ……………………………………………… (012)
第四节　现代教育技术时代价值 ……………………………………………… (015)

## 第二章　现代教育技术理论基础 (019)
第一节　学习理论 ……………………………………………………………… (020)
第二节　教学理论 ……………………………………………………………… (034)
第三节　传播理论 ……………………………………………………………… (036)
第四节　系统科学理论 ………………………………………………………… (041)

## 第三章　教学媒体与信息化教学环境 (044)
第一节　教学媒体概述 ………………………………………………………… (044)
第二节　常见教学媒体及特征 ………………………………………………… (049)
第三节　信息化教学环境 ……………………………………………………… (061)

## 第四章　多媒体素材的获取与加工 (071)
第一节　文本素材的获取与加工 ……………………………………………… (072)
第二节　图形、图像素材的获取与加工 ……………………………………… (077)
第三节　动画素材的获取与加工 ……………………………………………… (094)
第四节　音频素材的获取与加工 ……………………………………………… (102)
第五节　视频素材的获取与加工 ……………………………………………… (111)

## 第五章　信息化教学资源的设计与开发 (123)
### 第一节　信息化教学资源 (124)
### 第二节　PPT 高阶设计与制作方法 (129)
### 第三节　微课的设计与制作方法 (148)
### 第四节　微电影的设计与制作方法 (157)

## 第六章　在线课程及其应用 (167)
### 第一节　在线课程及其发展历程 (167)
### 第二节　在线开放课程平台及其应用 (180)

## 第七章　信息化教学设计 (190)
### 第一节　信息化教学设计概述 (191)
### 第二节　任务导向的信息化教学设计 (194)
### 第三节　问题导向的信息化教学设计 (196)
### 第四节　翻转课堂的信息化教学设计 (198)
### 第五节　对分课堂的信息化教学设计 (200)

## 第八章　信息化教学评价 (203)
### 第一节　信息化教学评价概述 (204)
### 第二节　常见信息化教学评价工具 (206)
### 第三节　信息化教学评价发展趋势 (211)

## 第九章　信息时代教师专业能力发展 (214)
### 第一节　信息时代教师专业能力概述 (214)
### 第二节　信息时代教师专业能力发展的基本途径 (219)
### 第三节　信息时代教师专业能力发展的新途径 (221)

## 参考文献 (229)

# 第一章 现代教育技术概述

 **学习目标**

1. 辨析教育技术、电化教育、信息技术等专业术语内涵的区别和联系。
2. 了解现代教育技术的发展历程。
3. 掌握现代教育技术的发展趋势。
4. 掌握现代教育技术的时代价值。

 **主要内容**

本章将系统回答"什么是现代教育技术""现代教育技术是怎么发展的以及将如何发展"和"作为师范生为什么要学习现代教育技术"等相关问题。

 **知识结构**

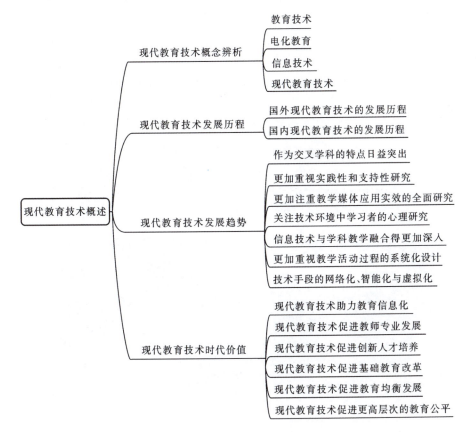

## 第一节　现代教育技术概念辨析

现代教育技术是深化教育改革和发展的重要途径。学习现代教育技术的基础知识对适应教育信息化发展趋势、提高教学质量与效率、实施素质教育和培养创新人才均具有重要意义和价值。梳理、了解现代教育技术的相关概念是全面了解现代教育技术的基础。

### 一、教育技术

教育，通常有广义和狭义两种概念。广义的教育泛指一切传播和学习人类文明成果，即各种知识、技能和社会生活经验，以促进个体社会化和社会个性化的社会实践活动；狭义的教育专指学校教育，即制度化教育。

技术是提高人类能力的重要手段，在某种意义上是人使用符号的能力。技术不仅影响社会发展和人们的思想观念及认识，还直接影响学科的发展。

自20世纪70年代以来，国内外教育技术学科领域的专家、学者和从业人员对"教育技术"（educational technology）和"教学技术"（instructional technology）这两个术语的使用并不十分严格。欧美国家较早提倡以学生为中心的思想，习惯采用"学习"的概念。因此，比较认可"教学技术"的说法。一方面，在教育领域，技术的强大作用通常在教学过程中得以发挥，如多媒体教学、教学设计等；另一方面，随着现代社会的发展与终身学习理念的提出，教学技术已经越来越多地应用于企事业单位的人力资源培训中，而不仅仅用于传统的学校教育环境。我国则习惯采用"教育技术"的说法。这是由于教学主要与教的问题和学的问题有关，教学只是教育的一部分，"教育技术"这一术语的范围更为广泛。

美国教育传播与技术协会（Association for Educational Communications and Technology，AECT）是国际教育技术学科领域最具影响力的学术团体之一。该协会长期致力于教育技术学科的基本理论研究，先后多次对教育技术的概念进行了界定。协会官方网站主页如图1-1所示。

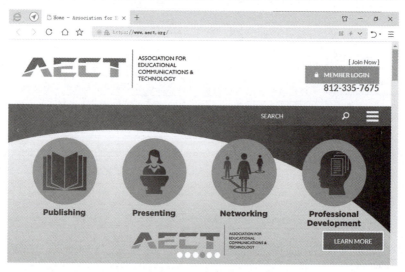

图1-1　AECT官方网站主页

目前国内使用较多的依然是 AECT 在 1994 年给出的教育技术的定义。这一定义已经得到国内外教育技术学科领域的众多专家、学者和广大实践工作者的普遍认可和高度评价,是对教育技术的科学认识和精辟概述,符合当前现代教育技术的发展潮流,对我国教育技术的进一步发展具有重要的指导意义。

### (一)AECT1994 定义

AECT 在 1994 年给出的教育技术定义的英文原文如下:Instructional technology is the theory and practice of design,development,utilization,management and evaluation of process and resources for learning。国内通常将上述定义翻译为:教育技术是关于学习过程和学习资源设计、开发、利用、管理和评价的理论与实践。

由此可见,教育技术学以教育学、心理学和信息技术等相关学科为基础,逐步形成和发展了相关的理论、方法。研究者既用先进的理论和方法指导教与学的实践,又在实践的基础上发展了教育技术理论。这一定义的结构如图 1-2 所示。

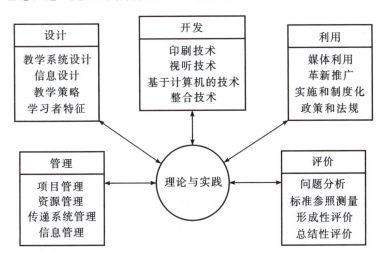

图 1-2　AECT1994 定义结构图

AECT1994 定义的内涵主要体现在以下几方面。

(1)一个目标。一个目标是指为了促进学习,强调学习的结果,阐明学习是目的,而教是促进学的一种手段。

(2)两个对象。两个对象是指与学习有关的学习过程和学习资源。学习过程是为了达到特定目的的一系列操作或者活动,以及研究新的知识、掌握新的技能的认知过程;学习资源是指支持学习的资源,主要是探讨和研究最适合人类学习的环境和达到各种条件的途径。

(3)五大范畴。设计、开发、利用、管理、评价是教育技术理论研究与应用的五个基本领域,每个领域都有其独特的功能和范围。

(4)两种性质。教育技术既是一个实践领域,又是一个理论领域。实践领域的教育技术是指在现代教育思想、理论的指导下,主要运用现代技术开展教育活动,以实现教育过程的最优化;作为理论基础是指"教育技术学",它是教育技术的基础

(5)定义启示。该定义强调理论与实践并重。从定义不难发现,教育技术的核心方法是系统方法,与学习相关的过程是教育技术研究的重要对象,学习资源是改善与优化学习过程的重要条件。

### (二)AECT2005 定义

随着教育技术理论研究的发展和实践的深化,教育技术的内涵和本质特征均发生了较大变化,定义表述也需要做出与变化相适应的修改。2004 年 8 月,AECT 定义与术语委员会主席芭芭拉·西尔斯再次提出了新的教育技术定义,并于 2005 年 5 月正式公布。定义的英文原文如下:Educational technology is the study and ethical practice of facilitating learning and improving performance by creating, using, managing appropriate technological process and resources。国内通常将上述定义翻译为:教育技术是通过创设、使用、管理合适的技术性的过程和资源,以促进学习、改善绩效的研究及符合道德规范的实践。

AECT2005 定义与 AECT1994 定义相比,主要有以下六个方面的变化。

(1)界定的概念名称是"教育技术"(educational technology),而不是"教学技术"(instructional technology)。

(2)教育技术涉及两大领域:"研究"和"符合道德规范的实践"。

(3)教育技术有双重目的:"促进学习"和"改善绩效"。由此可看出,随着教育事业的发展,教育技术的目的已经从"为了学习"变为进一步"促进学习",而不是"控制或强迫学习",并进一步扩展到学习之外的"绩效"改善方面,从对学校教育与企事业人员培训的双重考虑扩展到教学效果、企业效益与教育投入等多种因素的整体评价。

(4)教育技术有三大范畴:"创设""使用"和"管理"。

(5)教育技术有两大对象:"过程"和"资源"。新界定的"过程"和"资源"之前有一个限定词"appropriate technological",表明是适当的技术性的过程与资源,这与 AECT1994 定义的"学习过程"与"学习资源"有一定的区别。

(6)教育技术的主要特征在于其技术性。具体表现为:一是教育技术研究的重点是适当的技术性过程与技术性资源;二是技术实践的"符合道德规范"性、技术工具与方法运用的先进性、技术使用效果的高绩效性。

### (三)AECT2017 定义

AECT 于 2017 年 12 月发布了最新版的教育技术定义。从 2005 年定义提出至今,教育技术及其相关学科的理论研究和实践应用得到了迅猛发展,在此过程中产生了诸多新理论、新思想和新技术。2017 年定义正是在教育领域变革的迅猛时期提出的。及时解读和评析定义,对于教育技术学科的理论研究与实践发展具有重要价值和指导意义。定义的英文原文如下:Educational technology is the study and ethical application of theory, research and best practices to advance knowledge as well as mediate and improve learning and performance through the strategic design, management and implementation of learning and instructional processes and resources。国内通常将上述定义翻译为:教育技术是通过对学与教的过程和资源进行策略设计、管理和实施,以提升知识水平、调节和促进学习与绩效的关于理论、探索和最佳方案的研究及符合伦理的应用。

通过对 2017 年定义关键术语的解析可以看出,该定义蕴含了教育技术研究的形态、范畴、

内容、目标和对象等五个核心要点,具体如下:

(1)研究形态:研究与符合伦理的应用。

(2)研究范畴:理论、调查与最佳方案。

(3)研究对象:学与教的过程与资源。

(4)研究内容:策略设计、管理与实施。

(5)研究目标:提升知识水平、促进学习和提升绩效。

## 二、电化教育

我国正式使用"电化教育"一词始于1936年。当时的国民政府教育部举办电化教育人员训练班,由各地选派学员参加。中华人民共和国成立以后,国家各级教育行政部门也陆续使用"电化教育"一词并沿用至今。

《中国大百科全书》对电化教育的定义是:"利用幻灯、投影器、电影、无线电广播、电视、录音、录像、程序学习机和电子计算机等教学设备及相应的教材进行的教育活动。"在我国至今仍被广泛使用的电化教育定义,是由中华人民共和国电化教育事业的开拓者和奠基人、西北师范大学终身教授南国农先生提出来的。南国农先生在其主编的教材《电化教育学》(第1版)中,将电化教育的概念描述为:"电化教育就是运用现代教育媒体,并与传统教育媒体恰当结合,传递教育信息,以实现教育最优化。"

20世纪90年代以前,我们一直把教育技术叫作"电化教育"。尽管我国教育技术的本质特征和世界上所有的教育技术是一样的,但是在几十年的摸索中,我国确立了一些具有中国特色的理论基础。在90年代以后,随着国内外在教育技术方面的交流越来越多,我国也采用了"教育技术"这一名称,且在研究的内容和方法上更加国际化。

教育技术即"教育中的技术",是人类在教育活动中所采用的一切技术手段和方法的总和。从狭义上说,它是指在解决教育教学问题中所运用的媒体技术和系统技术。根据南国农先生的看法,"电化教育就是在现代教育思想和理论指导下,主要运用现代教育技术进行教育活动,以实现教育过程的最优化"。电化教育是我国教育技术史上的一个重要阶段,现在也是教育技术的一个实践领域。由此可知,教育技术和电化教育在基本概念上大致相同,它们的目的都是在教育教学过程中实现最优化。但是在概念的覆盖面上,教育技术要比电化教育更广一点。教育技术中的"资源"指的是所有的学习资源,包括和教育相关的一些可操作性工具,但是电化教育中的"资源"只是由科技新成果发展起来的教学媒体。

## 三、信息技术

信息技术代表着当今生产力的发展方向,它深刻影响着社会和经济结构的变化。2010年7月,由中共中央和国务院共同颁布的《国家中长期教育改革和发展规划纲要(2010—2020年)》中提出:"信息技术对教育发展具有革命性影响,必须予以高度重视。"这里的"革命性影响"应该理解为颠覆性变革,就像文字的出现虽然只改变了信息的记录方式,却颠覆了"口耳相传"式的知识传承模式,电影、电视的出现虽然只改变了信息的呈现方式,却颠覆了"咬文嚼字"式的知识理解模式一样,信息技术将全面渗透到教育的各个环节,彻底变革现行教育模式。

自人类文明产生以来,教育已经历了四次革命:第一次教育革命,以专职教师的出现为标志;第二次教育革命,以文字体系的出现为标志;第三次教育革命,以印刷术的出现为标志;第四次教育革命,以现代教育技术的形成与快速发展为标志。

信息技术(如通信技术、同步卫星技术、电视技术、计算机技术等)和系统科学方法等现代科学技术的迅速发展及其在教育领域的全面推广和深入应用,引发和推动了教育理念、模式、结构、策略、手段、方式的又一次重大变革。以多媒体技术、计算机技术、网络通信技术、普适计算技术等为代表的现代信息技术与学科教学的全面结合和深度应用,改变了传统的课堂教学范式和学生的学习范式,正在构建一种新型的学习范式——泛在学习,其典型特征是 5A:anybody(任何人)、anytime(任何时间)、anywhere(任何地点)、anycontent(任何内容)、anydevice(任何设备),即任何人在任何时间、任何地点,可以通过任何设备学习任何内容。

### (一)教育观念的变革

信息技术的"无孔不入"使传统的教育观念难以应对纷繁复杂的教育现象,新的教育观在此"内忧外患"之际应运而生,它主要包括以下几方面。

(1)现代教学观。教师不仅要传授给学生知识,而且要教会学生学习,即"授人以鱼不如授人以渔"。

(2)现代师生观。学生不再被动地接受知识,而是成为认知的主体、意义的主动建构者。教师也演变成了学生意义建构的指导者、帮助者、激励者和设计者,师生之间是民主平等的关系。

(3)现代人才观。现代教育应该培养出智慧型、创造型人才,而不是传统教育培养的知识型、模仿型人才。

(4)学习时空观。学习不再受时间限制,也不再受空间限制,学生可以随时随地地学习,实时或非实时地学习。

这些现代教育观,对于提高全民素质、推动当前教育体制改革有着重要的指导作用。

### (二)教学环境的变革

从黑板加粉笔的教学工具,到幻灯、投影、计算机、互联网、机器人等,现代教育媒体的兴起,不仅丰富了知识的呈现形式,而且能从感官上调动学生的积极性。置身于今天的课堂,交互式电子白板、触控式教学一体机、电子书包等的应用已经屡见不鲜,虚拟仿真技术、虚拟现实技术、人工智能技术、大数据分析技术等也极大地促进了学生对知识的理解,提高了学生自主学习的能力。

IBM 前首席执行官尼葛洛庞帝曾这样批评教育领域变革的迟缓:"如果一个 100 年前的医生来到今天的医院,他已经不可能再去给今天的病人治病了;但是一个 100 年前的教师来到今天的学校,掸干净身上的尘土,却同样可以成为今天的教师。"但是,我们也要看到,尼葛洛庞帝所讲的此类"今天的学校"正在发生着变化,越来越多的师生将互联网作为其获取信息的主要来源;网络信息资源的开发与利用已经成为当今教学资源领域里的热点问题;网络通信技术实现了授课教师、点评专家和无数观摩者之间的异地同步视频交流、研讨;越来越多的学校正在进行智慧校园建设,以提高学校教学、管理和服务的效率。步入信息时代,也许我们还保持着 10 年前的思维,还延续着 10 年前的理念,但师生们对学习、教学、管理、服务的需求和评价都较过去发生了质的飞跃,已凸显出信息时代的特点。

### (三)教学内容的变革

我们正处在信息爆炸的时代,信息量快速地增加。一个美国高中教师做了一个传播面非常广的 PPT(电子幻灯片),其中有这样一些数据:我们现在的英文单词数量有 54 万多个,但在莎士比亚的时代只有 10 万个,增长到原来的 5 倍多;现在纽约时报一周的信息量,相当于一个 18 世纪的人一辈子获得的信息量总和;现在世界上每天产生 $1.5\times 10^{18}$ 字节不重复的信息。一位网民这样写到:"我深深地感到信息时代到来了。如果说面对堆积如山的书籍,我可以按自己的兴趣去读的话,那么在网络上,浩如烟海的知识让人头晕目眩,茫然四顾而迷失了自我,就如一只蚂蚁一样找不到自己的影子。显然,要想在学校里把一辈子要用的知识都学到是不可能的,即使是传统的教学内容也需要重新组织与安排。"

网络信息资源的建设是信息资源建设的重要阵地。在 Web 2.0 环境下,资源使用者不断补充新的资源,资源内容与表现形式不断丰富,资源系统结构不断完善,逐渐形成二次资源、三次资源……实现了网络信息资源的动态发展。在资源的动态发展、利用过程中,资源使用者从单一的用户角色转变为既是资源使用者又是资源建设者的双重角色;网络信息资源再生与利用的过程也是用户社会网络建立的过程,前期资源使用者生成的资源会对后续资源用户产生影响;网络信息资源的"再生"使资源在利用的过程中实现了自动进化,大量的再生资源会从各个方面影响后续资源用户对原始资源的理解,对后续资源用户的思维产生根本性的影响。

一方面,置身于信息时代,人类的知识正在以前所未有的速度成几何级数迅猛增长,其中一个十分重要的结果就是学校教育中要传授的知识和技能越来越多,每一个社会成员在其一生中需要学习的东西越来越多,教育教学的内容也在大幅度地增长。另一方面,作为教学内容的知识和技能,在侧重点方面也发生了变化,信息鸿沟、信息孤岛、信息过载等问题迫切要求学校与社会不仅要注重知识的传授,更要注重学生信息素养的培养,以使他们提高搜集信息的能力,积累解决问题的方法。

### (四)教学方式的变革

传统的整齐划一的班级教学,已经不能适应新的教学内容与要求。班级授课制实现了大规模、高效率的工业化人才培养,却存在缺乏个性化学习的问题。由于信息技术的应用,特别是数据挖掘技术和大数据分析技术在教育领域的应用,学生的个性化学习成为可能。虽然这方面的影响和变化刚刚显现出来,但是其必要性和必然性已经十分明显。信息时代的教学必须以学生为中心,所有的教学资源都必须围绕学生的学习来进行优化配置。教师的主要任务不再是传播知识,而是教会学生在信息海洋中"游泳"的本领,帮助学生解决学习过程中的问题,使学生形成一套行之有效的学习方法,提高学生解决问题的能力。近些年,随着信息技术的不断革新,网络课程、慕课(MOOC,大规模开放在线课程)、微课、翻转课堂等教学方式在教育领域里不断发展,这使传统课堂教学的变革成为必然。

著名理学家朱熹提出"无一事而不学,无一时而不学,无一处而不学"的观点。当今的人工智能、物联网、云计算、大数据、虚拟现实等技术,让人们进入了泛在学习时代,任何学习者都可以随时随地使用手边的移动通信工具来进行学习。以资源为主的数字化学习和以同伴互动为主的移动学习作用凸显,泛在学习的理念也逐渐趋于成熟。但是,无论是泛在学习环境的建设,还是泛在学习资源的获取,都离不开最新技术的发展,包括 4G/5G 技术、云计算技术、虚拟现实技术、物联网技术、大数据技术等在内的信息技术的发展,它们将使泛在学习从理想变为现实。在开放的学习环境中,学习者的学习更加方便、快捷和具有可持续性,真正体现了学习的个性化和生活化。

### (五)教学方法的变革

探索新的学习方式和教学方法,是教育研究亘古不变的话题。技术的迅速发展和普及,以及计算机网络、新媒体技术的应用和延伸,使地域差异造成的障碍被突破,远程教育使教育公平的理想成为现实。同时,多媒体、交互式电子白板、触控一体机、录播教室、电子书包、数字课桌等的应用,使有利于学生自主学习的教学方法迅速发展。有了技术、媒体、理念的支撑,教学方法便由传统的讲授法、演示法向案例教学法、问题驱动式教学法、讨论法等转变,突出体现了学生学习的主体地位。新的教学方法不断激发学生学习的主动性与积极性,有助于培养其好学、善思的习惯。网络教学、个性化学习、合作学习、活动学习、研究性学习、自主性学习、分布式学习、同步教学、异步学习、非正式学习以及终身学习等新的学习形式已经出现在教育界,并逐渐被绝大多数教师所接受。现代化的课堂学习空间如图1-3所示。

图1-3 现代化的课堂学习空间

教育家巴班斯基曾指出,教学方法优化中的一个最重要也是最困难的问题,是合理选择各种教学方法并使之达到这样的结合,即能在一定的条件下,在有限的时间内获得最好的教学效果。可以说,科学地优选、组合和运用教学方法,是教学方法改革的最终方向。

### (六)教育制度的变革

知识的爆炸性增长意味着教育不再只针对在校学生。教育不只是学校的任务,同时需要家庭、企业、社会的共同努力。泛在学习、社会化学习、终身学习将是新时代对我们每个公民的必然要求。在这种情况下,教育教学的内容、方式将会日益丰富,而一种新的、面向全体社会成员的教育体系和教育制度,将成为21世纪信息社会构架中的重要组成部分。

### (七)教学模式的变革

面对信息化社会,教学各个环节的改革已经迫在眉睫,世界各国都在加强对教师信息素养的培养和信息技术应用能力的培训,并将其作为整个教育信息化进程的重要组成部分,投入大量的人力、物力和财力,以期通过教师信息素养的培养和信息技术应用能力的培训来改进教学过程和提高他们的教学能力,最终实现教育的变革与发展。现代信息技术在以学为主的教学、学生的探究和合作学习、过程性评价等方面能够提供多方面的支持,能够为学习者创设一种全新的学习环境,从而改变传统的教与学的方式,进而改变传统的教学模式,培养信息时代所需的创新人才。

### 四、现代教育技术

现代教育技术是以计算机技术、多媒体技术和网络通信技术为核心的现代信息技术,它将教育领域和教学过程中的理论指导与技术应用有机结合,是深化教育改革和发展的制高点与突破口。

#### (一)提高教育质量

教育质量的高低主要是看学生是否在德、智、体、美、劳等方面都得到了发展。现代教育技术为提高教育质量提供强有力的支撑。

第一,现代教育技术能够提供良好的交互环境,给学生提供自主学习的机会,促进学生主动发展、个性化发展,使他们在学习过程中更投入、更主动地进行信息加工,从而增强学习效果,提高面向个体的教育品质。

第二,现代教育技术无时间、空间限制的特性,有利于创建大教育的格局,使各类教育资源,特别是优质教育资源得到有效整合,扩大优质教育资源的受益面。发展现代教育技术对优化教育发展的大环境和整体提升教育质量而言无疑是一条有效途径。

第三,以促进人的全面发展和适应社会需要为衡量教育质量的根本标准的质量观,将会催生新的教育质量评估体系和评价方式。特别是综合素质评价及诚信认定制度的实施,需要建立在信息技术平台基础上的大量数据聚合和质量监测跟踪。

#### (二)扩大教育规模

现代教育技术能扩大教育规模,加速教育事业的发展。国家充分利用现代教育技术开展各种远程教育,如广播电视网络(包括卫星电视、有线电视)、计算机网络、邮电通信网络等,向学校、社会、家庭传播各类教育课程。一个教师同时教千百个学生,一个教育信息源同时被成千上万个学生所用,这大大节省了师资、校舍和设备,扩大了教育规模。如中央广播电视大学的远距离教育,北京大学、湖南大学的网上大学,国际间的网上大学,都极大地扩展了教育规模。

#### (三)促进教育改革

现代教育技术被公认为中国教育改革与发展的制高点和突破口,它在教育上引起了多方面的变革:在教育教学手段方面,现代技术手段被引进教育领域,实现了教学手段的多媒体化;在教育教学方法方面,媒体教学法的应用使教育方法实现了多样化;在教育教学模式上,现代教学媒体改变了原有的教育过程,形成了多种人—机—人的教育新模式;在教育教学观念方面,现代教育技术为教育的发展提供了新思路、新思想、新办法;在教育理论方面,由于手段、方法、模式、观念的改变,教育理论得到了更大的发展,促进了现代教育观、现代教学观、现代学校观、现代人才观的形成。

## 第二节 现代教育技术发展历程

教育技术作为一种教育手段,是随着科技的进步应运而生的。现代教育技术随着科学技术的发展、理论的成熟和实践应用的深化逐渐发展壮大起来,经历了一个漫长的过程。

## 一、国外现代教育技术的发展历程

### (一) 萌芽阶段——视觉教育

视觉教育可以追溯到近代欧洲的直观教学。17世纪,著名的捷克教育家夸美纽斯主张"让一切学校布满图像","让一切教学用书充满图像",并于1658年编写了一本附有150幅插图的教科书《世界图解》。直观教学主要采用图片、实物、模型等直观教具来辅助教学,但由于当时科学水平的限制,教学的直观性层次较低。

19世纪末20世纪初第二次产业革命时期,工业技术现代化使西方国家急需大批有知识和技能的劳动者,而当时的学校规模和教育计划无法满足需要。夸美纽斯、裴斯泰洛齐、杜威等人的教育思想是视觉教学运动产生的重要因素之一。工业革命推动了科学技术的迅猛发展,新的科技成果如照相技术、幻灯机、无声电影等被引入教学领域,给传统的以手工操作为主的教学提供了新的技术手段。

### (二) 迅速发展阶段——视听教育

"二战"后十年是视听教学稳步发展的时期。在这一时期,人们感到"视觉教育"的名称已不能准确反映当时的教育实际,就提出了"视听教育"的概念。但视听教育不仅应用幻灯、电影、录音、无线电广播等现代传播方式,还使用照片、图表、模型、标本等直观教具,开展参观、旅行等形式的教学活动。凡是传授观察经验的教育活动,都属于视听教育。

### (三) 系统化发展阶段

20世纪60年代至80年代,闭路电视系统在学校教育中开始得到广泛应用。同时,语言实验室也风靡全球。自1946年第一台数字电子计算机问世以来,许多专家就开始了对计算机在教育领域中应用的探索。个人计算机的诞生为教育技术的又一次飞跃奠定了物质基础,计算机辅助教育成为教育技术中最为重要的领域之一,为个性化学习翻开了崭新的一页。

随着视听领域中传播理论的引入和程序教学的影响,人们开始运用系统方法和理论,重新对教育技术的概念进行界定。对教学过程进行系统设计的思想和实践逐渐成为新时期教育技术研究的重要组成部分。对教育技术概念的反思使教育技术进入了系统化发展阶段,从对教育系统中个别要素的研究扩大到对整个系统的设计、实施、评价。教育技术学成为研究如何实现教育最优化的一门独立的学科。

### (四) 网络化发展阶段

进入20世纪90年代后,由于现代科学技术的飞速发展,人类知识总量迅猛增长,知识老化的周期日益缩短。因此只有大力推行现代教育技术,才有可能使学习者在较短的时间内学到更多的知识。计算机多媒体技术和网络技术的产生与发展,为现代教育技术的又一次飞跃提供了契机,使教育的全民化、终身化、多样化、自主化、国际化成为可能。

以上虽然人为划分了现代教育技术发展的不同阶段或者历史时期,但是后一种技术代替前一种技术或者后一种理论代替前一种理论,都不是断代发展,而是具有连续性的。教育技术的发展,实际上是教育和教学的手段、方法及理论不断丰富和发展的过程。

## 二、国内现代教育技术的发展历程

我国的现代教育技术源于欧美的视听教育。20世纪90年代以前,我们一直把教育技术称作"电化教育",随着时间的推移和与国外相关领域专家的沟通交流,我国也改称"教育技术",并在各方面都具有自己的特色。

### (一)萌芽阶段

1919年,幻灯、电影、无线电广播等教学方式开始被应用于教育领域中。1936年,我国开始使用"电化教育"这一名称。20世纪20年代至40年代,我国部分地区开始设置电化教育专业。1932年,中国教育电影协会在南京成立,这是我国第一个电化教育组织。1936年,国民政府教育部成立电影教育委员会和播音教育委员会。1945年,苏州国立教育学院成立电化教育系。我国的电化教育于20世纪20年代诞生,30年代进入课堂,正式起步,其发源地和早期活动地是上海和江苏。

### (二)奠基阶段

中华人民共和国成立后,国家百废待兴。中央人民政府于1949年11月成立了电化教育处,负责领导全国的电化教育工作。1949年,北京人民广播电台和上海人民广播电台举办俄语讲座。1955年,北京、天津分别创办了自己的广播函授学校。1958年前后,我国掀起了教育改革运动,推动了高等学校和中小学校电化教育活动的有效开展。1960年起,上海、北京、沈阳、哈尔滨、广州等地相继开办电视大学。在这段时间内,幻灯、录音、电影等教学方式开始进入城市中小学校和高等院校。1964年,高等教育部批准在上海外国语学院建造了国内第一座电化教学楼。由于政府关怀和学校重视,20世纪50年代初期至60年代中期,我国电化教育事业发展进入活跃期,取得了不菲的成绩,并形成了规模效应,培养了一支由教师、技术人员组成的专业化电化教育队伍。但是由于"文化大革命"的爆发,我国的电化教育事业发展从此进入了停滞期。

### (三)重新起步和快速发展阶段

党的十一届三中全会召开以后,我国的电化教育事业重新起步,并得到了迅速发展。1978年,教育部决定设立电化教育局和中央电教馆,作为指导全国电化教育工作的中心。1979年,我国开始建立各级电化教育机构,扩大电化教育工作队伍。

在软硬件建设方面,整个20世纪80年代,普通电教室、语言实验室、计算机室、闭路电视系统、卫星接收站等硬件设施的建设相当迅速;软件建设也极为迅速,各级学校制作了幻灯、投影、录音、录像、计算机课件等各类电教教材。在学科建设方面,从1978年开始,国内几所高等院校着手开设电化教育专业;从1983年起,北京师范大学、华南师范大学、华东师范大学三所高校分别创办了四年制本科电化教育专业。在理论研究方面,构建了以七论(本质论、功能论、发展论、媒体论、过程论、方法论、管理论)为基础的学科体系和理论内容研究框架。初步实现了由小电教到大电教的观念转变,初步形成了以课堂播放教学法、远距离播放教学法、程序教学法、微型教学法等为内容的电化教学方法体系。80年代后期,我国电化教育专业如雨后春笋般出现,形成了包括专科、本科、研究生三个层次的人才培养体系。为了适应改革开放对人才的需求,党中央和国务院决定建立面向全国的中央广播电视大学。

20世纪80年代初,我国各地开始建设教育电视台、教育电视站和教育电视收转站。1986年,我国教育电视台成立,并开始运用卫星进行教育电视广播。总的来说,这一阶段我国电化教育事业发展迅速,无论是从组织机构、人员队伍,还是从学科建设、软硬件建设来看,这一阶段为我国电化教育事业的发展奠定了坚实的基础。但是,限于当时的历史环境、理论水平和技术条件,这一阶段也有其不足之处:一是太偏重于硬件投资和建设,忽视了软件建设和人才培养;二是在理论研究上,对于教育技术的三大技术,基本上停留在对媒体技术的研究上,对于媒体传播技术和教学系统设计技术涉足不多。

### (四)深化发展阶段

20世纪90年代中期以后,随着对国外教育技术研究的逐步深入,我国的教育技术得到了相当迅速的发展。主要表现为三项技术(现代通信技术、多媒体技术、网络技术)和两种新理论(认知主义学习理论和建构主义学习理论)进入我国教育技术领域,对教育技术理论和实践产生了重大影响,使我国教育技术有了一个质和量的飞跃发展。

《国家中长期教育改革与发展规划纲要(2010—2020年)》指出,要加快教育信息基础设施建设,把教育信息化纳入国家信息化发展整体战略,超前部署教育信息网络。同时,加强优质教育资源的开发与应用,加强网络教学资源体系的建设,引进国际优质数字化教学资源,开发网络学习课程,建立数字图书馆和虚拟实验室,建立开放灵活的教育资源公共服务平台,促进优质教育资源普及共享,创新网络教学模式,开展高质量、高水平的远程学历教育。这些目标的实现与教育技术的发展密不可分。

## 第三节 现代教育技术发展趋势

信息技术对教育的革命性影响日趋凸显,教育信息化建设进入新的阶段,学习环境、教学模式以及教育系统治理都面临着从传统向智能转变过程中的机遇与挑战。

### 一、作为交叉学科的特点日益突出

现代教育技术学属于综合性的应用学科,学科的交叉性特别突出,它是连接教育学、心理学、信息技术等学科的桥梁。交叉学科这一特点,首先体现在它需要技术的支持,特别是信息技术的支持。纵观教育技术的发展历程,它与科学技术和工具手段的进步密不可分,也与教育学、心理学、传播学理论的不断丰富密不可分,它们相互促进,协同发展,共同关注人类的学习过程和如何更有效地利用技术来促进学习。现代教育技术学的学科特性和专业特点,决定了它的研究和实践主体多元化,包括教育学、心理学、学习心理、教学系统设计、信息技术、传播理论等不同学科背景和行业领域的专家、学者,可以从不同的角度采用不同的方法共同研究和实践现代教育技术,充分利用相关学科的最新理论研究成果和实践经验不断丰富现代教育技术理论体系、扩展实践领域。

### 二、更加重视实践性和支持性研究

现代教育技术学作为理论和实践并重的交叉学科,既需要理论指导实践,也需要在实践中进行理论研究。人们越来越重视技术的实践性和学习的支持性研究。

一是教师培训。如何对教师进行现代教育技术培训,特别是如何实施有效的培训,需要现代教育技术工作者在实践中不断探索。

二是资源建设。教育软件的设计和应用值得我们特别重视。随着网络技术、物联网技术、人工智能技术、虚拟现实技术等新兴技术的不断发展和普及应用,新一代以网络为核心的智能教育软件在教育软件市场上将占据越来越重要的地位。如何开发出适合学习者学习特点和需求的网络教学资源,将成为教学资源建设中的重要任务。

三是学习支持。现代教育技术领域的研究者在理论研究与实践应用过程中,对各级各类学校学生和社会学习者的学习支持给予了密切关注和高度重视。

### 三、更加注重教学媒体应用实效的全面研究

对教学媒体应用实效的研究主要包括以下三个方面。

首先,内容的针对性。在进行教学时,需要根据不同学科的特点有选择地使用计算机进行辅助教学。

其次,媒体应用条件的可能性。应用某种媒体时,要妥善处理各种条件(思想观念的转变、规章制度的建立、环境设施的配套、使用者的技能和心理准备等)之间的关系。对于不同地区、不同学校而言,要选择使用合适的媒体技术。

最后,应用的时效性。某种媒体的教学效果如何,通常以教育教学评价作为参考。根据泰勒的目标原理,需要对媒体的应用效果及时进行检验,以确保教学效果并弥补不足。

### 四、关注技术环境中学习者的心理研究

教育是面向人的社会活动。在教育的大环境中,任何活动的设计和技术的使用都要以为学习者服务为根本出发点。现代教育技术在发展历程中曾一度偏离这一出发点,经历了以媒体研究为中心、以教师的教为中心的误区。在教育更加人性化的今天,现代教育技术的研究开始更加关注学习者的心理、个性特点、学习需要和学习兴趣,更加符合从学习的特点到如何教、从如何教到如何利用现代教育技术的"学习—教学—教育技术"的范式,开始重视心理学研究成果在现代教育技术领域的应用问题。在信息技术的支持下,学习者的学习活动开始更多地向技术化环境偏移,在传统面对面教学的基础上出现了多媒体教室环境中的班级教学、网络环境中的跨时空教学等多样化形式。我们在充分肯定新技术环境给教育带来巨大便利的同时,也需要看到它对学生学习产生的新问题,如在技术环境下学生的认知负荷问题、多媒体技术对学生注意力的影响、网络环境下学生学习的认知孤独问题等。要解决这些问题,现代教育技术领域的研究者必须深化对技术环境中学习者学习心理的研究。基于脑科学的研究如图1-4所示。

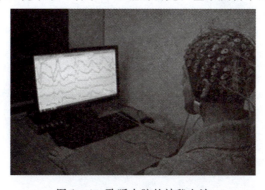

图1-4 聆听大脑的神秘电波

## 五、信息技术与学科教学融合得更加深入

在基础教育阶段,信息技术与学科教学深度融合的问题,一直都是现代教育技术的研究重点,也是现代教育技术真正发挥作用的重要领域之一。在基础教育的未来发展中,这种融合研究将更加系统、全面和深入,主要表现为,在中小学的学科教学中,信息技术的参与度更高、覆盖面更广、作用更明显。信息技术将向智能化、网络化、虚拟化的方向发展,这种发展将被更广泛地应用到学科教学实践中,以扩展学生的学习环境。信息技术与学科教学的深度融合将催生更多的理论研究,研究者将更加关注融合策略、形式、手段、方法等内容,并形成与技术特点相关联的理论支撑。

## 六、更加重视教学活动过程的系统化设计

由于信息技术的全面参与、学习目标的多维化、教学情形的复杂化,人们将更加重视现代教育技术运用于教学活动过程中的系统化设计,特别是课程内容与信息技术的融合及一般学科与信息技术的融合。在融合过程中,如何设计基于研究性、综合性的学习活动,让学习者综合应用多个学科领域的知识,从而培养创新人才,既是教学设计的重点,也是难点。

当前网络教育开展得如火如荼,但对于网络课程和网络教学还需要进行不断的研究、探索和实践,才能适应教育信息化发展的要求。网络课程建设,将更加注重学习过程、学习活动、学习组织和学习评价,尤其是形成性评价的设计。网络教学平台作为承载网络课程的工具,应该支持更加多样化的学习活动。随着网络教学理论的深入研究,学习活动将更加个性化、情境化、多样化、综合化。

## 七、技术手段的网络化、智能化与虚拟化

增强现实(augmented reality,AR)、虚拟现实(virtual reality,VR)、混合现实(mixed reality,MR)技术开始走入学校,沉浸式学习环境将带给学生更加美妙的学习体验。一方面,教育应用场景的复杂性以及学生的个性化需求为人工智能与各项新兴技术的融合提供了外因;另一方面,每项新兴技术均有其潜在的能力,技术之间的融合发展将开辟新的增长源泉,这是其融合的内因。其中,人工智能与沉浸式媒体的融合成为构建智慧学习环境的新兴关键技术之一。小学机器人编程课程如图1-5所示。

图1-5 小学机器人编程课程

智能技术的使用也使得学生的学习不再受到物理空间的限制,可以在任何地方开展有意义的学习。随着越来越多的技术在教学和学习中的应用,产生了客户端技术环境下的学习,如基于平板电脑的一对一数字化学习。而移动设备和智能技术的使用,使得学生在课外的STEAM教育(集科学、技术、工程、艺术、数学多领域融合的综合教育)活动也能更高效地聚焦于学习目标,从而帮助学生更有效地体验科学探究项目。

## 第四节 现代教育技术时代价值

教育技术的价值取向指的是依据自身的价值观念,在关于教育技术的活动中所表现出来的意识指向。教育技术的价值取向对有关教育技术的活动具有很强的引导作用。

### 一、现代教育技术助力教育信息化

#### (一)推进教育信息化是国家意志

教育信息化是教育领域的各个方面与信息技术深度融合,以此推动教育的全面改革和发展,促进实现教育现代化的过程。教育信息化是推动教育改革与发展的需要,是教育现代化的必由之路,是缩小地区教育差距、构建终身教育体系的有效途径,是实现素质教育和创新人才培养的需要。世界各个国家都在加快教育信息化的步伐,教育信息化程度的高低已经成为当今世界衡量一个国家综合国力的重要标志,推进教育信息化是国家的意志。

#### (二)教育信息化的基本要求

教育信息化应沿着怎样的发展路径为教育现代化提供条件支撑,是我们不断探索的问题。我国制定的《教育信息化十年发展规划(2011—2020年)》中提出,到2020年,需形成与国家教育现代化发展目标相适应的教育信息化体系:基本建成人人可享有优质教育资源的信息化学习环境;基本形成学习型社会的信息化支撑服务体系;基本实现宽带网络的全面覆盖;教育管理信息化水平显著提高;信息技术与教育融合发展的水平显著提高。

#### (三)教育信息化建设

我国教育信息化建设的指导思想是坚持以育人为本,以现代教育思想和理念为指导,以优质的教育资源和信息化学习环境建设为基础,以体制机制和队伍建设为保障,密切结合我国教育发展的实际,统筹规划建设,不断提高现代信息技术在教育教学活动中和教学管理过程中的应用水平,全面推进素质教育与创新人才的培养,实现教育的现代化。实现教育现代化、创新教学模式、提高教育质量,迫切需要大力推进现代教育技术的发展,从而助力教育信息化。

### 二、现代教育技术促进教师专业发展

进入21世纪,伴随着知识经济社会和信息时代的到来,教师这个古老的职业正面临着越来越多的机遇和挑战。知识结构和能力结构的多元化以及现代教育理念和教育方式的转变,已经为我们勾画出未来教师的素描:拥有完整的知识结构,具备全面的教学技能和驾驭现代信息技术的能力。现代教育技术对于教师的要求有:树立现代教育观念,掌握科学教育方法;实施主体自控策略,增强教师的教学效能感;通过说课和微格教学,提高教学监控能力;实施教学

策略训练,提高教学策略技术;运用教学反馈技术,注重教学反思训练。

现代教育技术促进教师专业发展,主要体现在以下三个方面。

首先,为处于不同时空的教师提供交流机会。比如,专门为教师交流所开发的教师联盟网站、教育教学论坛,为不同地区、不同年龄、不同职业发展阶段的教师提供了相互交流的场所,拓宽了教师交流的范围,丰富了教师交流的方式。

其次,为教师提供有效的学习方式。在专业化发展过程中,教师需要不断地学习。当教师使用教育技术去促进教学的时候,也应该有效利用教育技术来促进自己的学习,不断发展自我,从而成长为专家型教师。

最后,为教学研究提供手段和方法。教师专业化发展提倡教师做研究型教师,发现、分析和解决教学问题是研究型教师的必备技能。现代教育技术为研究型教师提供了有效的研究工具、手段和方法。

### 三、现代教育技术促进创新人才培养

所谓创新人才,是指具有创新精神的创造型人才,也就是具有创新意识、创造性思维和创新能力的人才,其核心是创造性思维。我国要在 21 世纪实现全面振兴,最根本的是要依靠科技进步提高劳动者的素质,培养大批高素质的创新人才。教育是科技发展和培养人才的基础。

现代教育技术的最新理论基础——建构主义强调学生自主学习、自主探索,在教师的帮助下主动构建知识的意义,培养发散思维、求异思维、逆向思维。由于建构主义主张充分利用各种学习资源,并强调"情境创设""协作学习"的学习环境和"发现式""探索式"学习策略,所以是对直觉、形象、辩证思维要素的有力支持;基于计算机的课件开发平台、优秀的多媒体课件对直觉思维、形象思维提供有力的支持;基于计算机网络的"协作式学习"和"发现式学习"提倡讨论、交流、学术民主,鼓励自由发挥、自由想象,能在较短时间内使同一小组的每一位学生对同一个复杂问题获得多方面的较为深入的认识,这对于了解事物的复杂性和培养辩证思维、发散思维大有裨益;教师指导(或主导)作用的发挥可以为逻辑思维提供有力支持。

现代教育技术以其强大的教学功能和教学手段,通过虚拟与现实相结合的教学情境、以人为主体的教学方式,以及发散思维、直觉思维、形象思维、逻辑思维和辩证思维的过程训练途径,达到培养学生创造性思维能力的目的,使之具有创新精神、创新思维和创新能力,成为适应 21 世纪科学技术发展需要的创新型人才。

### 四、现代教育技术促进基础教育改革

在信息时代,学习方式从"学会"向"会学"转变。现代教育技术促进学习方式变革,提供创新的学习方法。教育观和学习方式在现代教育技术介入后产生了深刻的变革,尤其是计算机网络和多媒体技术渗透到教学当中,促使 3R(读,reading;写,writing;算,arithmetic)教育向 3T(技术运用,technology;团队协作,teaming;迁移能力,transference)教育转变。现代教育技术丰富了课程资源建设、信息技术环境建设和信息资源建设的形式和内容。现代信息技术的运用使学习资源载体多样化、显示方式多媒体化、内容组织结构非线性化、资源传输网络化和共享化。因此,信息时代的资源具有高度的开放性和交互性,为学习方式的自主化、个性化、民主化提供了保障。现代教育技术变革了教学模式,各级各类学校在信息技术的支撑下,教学手

段多媒体化,教学方法多样化,研究性课程、网络探究式教学成为教学创新的亮点。网络信息资源的共享和开放性改变了原有的传统教育过程,形成了人—机—人的教育模式,使教育的时空发生了变化,教育教学不再受限于狭小的空间。个别化学习和交互式远距离的异地授课成为可能,远程教育成为一种重要的教育方式。现代教育技术革新了教学管理与评价体系,发展了信息化的评价工具和评价软件,实现了评价的综合化、多元化、全面化。

## 五、现代教育技术促进教育均衡发展

互联网的出现实现了人类智慧的联网,为教育提供了良好的条件和平台。人们可以利用互联网和现代媒体搜集、加工信息,实现现代教育和信息技术的整合,从而促进教育的均衡发展。

首先,现代教育技术促进教育资源共享。在传统的学校教育方式下,学习者只能享受本地、本校的教育资源。随着现代教育技术的发展,学习者可以通过无线广播网、有线电视网、网络教育平台和现代远程教育中心,获取异地、异校优秀的教育资源,实现教育资源的优质共享。这就弥补了本地、本校教育资源数量不足、质量不高的缺点,从而提高了教育的质量。

其次,现代教育技术促进教育机会均衡。现代国民教育的根本任务是不断扩大人民接受良好教育的机会,这就要求我们的教育更加公平,使每一个人都享有受教育的机会。在传统的教育方式下,只有进入学校才能进行比较系统的学习,学习者如果失去了进入学校继续求学的机会就很难再获得平等的教育机会。如今则不然,由于互联网的出现,学习者可以通过远程教育开设的网络课程、慕课等,获取接受各类教育的机会。接受教育可以不受时间和地域的限制,并能方便快捷地获取知识信息。

再次,现代教育技术优化教育过程。传统教师授课的单一教学方式被打破,学习者可以借助多媒体自主地进行交互式学习,在课堂教学中没有解决的问题,可以在课后与教师、同学通过 BBS(网络论坛)、E-mail(电子邮件)等方式进行对话交流,以弥补教学过程中存在的各种缺陷和不足,从而提高学习质量和学习效率,保证每个受教育者都得到公平的发展。

最后,现代教育技术促进教育水平提高。教育整体水平的提高要求教育结果的相对平等,即学业成功的机会均等。由于教育资源、教育过程、教育机会、先天因素等方面存在不均衡,并非所有人经过教育后都能达到一个最基本的标准,获得学业上的成功,得到全面的发展。先天不足后天补,想通过学习获得预期教育水平的学习者,可以利用网络中的各种学习资源来弥补知识上的欠缺,缩小与标准水平的差距。

## 六、现代教育技术促进更高层次的教育公平

新一代信息技术包括通信网络、物联网、三网融合、新型平板显示、高性能集成电路和云计算、大数据等技术,其产业链之长、产业规模之大,远远超过以计算机技术、网络与通信技术为代表的第一代、第二代信息技术。运用新一代信息技术将实现更高层次的教育公平,建设以名师高清教学视频为核心的教学资源,促进教育模式的改变。名师资源是教育中最宝贵、最稀有的资源,高清摄像、编辑、传播设备的价格都已平民化,录播教室、录音笔等相应的教学条件也已经普及,新一代信息技术为使用名师高清视频进行教学创造了条件。随着我国 2012 年正式启动教育信息化"三通两平台"(宽带网络校校通、优质资源班班通、网络学习空间人人通,建设

教育资源公共服务平台和教育管理公共服务平台)的建设,宽带网络将连接到所有学校,并已逐渐进入寻常百姓家。

网络带宽允许高清视频的流畅播放,利用分布式存储可有效地解决视频传输的问题,从而建立以物联网、增强现实为基础的虚实结合型资源。现代社会变化迅速,教学必须反映这种变化,教学内容要时代化、形象化、现实化,唯有如此才能让学生认识世界、感受时代、适应社会,从而更好地引领社会发展。由于我国地域差异大,经济、政治发展不平衡,如果让学生在学校学习时充分感知外部世界的先进技术、先进方法、先进文化等,并与名师视频互为补充,就有可能实现用最先进手段支持的高层次教育公平。

云平台信息资源作为一种战略资源,是现代社会生产资料的基本要素。人们在网上学习或者作学术研究时,通常是通过自己知道的网站或是利用搜索引擎查找资源,这两种方法都存在相当大的局限性。前者的局限性在于自己知道的网站有限,难以全面获取相关资源;后者的局限性在于搜索得到的资源鱼龙混杂,要在海量搜索结果中找到自己所需的资源通常要花费大量时间甄别。建构深度聚合优质教学和学术信息资源的大门户云平台,就有可能从根本上解决这些问题。信息时代为实现教育公平提供了条件,我们必须站在时代的制高点上因势利导,创造性地利用现代教育技术。

## 思考与练习

1. 结合自身的学习经历,谈一谈教育技术的变革与发展。
2. 作为一名教师,如何利用信息技术更好地促进学生高阶思维能力的发展?
3. 要学会用辩证的眼光去看待和审视现代教育技术的作用和价值,那么在教学中应用信息技术存在哪些弊端?

## 学习资源拓展

1. AECT 官方网站:www.aect.org
2. 熊才平,汪学均.教育技术:研究热点及其思考[J].教育研究,2015,36(8):98－108.
3. 陈雄辉.教育信息化:人的全面发展何以可能[J].电化教育研究,2012(6):12－15.
4. 南国农.我与电化教育:旧事追忆[J].课程 教材 教法,2014(10):101－106.
5. 南国农.信息技术教育与创新人才培养[J].电化教育研究,2001(9):14－17.
6. SPECTOR J M,任友群,郑旭东.教育技术的历史[J].电化教育研究,2016(2):116－124.
7. 李海峰,王炜,吴曦.AECT2017 定义与评析:兼论 AECT 教育技术定义的历史演进[J].电化教育研究,2018(8):23－28.

# 第二章 现代教育技术理论基础

 **学习目标**

1. 了解各种理论的基本观点。
2. 掌握各种理论之间的区别和联系。
3. 掌握各种理论对教育教学的启示和价值。

 **主要内容**

本章主要讲述了支撑现代教育技术实践的重要理论基础,包括学习理论、教学理论、传播理论以及系统科学理论等。掌握现代教育技术的相关理论既有助于深度剖析常见的教育现象,也有利于从多个不同的视角创造性地解决教育教学问题。

 **知识结构**

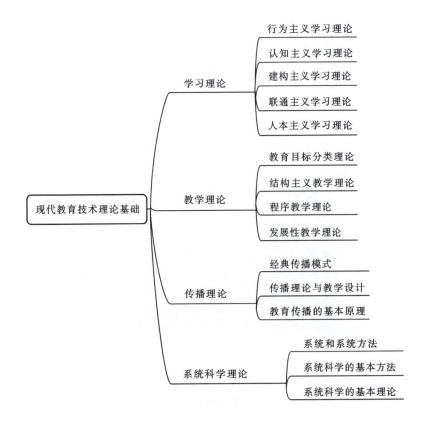

## 第一节 学习理论

学习理论简称"学习论",是说明人和动物学习的性质、过程及影响因素的各种学说。学习是什么,学习是如何发生的,是学习理论回答的两个基本问题。截至目前,随着研究与实践的不断深入,逐渐形成了较为丰富、多样的学习理论体系,对现代教育技术的深度应用具有重要的指导价值。

### 一、行为主义学习理论

行为主义者认为,学习是刺激与反应之间的联结。他们的基本假设是,行为是学习者对环境刺激所做出的反应。他们把环境看作刺激,把随之产生的有机体行为看作反应,认为所有行为都是习得的。行为主义学习理论应用在学校教育实践上,就要求教师掌握塑造和矫正学生行为的方法,为学生创设一种环境,尽可能在最大程度上强化学生的合适行为,消除不合适行为。

#### (一)桑代克的联结主义理论

爱德华·李·桑代克(Edward Lee Thorndike,1874—1949)是美国心理学家、动物心理学的开创者、心理学联结主义的建立者和教育心理学体系的创始人。他提出了一系列学习的定律,包括练习律和效果律等。

桑代克的实验对象是一只可以自由活动的饿猫。他把猫放入笼子,然后在笼子外面放上猫可以看见的鱼、肉等食物。笼子中有一个特殊的装置,猫只要一踏笼中的踏板,就可以打开笼子的门闩出来吃到食物。一开始猫被放进去以后,在笼子里上蹿下跳。它无意中触动了机关,于是就非常自然地出来吃到了食物。桑代克记录了猫逃出笼子所花的时间,然后又把它放进去,再次进行尝试。他认真地记下猫每一次从笼子里逃出来所花的时间,发现随着实验次数的增多,猫从笼子里逃出来所花的时间在不断缩短。到最后,猫几乎是一被放进笼子就去启动机关,即猫学会了开门闩这个动作。通过这个实验,桑代克认为所谓的学习就是动物(包括人)通过不断地尝试形成刺激—反应联结,从而不断减少错误的过程。他将自己的观点称为"试误说"。桑代克的迷笼实验如图2-1所示。

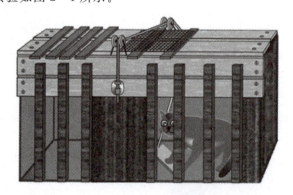

图2-1 桑代克的迷笼实验

桑代克根据自己的实验研究得出了三条主要的学习定律。

(1)准备律。在进入某种学习活动之前,如果学习者做好了与相应的学习活动相关的预备性反应(包括生理和心理的),就能比较自如地掌握学习的内容。

(2)练习律。对于学习者已形成的某种刺激与反应的联结,在实践中正确地重复反应会有效地增强这种联结。因而就小学教师而言,重视练习中必要的重复是很有必要的。另外,桑代克也非常重视练习中的反馈,他认为简单机械的重复不会带来学习的进步,告诉学习者练习的结果是正确或错误的,有利于学习者在学习中不断纠正自己的学习内容。

(3)效果律。学习者在学习过程中所得到的各种正或负的反馈意见会加强或减弱学习者在头脑中已经形成的某种联结。效果律是最重要的学习定律。桑代克认为学习者学习某种知识以后,即在一定的结果和反应之间建立了联结。如果学习者遇到一种使他心情愉悦的刺激或事件,那么这种联结会增强,反之会减弱。他指出,教师尽量使学生获得感到满意的学习结果显得尤为重要。

### (二)巴甫洛夫的经典条件反射理论

俄国著名的生理学家伊万·彼德罗维奇·巴甫洛夫(Ivan Petrovich Pavlov,1849—1936)通过用狗作为实验对象,提出了广为人知的条件反射。巴甫洛夫的经典条件反射实验如图2-2所示。

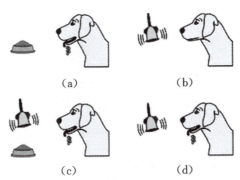

图2-2 巴甫洛夫的经典条件反射

**1.保持与消退**

巴甫洛夫发现,在动物建立条件反射后继续让铃声与无条件刺激(食物)同时呈现,狗的条件反射行为(唾液分泌)会持续地保持下去。但当多次伴随条件刺激物(铃声)的出现而没有相应的食物时,狗的唾液分泌量会随着实验次数的增加而自行减少,这便是反应的消退。教学中,有时教师及时的表扬会促进学生暂时形成某一良好的行为。但如果过了一些时候,当学生在日常生活中表现出良好的行为习惯而没有再得到教师的表扬时,这一行为很有可能会随着时间的推移而逐渐消退。

**2.分化与泛化**

在一定的条件反射形成之后,有机体对与条件反射物相类似的其他刺激也作出一定的反应的现象叫作泛化。比如,刚开始学汉字的孩子不能很好地区分"未"与"末",或"日"与"曰"。而分化则是有机体对条件刺激物的反应进一步精确化,就是强化和保持对目标刺激物的反应,而对非条件刺激物的反应逐渐消退。比如在体育教学中,教师帮助学生辨别动作到位和不到位时的肌肉感觉,从而使动作流畅、有力。

### (三)斯金纳的操作性条件作用理论

继桑代克之后,美国又一位著名的行为主义心理学家伯尔赫斯·弗雷德里克·斯金纳(Burrhus Frederic Skinner,1904—1990)用白鼠作为实验对象,进一步发展了桑代克的刺激—反应学说,提出了著名的操作性条件反射。

与桑代克相类似的是斯金纳也专门为实验设计了一个学习装置——"斯金纳箱",箱子内部有一个操纵杆,当饥饿的小白鼠按动操纵杆,就可以吃到一颗食丸。开始的时候小白鼠是在无意中按下了操纵杆,吃到了食丸。经过几次尝试以后,小白鼠"发现"了按动操纵杆与吃到食丸之间的关系,于是不断地按动操纵杆,直到吃饱为止。斯金纳把小白鼠的这种行为称为操作性条件反射或工具性条件反射。斯金纳与桑代克研究的主要区别在于,桑代克侧重于研究学习的刺激—反应联结,而斯金纳则在桑代克研究的基础上进一步探讨小白鼠乐此不疲地按动操纵杆的原因——每次按动操纵杆都会吃到食丸。斯金纳把这种会进一步激发有机体采取某种行为的过程称为强化,凡是能增强有机体反应行为的事件或刺激叫作强化物,导致行为发生概率下降的刺激叫作惩罚。斯金纳迷箱实验如图2-3所示。

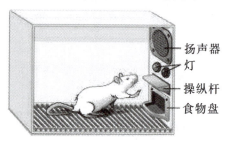

图2-3 斯金纳迷箱实验

斯金纳通过实验观察发现,不同的强化方式会引发白鼠不同的行为反应,其中连续强化引发白鼠按动操纵杆的行为最易形成,但这种强化形成的行为反应也容易消退。而间隔强化比连续强化具有更持久的反应率和更低的消退率。斯金纳在对动物研究的基础上,把有关成果运用到人类的学习活动中,主张在操作性条件反射和积极强化原理的基础上设计程序化教学,"把教材内容细分成很多的小单元,并按照这些单元的逻辑关系顺序排列起来,构成由易到难的许多层次或小步子,让学生循序渐进,依次进行学习"。在教学过程中,教师要积极应对学生做出的每一个反应,并对学生的正确反应予以正确的强化。

斯金纳按照强化方式实施以后学习者的行为反应,将强化分为正强化和负强化两种方式。正强化是指学习者受到强化刺激以后,加大了某种学习行为发生的概率。如由于教师表扬学生做出的正确行为,学生能在以后经常保持这种行为。负强化是指教师消除学习者讨厌的某种刺激以后,学习者的某种正确行为发生的概率增加。如教师取消全程监控以后,良好的学习习惯能够保持。

## 二、认知主义学习理论

认知主义又名认知学派,其理论是一种学习理论,与行为主义学派的理论相对。认知学派学者认为学习者通过认知过程(cognitive process),把各种资料加以储存及组织,形成认知结构(cognitive structure)。认知主义源于格式塔心理学派,这个学派认为学习是人们通过感觉、知觉得到的,是由人脑的主观组织作用实现的,并提出学习是依靠顿悟,而不是依靠尝试与错误来实现的观点。该理论关于"学习"的观点是,学习是一种心理现象,否定刺激与反应的联系是直接的、机械的。认知学派的代表人物有皮亚杰、布鲁纳、奥苏贝尔、托尔曼和加涅等。

### (一)布鲁纳的认知—发现说

20世纪60年代美国最有影响的认知学派代表人物杰罗姆·布鲁纳(Jerome Bruner, 1915—2016)接受并发展了让·皮亚杰(Jean Piaget, 1896—1980)的发生认识观点,提出认知—发现说。在布鲁纳看来,学生的心理发展虽然受环境的影响,并影响他的环境,但主要是独自遵循他自己特有的认识程序的。教学是要帮助学生提高认知水平。由此他提倡使用发现学习的方法。

**1. 发现学习的例证**

布鲁纳最著名的也是引起争议最多的论点是:"任何学科都可以用理智上忠实的形式教给任何年龄阶段的任何儿童。"所谓"理智上忠实的形式",是指适合学生认知发展水平的学科的基本结构或基本概念和基本原理,而发现学习是一种最佳的学习方式。

举例来说,代数中的变换律、分配律和结合律等是这门学科的基本结构,小学低年级学生完全能够掌握这些最基本的原理。事实上,儿童在幼儿园玩跷跷板时就知道,如果对方比自己重,自己就得往后移;如果对方比自己轻,自己就得往前移,否则就无法玩跷跷板。

**2. 发现学习的特征及其教学策略**

(1)强调学习过程。在教学过程中,学生是一个积极的探究者。教师的作用是要形成一种学生能够独立探究的情境,而不是提供现成的知识。教授一门学科不是要建造一个小型藏书室,而是要让学生自己去思考,参与知识获得的过程。"认识是一个过程,而不是一种产品。"布鲁纳强调的是,学生不是被动的、消极的知识接受者,而是主动的、积极的知识探究者。

(2)强调直觉思维。除了注重学习过程之外,发现法还强调学生直觉思维在学习上的重要性。布鲁纳认为,直觉思维与分析思维不同,它不是根据仔细规定好了的步骤,而是采取跃进、越级和走捷径的方式来思考。大量事实都表明,直觉思维对科学发现活动极为重要。直觉思维的形成过程一般不依靠言语信息,尤其不依靠教师指示性的语言文字。直觉思维的本质是映象或图像性的。所以,教师在学生的探究活动中要帮助学生形成丰富的想象,防止过早语言化。与其指示学生如何做,不如让学生自己试着做,边做边想。

(3)强调内在动机。在学生的学习动机方面,布鲁纳重视形成学生学习的内部动机,或把外部动机转化为内部动机。而发现活动有利于激励学生的好奇心。学生容易受好奇心的驱使,对探究未知的结果表现出兴趣。所以布鲁纳把好奇心称为"学生内部动机的原型"。布鲁纳认为,与其让学生把同学之间的竞争作为主要动机,还不如让学生向自己的能力提出挑战。所以,他提出要形成学生的能力动机(competence motivation),就是使学生有一种求得才能的驱动力。通过激励学生提高自己才能的欲求,提高学习的效率。

(4)强调信息提取。布鲁纳认为,人类记忆的首要问题不是储存,而是提取。尽管这从生物学上来讲未必可能,但现实生活要求学生这样。因为学生在储存信息的同时,必须能在没有外来帮助的情况下提取信息。在一项实验中,布鲁纳让一些学生学习30对单词,并要求一组学生记住单词然后复述;而要求其他学生把每对单词造成句子。结果发现,后者能记住95%

的单词,而前一组学生不到50%。所以,学生如何组织信息,对提取信息有很大影响。学生亲自参与发现事物的活动,必然会用某种方式对它们加以组织,从而对记忆具有较好的效果。

## (二)奥苏贝尔的认知同化学习理论

戴维·保罗·奥苏贝尔(David Pawl Ausubel,1918—2008)是美国著名学者,在理论医学、临床医学、精神病理学和心理学等领域都有研究。奥苏贝尔指出,影响学习的最重要因素是学生已有的认知结构。他强调学生的学习应该是有意义的接受学习,这种学习是通过新知识与学生认知结构中的有关观念相互作用而实现的,其结果是新旧知识意义的同化。认知同化学习理论的重要观点有以下几方面。

### 1. 意义学习

在奥苏贝尔看来,学生的学习,如果要有价值的话,应该尽可能地有意义。为此,他仔细区分了接受学习与发现学习、机械学习与意义学习之间的关系。

(1)接受学习与发现学习。在接受学习中,学习的主要内容基本上是以定论的形式传授给学生的。对学生来讲,学习不包括任何发现,只要求他们把教学内容加以内化(即结合自己的认知结构),以便将来能够再现或派作他用。发现学习的基本特征是,学习的主要内容不是现成地给予学生的,而是在学生内化之前,必须由他们自己去发现这些内容。所以,发现学习只是比接受学习多了前面一个阶段——发现,其他没有什么不同。

(2)意义学习与机械学习。通常人们认为,接受学习必然是机械的,发现学习必然是有意义的。但奥苏贝尔不这样认为。在他看来,无论是接受学习还是发现学习,都有可能是机械的,也都有可能是有意义的。奥苏贝尔认为,意义学习有两个先决条件:其一,学生表现出一种意义学习的倾向,即表现出一种在新学的内容与自己已有的知识之间建立联系的倾向;其二,学习内容对学生具有潜在意义,即能够与学生已有的知识结构联系起来。任何学习,只要符合上述两个条件,都是意义学习。奥苏贝尔认为,在学校课堂教学中,主要应采用意义接受学习,尤其是言语意义接受学习。

### 2. 认知结构在意义学习和讲授教学中的作用

奥苏贝尔认为,当学生把教学内容与自己的认知结构联系起来时,意义学习便发生了。所以,影响课堂教学中意义接受学习的最重要因素,是学生的认知结构。所谓认知结构,就是学生现有知识的数量、清晰度和组织方式,它是由学生眼下能回想出的事实、概念、命题、理论等构成的。因此,要促进新知识的学习,首先要增强学生认知结构中与新知识有关的观念。从安排学习内容这个角度来讲,要注意两个方面:第一,要尽可能先传授学科中具有最大囊括性、概括性和最有说服力的概念和原理,以便学生能对学习内容加以组织和综合;第二,要注意渐进性,也就是说,要用最有效的方法安排学习内容的顺序,构成学习内容的内在逻辑,并组织和安排练习活动。

### 3. 学习原则

奥苏贝尔根据他的同化理论提出了以下三个重要的学习原则。

(1)逐渐分化原则,即学生首先应该学习最一般的、囊括性最广的知识,然后根据具体细节对它们逐渐加以分化。

(2)整合协调的原则,即对学生认知结构中现有要素重新加以组合。

(3)先行组织者策略。先行组织者是指先于学习任务本身呈现的引导性材料,它比学习任务本身有较高的抽象、概括和综合水平,并且能清晰地与认知结构中原有的观念和新的学习任务关联。也就是说,通过呈现"组织者",为学习者已知的东西与需要知道的东西之间架设一道知识之桥,使其能更有效地学习新材料。

4. 认知同化学习理论的认知同化过程

有意义学习的内部心理机制是同化,同化实质上是新知识与已有认知结构中起固定作用的知识或观念之间的相互作用。根据新旧观念的概括水平及其联系方式的不同,可以划分三种同化模式。

(1) 下位学习。当认知结构中的原有观念在概括水平上高于新观念时,新旧观念(或知识)之间构成类属关系,或称下位关系。这时新旧知识之间的相互作用过程称为"下位学习"。

(2) 上位学习。当学习者的认知结构中已经形成了几个概念,新的学习要在几个原有概念的基础上设置一个囊括性更广、概括水平更高的概念或命题时,就产生"上位学习"。

(3) 并列结合学习。当新的知识与认知结构中的原有观念既不能产生从属关系,又不能产生上位关系,而只是并列关系时,这种学习称为并列结合学习。

### (三) 加涅的信息加工学习理论

罗伯特·米尔斯·加涅(Robert Mills Gagne,1916—2002)的信息加工模型如图 2-4 所示。

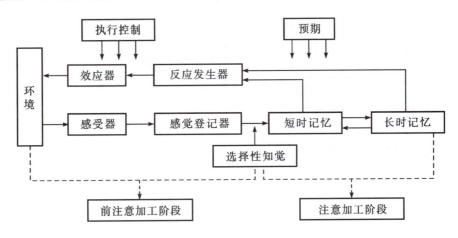

图 2-4 加涅的信息加工模型

1. 信息流

图 2-4 是信息从一个假设的结构流到另一个假设的结构中去的过程。首先,学生从环境中接受刺激,刺激推动感受器,并转变为神经信息。这个信息进入感觉登记器,这是非常短暂的记忆储存,一般在百分之几秒内就可把来自各感受器的信息登记完毕。有些部分登记了,其余部分很快就消失了,这涉及注意或选择性知觉的问题。

被登记的信息很快进入短时记忆,信息在这里可以持续二三十秒。短时记忆的容量很有限,一般只能储存七个左右的信息项目。一旦超过了这个数目,新的信息进来,就会把部分原有信息赶走。如果想要保持信息,就得采取复述的方法。但复述只能保持信息以便进行编码,并不能增加短时记忆的容量。

所谓编码,不是把有关信息收集在一起,而是用各种方式把信息组织起来。信息是经编码形式储存在长时记忆中的。一般认为,长时记忆是个永久性的信息储存库。

当需要使用信息时,需经过检索提取信息。被提取出来的信息可以直接通向反应发生器,从而产生反应,也可以再回到短时记忆,对该信息的合适性作进一步的考虑。结果可能是进一步寻找信息,也可能是通过反应发生器做出反应。

**2. 学习阶段与教学设计**

从学习的信息加工模式中可以看到,学习是学生与环境之间相互作用的结果。学习过程是由一系列事件构成的。加涅认为,每个学习动作可以分解成八个阶段。如图 2-5 所示,左边是学习阶段,其中方框上面是该阶段的名称,方框里面是该阶段内部的主要学习过程;右边则是教学事件。学生内部的学习过程一环接一环,与此相应的学习阶段与构成教学的外部事件联系了起来。

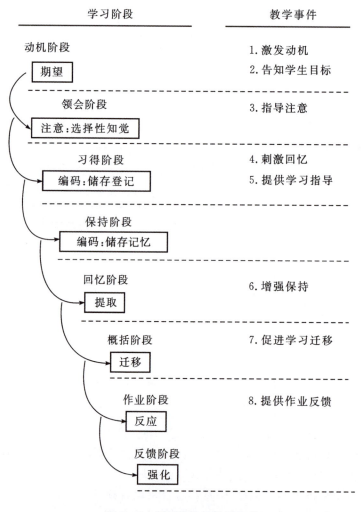

图 2-5 学习阶段与教学事件

(1)动机阶段。有效的学习必须要有学习动机,这是整个学习的开始阶段。动机的形式多种多样。在教育教学情境中,首先要考虑的是激发学生进行学习的动机,即学生力图达到某种目的的动机。它是借助学生的心理期望而建立起来的。期望指学生对完成学习任务后将会得到某种结果的一种预期,它可以为随后的学习指明方向。

但是,在有些场合下,学生最初并没有被达到某种目的所推动,这时就要帮助学生确立学习动机,形成学习期望。理想的期望只有通过学生自己的体会才能形成,而不能仅仅通过教师告诉学生学习的结果来形成。因此,为了使学生形成理想的期望,在学生实际获得某种知识和技能之前,应先做出安排使学生达到某种目标,以便向学生表明他们能够达到预期的目标。

(2)领会阶段。有了学习动机的学生,首先必须接受刺激,即必须注意与学习有关的刺激,而无视其他刺激。当学生把所注意的刺激特征从其他刺激中分化出来时,这些刺激特征就被进行知觉编码,储存在短时记忆中。这个过程就是选择性知觉。

为了使学生能够有效地进行选择性知觉,教师应采用各种手段来引起学生的注意,如改变讲话的声调、手势动作等;同时,外部刺激的各种特征本身必须是可以被分化和辨别的。学生只有对外部刺激的特征作出选择性知觉后,才能进入其他学习阶段。

(3)习得阶段。当学生注意或知觉外部情境之后,就可获得知识。在习得阶段,对新获得的刺激进行知觉编码后储存在短时记忆中,然后再把它们进一步编码加工,转入长时记忆中。

在短时记忆中暂时保存的信息,与被直接知觉的信息是不同的。在这里,知觉信息已被转化成一种最容易储存的形式,这种转化过程被称为编码过程。当信息进入长时记忆时,信息又要经历一次转换,这一编码的目的是为了保持信息。如用某种方式把刺激组织起来,或根据已经习得的概念对刺激进行分类,或把刺激简化成一些基本原理,这些都会有助于信息的保持。在此过程中,教师可以给学生提供各种编码程序,鼓励学生选择最佳的编码方式。

(4)保持阶段。学生习得的信息经过复述、强化后,以语义编码的形式进入长时记忆储存阶段。对于长时记忆,人类至今了解不深,但有几点目前是清楚的:第一,储存在长时记忆中的信息强度并不随时间流逝而减弱,如七八十岁的老人回忆孩提时的事情往往比当天的事情记得更清楚;第二,有些信息因长期不用会逐渐消退,如一个人已习得的外语单词会因经常不用而遗忘;第三,记忆储存可能会受干扰的影响,新旧信息的混淆往往会使信息难以提取。因此,如果教师能对学习条件作适当安排,避免同时呈现十分相似的刺激,就可以减少干扰,从而提高信息保持的程度。

(5)回忆阶段。学生习得的信息要通过作业表现出来,信息的提取是其中必需的一环。相对其他阶段而言,回忆或信息提取阶段最容易受外部刺激的影响。教师可以利用各种方式使学生得到提取线索,这些线索可以增加学生的信息回忆量。但作为教师,最重要的是指导学生自己寻找线索,从而成为独立的学习者。所以,对于教学设计来说,通过外部线索激活提取过程固然重要,但更重要的是使学生掌握为自己提供线索的策略。

(6)概括阶段。学生提取信息的过程并不始终是在与最初学习时相同的情境中进行的。同时,教师总是希望学生能把学到的知识运用于各种类似的情境中去,以达到举一反三的目的。因此,学习过程必然有一个概括的阶段,也就是学习迁移的问题。为了促进学习的迁移,教师必须让学生在不同情境中学习,并给学生提供在不同情境中提取信息的机会;同时,更为重要的是,要引导学生概括和掌握其中的原理和原则。

(7)作业阶段。一个完整的学习过程需要有作业阶段似乎是不言而喻的,因为只有通过作业才能反映学生是否已习得了所学的内容。作业的一个重要功能是获得反馈;同时,学生通过作业看到自己学习的结果,可以获得一种满足。

当然，作业主要是给教师看的。一般来说，仅凭一次作业是很难对学生的学习情况做出判断的，有些学生可能碰巧做得很好，有些学生则可能碰巧做得不理想，因此教师需要根据学生的多次作业对学生的学习状况做出判断。

（8）反馈阶段。当学生完成作业后，他马上意识到自己已经达到了预期的目标。这时，教师应给予反馈，让学生及时知道自己的作业是否正确，从而强化其学习动机。强化在学习过程中之所以起作用，是因为学生在动机阶段形成的期望在反馈阶段得到了肯定。

教师在提供反馈时，不仅可以通过"对""错""正确"或"不正确"等词汇来表达，而且可以使用点头、微笑等许多微妙的方式反馈信息。同时，反馈并不总是外部提供的，学生也可以从内部获得反馈，即进行自我强化。例如，学生可以根据已经学过的概念、规则，知道自己的答案是否正确。

总之，加涅认为教师是教学活动的设计者和管理者，也是学生学习效果的评定者。一个完整的学习过程是由上述八个阶段组成的。在每个学习阶段，学习者的头脑内部都进行着信息加工活动，使信息由一种形态转变为另一种形态，直到学习者用作业的方式做出反应为止。教学程序必须根据学习的基本原理来安排，即在学习结果（即言语信息、认知策略、智慧技能、动作技能、态度）确定之后，按照教学工作目标的适当顺序进行安排。有效的教学要求教师根据学生的内部学习条件，创设或安排适当的外部条件，促进学生有效地学习，以实现预期的教学目标。

## 三、建构主义学习理论

建构主义源自让·皮亚杰关于儿童认知发展的理论，由于个体的认知发展与学习过程密切相关，因此利用建构主义可以比较好地说明人类学习过程的认知规律，即能较好地说明学习如何发生、意义如何建构、概念如何形成，以及理想的学习环境应包含哪些主要因素等。

### （一）基本观点

**1. 知识观**

建构主义学习理论认为，知识不是对现实的纯粹客观的反映，而是人们对客观世界的一种解释、假设或假说，并随着人们认识程度的深入而不断地变革、深化，出现新的解释和假设。在解决问题时，需要针对具体问题的情境对原有知识进行再加工和再创造。另外，尽管语言赋予了知识一定的外在形式，并且获得了较为普遍的认同，但这并不意味着学习者对这种知识有同样的理解。因为对知识的理解，还需要个体基于自己的知识经验进行建构，同时取决于特定情境下的学习历程。

**2. 学习观**

建构主义学习理论认为，学习是获取知识的过程，知识不是通过教师传授得到的，而是学习者在一定的情境，即社会文化背景下，借助其他人（包括教师和学习伙伴）的帮助，利用必要的学习资料，通过意义建构的方式而获得的。因此建构主义学习理论认为"情境""协作""会话"和"意义建构"是学习环境中的四大要素或四大属性。

**3. 教学观**

教师在教学中不能无视学习者已有的知识经验，不能简单、强硬地从外部对学习者实施知识的"填灌",而应该把学习者原有的知识经验作为新知识的生长点,引导学习者从原有的知识经验中主动建构新的知识经验。教学不是知识的传递,而是知识的处理和转换。教师和学生、学生与学生之间,需要共同针对某些问题进行探索,并在探索的过程中相互交流和质疑。

"鱼牛传说"的故事是建构主义学习理论基本内涵的生动概括。德国的一则关于"鱼牛"的童话,说的是在一个小池塘里住着鱼和青蛙,他们是一对好朋友。他们听说外面的世界很精彩,都想出去看看。鱼由于不能离开水而生活,只好让青蛙一个人去了。一天,青蛙回来了,鱼迫不急待地向他询问外面的情况。青蛙告诉鱼:"外面有很多新奇有趣的东西,比如说牛吧,这真是一种奇怪的动物,它的身体很大,头上长着两个犄角,以吃青草为生,身上有着黑白相间的斑点,长着四只粗壮的腿,还有大大的乳房。"鱼惊叫到:"哇,好怪哟!"同时脑海里即刻勾画出他心目中"牛"的形象:一个大大的鱼身子,头上长着两个犄角,嘴里吃着青草,如图 2-6 所示。鱼脑中的牛形象,我们姑且称为"鱼牛"。

图 2-6 "鱼牛传说"中的"鱼牛"

## (二)教学模式

在建构主义学习理论中,教师、学生、教材和媒体四要素有完全不同的作用,彼此之间有完全不同的关系。但是这些作用与关系是非常清楚、非常明确的,因而成为教学活动进程的另外一种稳定结构形式,即建构主义学习环境下的教学模式。到目前为止,应用较为广泛的建构主义教学模式有以下几种。

### 1. 脚手架教学

脚手架教学应当"为学习者建构对知识的理解提供一种概念框架。这种框架中的概念是为学习者对问题的进一步理解所需要的,为此,事先要把复杂的学习任务加以分解,以便于把学习者的理解逐步引向深入"。建构主义者借用建筑行业中的"脚手架"作为上述概念框架的形象比喻,其实质是利用上述概念框架作为学习过程中的脚手架。这一模式的教学主要由搭脚手架、进入情境、独立探索、合作学习和效果评价等环节组成。

### 2. 抛锚式教学

这种教学模式建立在有感染力的真实事件或真实问题的基础上,确定这类真实事件或问题被形象地比喻为"抛锚"。建构主义学习理论认为,学习者要想完成对所学知识的意义建构,即达到对该知识所反映事物的性质、规律以及该事物与其他事物之间联系的深刻理解,最好的办法是到现实世界的真实环境中去感受、去体验(即通过获取直接经验来学习),而不是聆听教师关于这种经验的介绍和讲解。由于抛锚式教学要以真实事例或问题为基础(作为"锚"),所以有时也被称为"实例式教学"或"基于问题的教学"。抛锚式教学由创设情境、确定问题、自主学习、合作学习和效果评价等环节组成。

3. 情境性教学

建构主义学习理论提倡情境性教学。首先,这种教学应使学习在与现实情境相类似的情境中发生,以解决学生在现实生活中遇到的问题为目标。学习的内容要选择真实任务,不能对其做过于简单化的处理而使其远离现实的问题情境。其次,这种教学的过程与现实的问题解决过程相类似,所需要的工具往往隐含于情境当中。教师并不是将提前已准备好的内容教给学生,而是在课堂上展示与现实中专家解决问题相类似的探索过程,提供解决问题的原型,并指导学生进行探索。最后,情境性教学不需要独立于教学过程的测验,而是采用融合式测验,在学习中对具体问题的解决过程本身就反映了学习的效果,或者进行与学习过程一致的情境化的评估。

4. 随机进入教学

在教学中要注意在不同的时间、不同的情境下,为不同的教学目的,对同一教学内容用不同的方式加以呈现。换句话说,学习者可以随意通过不同途径、不同方式进入同样内容的教学中,从而获得对同一事物或同一问题的多方面的认识与理解,这就是所谓的"随机进入教学"。

## 四、联通主义学习理论

### (一)联通主义学习理论的产生

网络技术与连接的建立开始将学习理论引入数字时代。乔治·西蒙斯(George Siemens)认为Web 2.0技术已经改变了学习面貌,传统学习理论的三大支柱(行为主义、认知主义和建构主义)已经不再适合描述如何利用这些工具来促进学习。

首先,在对学习的理解上,我们已经有了更新、更深层次、更适用于现代社会的解释。随着学习科学中脑科学、社会化学习理论的发展,我们对学习的行为和过程都有了新的理解。

其次,知识增长的速度已不再是传统学习理论所能容纳的了。大多数人在自己的日常生活中都能感受到知识经济时代知识的快速发展、更新换代。

再次,技术的发展也要求学习理论的发展。如今的技术是移动式的、侵入式的、泛在式的,对知识产生和传递过程的辅助功能更加完善,同时对如何管理、组织知识也增加了更多的复杂性,这些都需要新的学习理论的支撑和指导。

最后,新一代学生的期望也是新的学习理论的一个要求。如今学生的学习方式变得更多元化了,他们更适应游戏化和基于移动设备、即时消息、在线社会网络等的新型学习方式。这些也都需要在新的学习理论中有所体现,并展示出来。由此,西蒙斯教授在《联通主义:数字时代的学习理论》(Connectivitism:A Learning Theory for the Digital Age)一文中提出了联通主义思想,指出学习不再是一个人的活动,学习是连接专门节点和信息源的过程,并分析和扩展了现有的学习理论框架。

### (二)联通主义理论体系

联通主义理论在发展过程中,随着以西蒙斯和道恩斯(Downes)为代表的学者的不断阐释和辩论,其理论体系也在不断地完善和更新。

**1. 知识观**

按照联通主义理论,我们处在网络时代,信息节点之间的联结(比如网络)构成了知识。知识的存在是一种动态的网络,时刻在被创造、修改和传播。道恩斯认为除了传统意义上的定量知识和定性知识之外,还存在第三种类型的知识,也就是分布式知识,这也正是联通主义理论想要强调和解释的知识类型。知识是分布在信息网络之中的,以各种各样的数字化形式存储着。

更确切地说,联通主义理论中的知识就是由学习者的活动和经历所形成的联结的集合。它可能部分存在于人类的语言结构体中,但并不局限于语言本身。道恩斯进一步解释到,在联通主义理论中,并不存在纯粹意味的知识转移、知识生成或者知识构建,那些我们为了进行学习、实践而正在开展的活动更像是以一种联结的方式发展我们自身和社会,而不只是为了获得知识。

**2. 学习观**

联通主义理论认为,学习不仅会发生在认知领域,也会发生在情感领域,人们的认知和情感态度都会影响学习过程。随着信息时代的快速发展,知识的"半衰期"不断缩短,学习内容的有效性和准确性也时常处于变化当中。这也就使得一个人对某一个事物的理解,以及他理解这个事物的能力都会随之变化。在联通主义理论中,学习者获取知识的能力比当前掌握的知识本身更重要,这些能力包括对前沿信息的搜索能力,以及过滤次要信息、无关信息的筛选能力。同时,通过掌握的信息来做出决策的能力也被认为是学习能力的一部分。构建网络并在这些网络中来回移动,就构成了学习活动。

**3. 共同体观**

共同体是西蒙斯和道恩斯在解释联通主义理论时除了知识、学习以外强调的第三个理论要素。在联通主义理论模型中,一个学习群体(共同体)就可以被描述为一个节点,由这些单独的节点就可以构成一个更大的网络。这个节点是一种广义上的概念,它由网络中一个个学习者之间小的联系点产生。而网络就是由两个或两个以上这样的节点构成的。节点,也就是共同体的规模大小和影响力是不同的,这取决于这个学习群体中的成员数量以及信息的集中程度。

共同体有四个原则要求。首先,这个共同体必须是多元的,也就是说组成这个共同体的成员拥有不同的身份特征和多样化的学习经历、生活体验。其次,这个共同体是开放的。属于这个共同体的成员可以流动,他们可以在不同的网络节点之中移动,共同体也可以接受来自其他节点的知识输入和人员输入。再次,共同体是有自主权的,每一个群体成员都有自主权,不管是获得知识、选择知识,还是进入节点、退出节点,都是由个人自主决定的。最后,这个共同体区别于一般团体的最大特征是它的互动性。知识的产生需要互动,只通过简单的分享,是不能够帮助学习者构建自己的知识体系的。成员之间的持续互动和有效互动是共同体形成和维护的必然要求。

**4. 教学观**

技术的发展以及网络普及应用的指数型增长,伴随着 Web 2.0 工具的应用和移动环境的介入,使教育结构、教育组织都出现了新的变化。人们通过现实生活中的人际关系映射,在虚拟空间中建立的关系网络,不仅能够提供专业的知识和资源,也可以产生各种不同身份的学习指导者。学习者真正成为了学习活动的中心,有权利自主决定学习的内容,选择不同类型的交互工具,并与不同的学习同伴或者指导者进行交流。联通主义理论认为,学习是发生在共同体之中的,其本质就是学习者和共同体中其他成员之间的对话。而这也体现出群体中的所有成员之间都是平等的,并不区分教师和学生的角色。在不同的知识领域中,教师也可以成为学习者,教师和学生的身份不是一成不变的。

教师的角色不仅会改变,甚至还有可能会消失。人们可以从由教师和机构所控制的学习环境,自由跳转到由自己自主掌控的学习环境中。在这个学习环境中,他们仍然通过关系网的联系发现所需要的信息,与学习同伴进行互动,构建知识体系。这样,他们个人的兴趣和爱好成为他们投入学习活动程度的决定因素,而不再受教师或者组织机构的意愿所控制。

然而,这并不意味着学习活动再也不需要指导者的参与。专业指导者的参与能够帮助学习者明确所需搜集的信息内容以及信息来源,更快地找到信息,并完成信息的筛选和过滤工作。同时,学习同伴之间还能够通过一系列交互活动进行专业知识的沟通,一起构建知识体系,形成对学习内容和资源的正确理解。与传统学习所不同的是,专业指导者以及学习同伴的选择对于学习者来说是可控的,他们对个人学习活动能够产生的影响也是可控的。教师需要适应角色的转变,学会只充当一个学习指导者的角色,不能够过分参与到学生的学习活动当中,需要充分利用社会环境、关系网络、群体氛围、同伴互动等学习活动要素辅助学习者的自主学习,构建他们个人的自主学习环境。

## 五、人本主义学习理论

人本主义于20世纪50年代至60年代在美国兴起,70年代至80年代迅速发展。它既反对行为主义把人等同于动物,只研究人的行为,不理解人的内在本性,又批评弗洛伊德只研究神经症和精神病人,不考察正常人的心理,因而被称为心理学的第三种运动。

人本学派强调人的尊严、价值、创造力和自我实现,把人的本性的自我实现归结为潜能的发挥,而潜能是一种类似本能的性质。人本主义最大的贡献是看到了人的心理与人的本质的一致性,主张心理学必须从人的本性出发研究人的心理。

该学派的主要代表人物是亚伯拉罕·马斯洛(Abraham Maslow,1908—1970)和卡尔·罗杰斯(Carl Rogers,1902—1987)。马斯洛对人类的基本需要进行了研究和分类,将其与动物的本能加以区别,提出人的需要是分层次发展的。他按照追求目标和满足对象的不同把人的各种需要从低到高安排在一个层次序列的系统中,最低级的需要是生理的需要,这是人所感到要优先满足的需要。罗杰斯在心理治疗实践和心理学理论研究中发展出人格的"自我理论",并倡导"患者中心疗法"的心理治疗方法。人类有一种天生的"自我实现"的动机,即一个人发展、扩充和成熟的趋力,它是一个人最大限度地实现自身各种潜能的趋向。

### (一)马斯洛的需要层次理论

马斯洛把需要分成生理需要、安全需要、情感和归属需要、尊重需要及自我实现需要五类,依次由较低层次到较高层次排列。在自我实现需要之后,还有自我超越需要,但通常不作为马斯洛需要层次理论中必要的层次,而是合并至自我实现需要当中。马斯洛需要层次理论模型如图2-7所示。

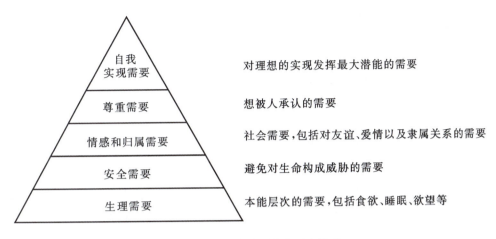

图 2-7 马斯洛需要层次理论模型

假如一个人同时缺乏食物、安全、爱和尊重,通常对食物的需要是最强烈的,其他需要则显得不那么重要。此时人的意识几乎全被饥饿所占据,所有能量都被用来获取食物。在这种极端情况下,人生的全部意义就是吃,其他什么都不重要。只有当人从生理需要的控制下解放出来时,才可能出现更高级的、社会化程度更高的需要,如安全的需要。

### (二)罗杰斯的自由学习理论

对于有意义的学习,罗杰斯认为主要具有四个特征:
(1)全神贯注,整个人的认知和情感均投入到学习活动之中;
(2)自动自发,学习者由于内在的愿望主动去探索、发现和了解事件的意义;
(3)全面发展,学习者的行为、态度、人格等获得全面发展;
(4)自我评估,学习者自己评估自己的学习需求、学习目标是否完成等。
因此,学习能对学习者产生意义,并能纳入学习者的经验系统之中。

罗杰斯认为,促进学生学习的关键不在于教师的教学技巧、专业知识、课程计划、视听辅导材料、演示和讲解、丰富的书籍等(虽然这中间的每一个因素有时候均可作为重要的教学资料),而在于特定的心理气氛因素,这些因素存在于"促进者"与"学习者"的人际关系之中。那么,促进学习的心理气氛因素有哪些呢?罗杰斯认为,这和心理治疗领域中的心理气氛因素是一致的,这就是真实或真诚,学习的促进者表现真我,没有任何矫饰、虚伪和防御;尊重、关注和接纳,学习的促进者尊重学习者的情感和意见,关心学习者的方方面面,接纳作为一个个体的学习者的价值观念和情感表现;移情性理解,学习的促进者能了解学习者的内在反应和学习过程。在这样一种心理气氛下进行的学习,是以学生为中心的,"教师"只是学习的促进者、协作者或者说是学生的伙伴、朋友,"学生"才是学习的关键,学习的过程就是学习的目的之所在。

总之,罗杰斯等人本主义心理学家从他们的自然人性论、自我实现论及"患者中心"出发,在教育实际中倡导以学生经验为中心的"有意义的自由学习",对传统的教育理论造成了冲击,推动了教育改革运动的发展。这种冲击和促进主要表现在:突出情感在教学活动中的地位和作用,形成了一种以协调活动为主线、以情感作为教学活动基本动力的新的教学模式;以学生的"自我"完善为核心,强调人际关系在教学过程中的重要性,认为课程内容、教学方法、教学手段等都维系于课堂人际关系的形成和发展;把教学活动的重心从教师引向学生,把学生的思想、情感、体验和行为看作是教学的主体,从而促进了个别化教学运动的发展。不过,罗杰斯对教师作用的否定,是不正确的,是言过其实的。

## 第二节 教学理论

### 一、教育目标分类理论

美国教育研究中心的本杰明·布卢姆(Benjamin Bloom,1913—1999)教授受到行为主义和认知心理学的影响,在 20 世纪 50 年代,他领导一个委员会对教育目标进行了系统的分类研究,将教育目标分为认知、情感和动作技能三个领域,并从实现各领域的最终目标出发,确定了一个细化目标的程序。

#### (一)认知领域教育目标

在 20 世纪 50 年代,本杰明·布卢姆提出一个教育目标分类框架,即布卢姆分类法。这个框架把思维学习分为六个层次,自低到高依次是记忆、理解、应用、分析、评价、创新,如图 2-8 所示。

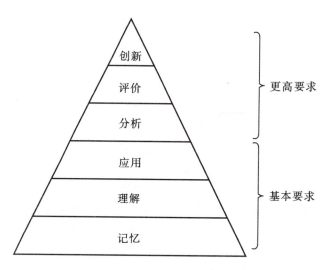

图 2-8 布鲁姆认知目标分类

#### (二)情感领域教育目标

情感领域的教育目标依据价值内化的程度分为接受、反应、价值化、组织、价值体系个性化形成五级。

#### (三)动作技能领域教育目标

布卢姆本人并没有编写出动作技能领域的目标分类,这个领域出现了好几类分类法,目前尚无公认的最好的分类,这里介绍伊丽莎白·辛普森(Elizbeth Simpson)的分类。他把动作技能领域的教育目标分为知觉、定向、有指导的反应、机械动作、复杂的外显反应、适应、创新七级。动作技能的各个层次也均有各自的一般目标,这些目标可以用一些特殊的学习结果和行动加以表示。

## 二、结构主义教学理论

杰罗姆·布鲁纳是一个结构主义者,他深受结构主义心理学家皮亚杰的影响。他的教学理论从思想和内容上都与皮亚杰有密切关系,是在吸取和发展皮亚杰心理学研究成果的基础上建立起来的。他的理论不仅提出了学(教)什么、什么时候学(教)、怎样学(教)等问题,而且在结构主义思想的指导下,对这些问题做了使人比较满意的回答,提出了基础学科早期学习、掌握学科的基本结构、广泛应用发现法等主张。

### (一)布鲁纳论教学原理

布鲁纳的发现学习理论是他在《教育过程》(The Process of Education)一书中提出来的。这种方法要求学生在教师的认真指导下,能像科学家发现真理那样,通过自己的探索和学习"发现"事物变化的因果关系及其内在联系,形成概念,获得原理。发现学习以培养探究性思维的方法为目标,以基本教材为内容,使学生通过再发现的步骤来进行学习。发现学习是以布鲁纳的认知心理学学习理论为基础的。他认为学习就是建立一种认知结构,即头脑中经验系统的构成,相当于我们所说的主观世界。建立认知结构是一种能动的主观活动,具有主观能动性。所以布鲁纳格外重视主动学习,强调学生自己思索、探究和发现事物。发现学习的特点有三:再发现、有指导的发现和以培养探究性思维为目标。发现学习的优点有增加智慧潜力、激发学习的内部动机、掌握探索的方法且有助于记忆的保持。

### (二)发现学习的教学模式

(1)带着问题观察具体事实。
(2)建立假设。
(3)形成抽象概念。组织讨论和求证,以形成结论,提炼一般性原理或规律。
(4)把原理应用到新的情景中去。运用于实际并接受检验和评价的过程,也是运用知识,是提高分析和解决问题能力的过程。

### (三)发现学习的保障措施

(1)以掌握学科基本结构为内容,精选教材。
(2)教师讲基本原理,引导学生去探索,并诱发和保持学生探索的积极性。
(3)保持师生的协作关系。

## 三、程序教学理论

所谓程序教学,是指将各门学科的知识按其中的内在逻辑联系分解为一系列的知识项目,这些知识项目之间前后衔接,逐渐加深,然后让学生按照知识项目的顺序逐个学习每一项知识。伴随每个知识项目的学习,教师及时给予反馈和强化,使学生最终能够掌握所学的知识,达到预定的教学目的。可见,精心设置知识项目序列和强化程序是程序教学成功的关键所在。

程序教学有以下原则。

**1.积极反应原则**

在一个程序教学过程中,教师必须使学生始终处于一种积极学习的状态。也就是说,在教学中使学生产生一个反应,然后给予强化或奖励,以巩固这个反应,并促使学生作进一步反应。

#### 2. 小步子原则

程序教学中所用的教材将内容按步骤分解,前一步的学习为后一步的学习作铺垫,后一步学习在前一步学习后进行。由于两个步子之间的难度相差很小,所以学习者很容易掌握所学内容,并建立起自信。

#### 3. 即时反馈原则

程序教学特别强调即时反馈,即让学生立即知道自己的答案是否正确,这是树立信心、保持好的行为的有效措施。一个学生对第一步(学习的前一个问题)能做出正确的反应(回答),教师便可立即呈示第二步(第二个问题)。这种呈示本身便是一种反馈,告诉学生已经掌握了第一步,可以展开第二步的学习了。

#### 4. 自定步调原则

程序教学允许学习者按各人自己的情况来确定掌握材料的速度。这与传统教学在课堂传授中一般以"中等"水平的学习者为参照点的教学法不同。传统教学法使掌握快的学生被拖住,而学习慢的学生又跟不上,致使班级学生之间学习水平的差距越来越大。程序教学法相对显得比较"合理",每个学生可以按自己最适宜的速度进行学习。由于有自己的思考时机,学习变得较容易。程序教学的设计当然要依据教材内部的逻辑关系,既要保证学习者在学习中把错误率减少到最低限度,又要使每一个问题(每一小步)都能体现教材的逻辑价值。

### 四、发展性教学理论

赞科夫(1901—1977)的"发展教学论"包括教学原则、教学大纲、教学法等各个方面,其中以教学原则最为重要。他认为教学原则决定教学大纲的内容和结构,决定教学法的典型属性。赞科夫在一边进行实验,一边进行理论总结的基础上提出了体现其主导思想的五条"新教学原则"。赞科夫的实验教学的主导思想是,以最好的教学效果来达到学生最理想的发展水平。体现这一主导思想,并指导各科教学工作的五条教学原则是:以高难度进行教学的原则(引导学生克服障碍和积极努力);以高速度进行教学的原则(克服传统教学中的单调重复);理论知识起主导作用的原则(认为传统教学片面地强调了感性认识);使学生理解学习过程的原则(教会学生怎样学);使全班学生包括学习困难学生都得到发展的原则(克服高难度、高速度教学对部分学习困难学生的忽视)。

## 第三节 传播理论

### 一、经典传播模式

教学过程其实也是教学信息的传播过程,掌握信息传播过程,了解信息传播的基本原理,对优化教学具有重要的指导作用。传播学者研究传播过程,都毫无例外地将传播过程分解为若干要素,然后用一定的方法去研究这些要素之间的相互关系,这就构成了多种多样的信息传播模式。下面介绍几种经典的信息传播模式。

### (一)拉斯韦尔传播模型

1948年,美国政治学家、传播学四大奠基人之一的哈罗德·拉斯韦尔(Harold Lasswell,1902—1978)发表了《社会传播的结构与功能》(The Structure and Function of Communication in Society)。在这篇文章中,拉斯韦尔明确提出了传播过程及其五个基本构成要素,即谁(who)、说什么(say what)、通过什么渠道(in which channel)、对谁(to whom)、取得什么效果(with what effect),称为"5W"模式,如图2-9所示。这个模式简明而清晰,是传播过程模式中的经典。后来的很多学者都对此进行过各种修订、补充和发展,但大都保留了它的本质特点。这一模式还奠定了传播学研究的五大基本内容,即控制研究、内容分析、媒介分析、受众分析以及效果分析。

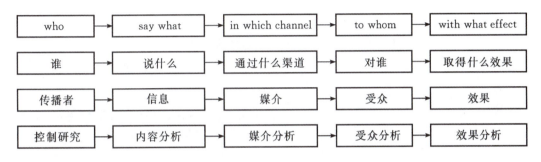

图2-9 拉斯韦尔的"5W"传播模式

这五个要素各有其自身的特点。

(1)"谁"指传播者,在传播过程中担负着信息收集、加工和传递的任务。传播者既可以是单个的人,也可以是集体或专门的机构。

(2)"说什么"是指传播的信息,它是由一组有意义的符号组成的信息组合。符号包括语言符号和非语言符号。

(3)"通过什么渠道"指信息传递必须经过某种中介或借助某种物质载体。它可以是诸如信件、电话等人际交往的媒介,也可以是报纸、广播、电视等大众传播媒介。

(4)"对谁"指受传者或受众。受众是所有受传者如读者、听众、观众等的总称,是传播的最终对象。

(5)"取得什么效果"指信息到达受众后在其认知、情感、行为各层面所引起的反应。它是检验传播活动是否成功的重要尺度。

拉斯韦尔于1932年提出并经过16年修正、补充而形成的"5W"传播模式,第一次将传播活动明确表述为五个环节和要素构成的过程,奠定了传播学研究的范围和基本内容,为人们理解传播过程的结构和特性提供了具体的出发点。拉斯韦尔的功绩在于,他通过这个"5W"传播模式正确地指明了传播学研究的主攻方向,使传播学界的主力军在近半个世纪里,把主要精力用在考察、研究传播过程的基本要素上,取得了巨大成果,为整个传播科学的长足发展奠定了深厚、扎实的基础。

### (二)香农-韦弗模式

香农-韦弗模式是主要的传播过程模式之一,于1949年由美国的两位信息学者克劳德·艾尔伍德·香农(Claude Elwood Shannon,1916—2001)和沃伦·韦弗(Warren Weaver,

1894—1978)在《传播的数学理论》(Mathematical Theory of Communication)中首次提出,又称为传播过程的数学模式,主要描述电子通信过程,如图 2-10 所示。

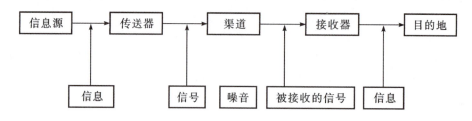

图 2-10　香农-韦弗模式

香农-韦弗模式为传播过程研究进一步提供了重要的启发,导入了噪音的概念,表明传播不是在封闭的真空中进行的;通过对一些技术和设备环节的分析,提高了传播学者对信息科技在传播过程中的作用的认识,为以文理结合的方法考察传播过程打下了基础。

### (三)贝罗传播模式

贝罗(Berlo)传播模式也叫 SMCR 模式,S 代表信息源(source),M 代表信息(message),C 代表通道(channel),R 代表接收者(receiver),如图 2-11 所示。贝罗模式明确而形象地说明了影响信息源、接收者和信息传播的条件,说明信息可以通过不同的方式和渠道传播,而最终效果不是由传播过程中某一部分决定的,而是由组成传播过程的信息源、信息、通道和接收者四部分,以及它们之间的关系共同决定的,传播过程中每一组成部分又受其自身因素的制约。贝罗传播模式如图 2-11 所示。

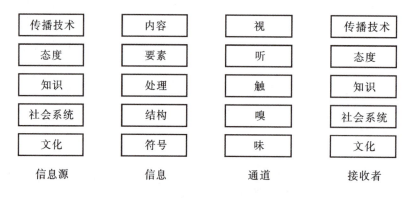

图 2-11　贝罗传播模式

1. 信息源

信息源的研究包括以下因素。

(1)传播技术。信息源不论是以哪种方式来传播,必须讲究传播的技巧即传播技术,才能保持信息本身的真实性和趣味性,如语言的清晰和说话的技巧、文字写作的技巧、思维的缜密、手势动作自然、表情逼真等。

(2)态度,如传播者是否喜爱传播的主题,是否有明确的传播目的,对接收者是否有足够的了解等。

(3)知识,如传播者对传播的内容是否彻底了解,是否有丰富的知识等。

(4)社会系统,如传播者在社会中的地位、影响与威信如何。

(5)文化,如传播者的学历、经历和文化背景怎样。

**2. 接收者**

信息源与接收者虽然在传播过程的两端,但是在传播过程中,信息源即传播者可以变为接收者,接收者也可以变为传播者即信息源。所以影响接收者的因素与传播者相同,也包括传播技术、态度、知识、社会系统与文化诸项。

**3. 信息**

影响信息的因素有如下几项。

(1)符号,包括语言、文字、图像与音乐等。

(2)内容指为达到某种传播目的而选取的材料,包括信息的要素与结构。

(3)处理指传播者对符号和内容所作的种种决定。

**4. 通道**

通道指传播信息的各种工具,如各种感觉器官,载送信息的声、光、空气、电波、报纸、杂志、广播、电影、电视、电话、唱片、图画、图表等。在传播过程中,信息的内容、符号及处理方式,均会影响通道的选择。

## 二、传播理论与教学设计

人类对传播理论的研究于20世纪40年代末开始迅速发展,研究内容从原来新闻学所研究的"新闻传播"转移到"信息传播",探讨自然界一切信息传播活动的共同规律。传播理论是教学设计的理论基础。

首先,传播过程的理论模型说明了教学传播过程所涉及的要素。拉斯韦尔提出的"5W"模式清晰地描述了大众传播过程中的五个基本要素和直线式的传播模式。运用"5W"模式分析教学传播活动,可以看到教学过程也涉及类似的要素,如表2-1所示。

表2-1 拉斯韦尔的直线式传播模式与教学设计的对应关系

| 传播要素 | 类别 | 教学设计要素 |
| --- | --- | --- |
| who(谁) | 传播者 | 教师或其他教学信息源 |
| say what(说什么) | 信息 | 教学内容 |
| in which channel(通过什么渠道) | 媒介 | 教学媒体 |
| to whom(对谁) | 受众 | 教学对象 |
| with what effect(产生什么效果) | 效果 | 教学效果 |

布雷多克(Bradock)1958年在此基础上提出了"7W"模型,因此教育传播过程又增加了以下两个因素:why(为什么)对应"教学目的",where(在什么情况下)对应"教学环境"。这些要素自然也成为教学设计中研究教学过程、解决教学问题时所要考虑的重要因素。

其次,传播理论揭示出教学过程中各种要素之间的动态联系,教学过程是一个复杂的传播过程。1960年贝罗在拉斯韦尔研究的基础上提出的SMCR模式,更为明确和形象地说明传播的最终效果不是由传播过程中某一部分决定的,而是由组成传播过程的信息源、信息、通道和接收者四部分,以及它们之间的关系共同决定的,而传播过程中每一组成部分又受其自身因素的制约。

从信息源(传播者)和信息接收者来看,至少有四个因素影响信息传递的效果:①传播技能,传播者的表达、写作技能,接收者的听、读技能均会影响传播效果;②态度,包括传播者和接收者对自我的态度,对所传信息内容的态度,以及彼此间的态度等;③知识水平,传播者对所传递内容是否完全掌握,对传播的方法、效果是否熟知,接收者原有知识水平是否能接受所传递的知识等都将影响最终的效果;④社会及文化背景,不同的社会阶层及文化背景也影响传播方法的选择和对传播内容的认识及理解。从信息这个要素来看,信息内容、信息要素、信息处理、结构安排和编码方式等也制约传播效果。最后,从信息传播的通道看,不同传播媒体的选择以及它们与所传递信息的匹配度会引起人们感官的不同刺激,从而影响传播效果。教学设计正是在这一论点的基础上把教学传播过程作为一个整体来研究。为了保证教学效果的优化,既注意每一组成部分(信息源——教师,信息——教学内容,通道——媒体,接收者——学生)极其复杂的制约因素,又对各组成部分间的本质联系给予关注,并运用系统方法在众多因素相互联系、相互制约的动态过程中探索真正影响传播效果的原因,最终确定富有成效的设计方案。

再次,传播理论指出了教学过程的双向性。SMCR传播模式中已经加入了反馈,奥斯古德(Osgood,1916—1991)和威尔伯·施拉姆(Wilbur Schramm,1907—1987)在1954年提出的大众传播过程模式也强调了传播者与接收者都是积极的主体,接收者不仅接收信息、解释信息,还对信息做出反应。传播是一种双向的互动过程。因此,新型的控制论传播模型的核心是在传播过程中建立了反馈系统。教学信息的传播同样是经过教师和学生双方的传播行为来实现的。所以,教学过程的设计必须重视教与学两方面的分析与安排,并充分利用反馈信息,通过反馈环节随时进行调控,以达到预期教学效果。目前关于教学传播信息流的三向性(教学信息的传递与接收、学生反应信息的传递与接收和结果信息的传递与接收)也是在双向传播理论的基础上提出来的。

最后,传播过程要素构成教学设计过程的基本要素,其相应领域如传播内容分析、受众分析、媒介分析、效果分析等的研究成果也在不同程度上被教学设计中的学习内容分析、学生分析、教学媒体分析以及教学评价等环节所吸收。传播过程要素与教学设计过程要素对应关系如表2-2所示。目前传播学的研究仍在不断发展,相信其研究成果会给教学设计注入新鲜血液,使教学设计得到更快、更好的发展。

表2-2 传播过程要素与教学设计过程要素的对应关系

| 序号 | 传播过程要素 | 教学设计过程要素 |
| --- | --- | --- |
| 1 | 为了什么目的 | 学习需要分析、教学目标分析 |
| 2 | 传递什么内容 | 学习内容分析 |
| 3 | 由谁传递 | 教师、教学资源的可行性分析 |
| 4 | 向谁传递 | 学生(教学对象)分析 |
| 5 | 如何传递 | 教学策略选择、教学媒体选择 |
| 6 | 在哪里传递 | 教学环境分析 |
| 7 | 传递效果如何 | 教学评价 |

## 三、教育传播的基本原理

### (一)共同经验原理

教育传播是一种信息传递与交换活动,教师与学生的沟通应当建立在双方共同经验的范围内。一方面,对学生缺乏直接经验的事物,教师要利用直观的教学媒体帮助学生获得间接的经验;另一方面,教学媒体的选择与设计必须充分考虑学生的经验。

### (二)抽象层次原理

抽象层次高的符号,能简明地表达更多的具体意义。但抽象层次越高,越难以理解。所以,在教育传播中,各种信息符号的抽象程度必须控制在学生能明白的范围内,并且要在这个范围内的各种抽象层次上上下移动。

### (三)重复作用原理

重复作用是将一个概念在不同的场合或用不同的方式重复呈现,包括两层含义:一是将一个概念在不同的场合重复呈现,如在几个不同的场合下接触某个外语单词,以达到长时记忆的目的;二是将一个概念用不同的方式重复呈现,如同时或先后用文字、声音、图像呈现某一概念,以加深理解等。

### (四)信息来源原理

有权威、有信誉的人说的话更容易被对方接受。资料的来源将直接影响传播效果。因此,在教育传播中,作为信息主要来源之一的教师,应树立被学生认可的形象与权威。所用的教材或教学软件,其内容应该正确、真实、可靠。

## 第四节 系统科学理论

## 一、系统和系统方法

根据一般系统论创始人路德维希·冯·贝塔朗菲(Ludwig von Bertalanffy,1901—1972)的定义,系统是"相互作用的诸要素的复合体",或是"处于一定相互联系中、与环境发生关系的各个组成部分的整体"。中国著名科学家钱学森这样定义系统:系统是由相互作用和相互依赖的若干组成部分合成的具有特定功能的有机整体,而且这个系统本身又是它所从属的一个更大系统的组成部分。

系统中相互作用着的部分或成分就是要素,是系统最基本的单位,也是系统存在的基础和实际载体。系统就是由要素以及要素之间的关系组成的,不同的要素构成不同的系统,相同的要素也可以因为要素之间的关系不同而构成不同的系统。

系统方法指的是按照事物本身的系统性,把对象放在系统的形式中加以考察的一种科学方法。在宏观世界和微观世界,从基本粒子到宇宙,从细胞到人类社会,从动植物到社会组织,无一不是系统的存在方式。系统方法具有整体性、综合性、最优化的特点。

## 二、系统科学的基本方法

系统科学方法简称系统方法,是按事物本身的系统性把研究对象作为一个具有一定组织、结构和功能的整体来加以考察的方法。该方法是从系统与要素之间、要素与要素之间、系统与外部环境之间的相互联系、相互制约、相互作用的关系中综合地研究对象的一种方法,是系统科学基本原理和基本观念在认识和解决实际问题中的应用。系统科学方法的基本步骤是:

(1)从需求分析中确定问题,没有需求也就没有问题,系统方法都是从需求分析开始的,需求分析是对现状和预期结果之间的差异分析;

(2)确定解决问题的方案,根据所提出的问题和要达到的目标,提出解决问题的方案,一般情况下提出多种方案,如果一种方案不能有效解决问题,就马上采取第二种方案;

(3)从多种可能的解决方案中选择解决问题的策略;

(4)实施问题求解的策略,这个步骤是实施策略阶段;

(5)确定实施的效率,在实施过程中收集信息(包括过程信息和产出信息),并把这些信息与确定的目标相比较,给以评价和修正,确定实施的效率。

## 三、系统科学的基本理论

系统论、控制论和信息论是20世纪40年代先后创立并获得迅猛发展的三门系统理论的分支学科。虽然距它们的提出仅过了不到一个世纪,但它们在系统科学领域中已是资深的元老,合称"老三论",如图2-12所示。

**控制论**

1948年,美国数学家诺伯特·维纳(Norbert Wiener,1894—1964)首次提出控制论,它是关于控制系统的一般规律和控制过程的科学,研究对象是控制系统。

传递教学信息的出发点和归宿在于教学效果的最优化,"信息反馈"是实现教学效果最优化的关键。

**信息论**

美国数学家香农创立信息论,他认为系统正是通过获取、传递、加工与处理信息而实现其有目的的运动的。

教育信息论研究教学过程中师生间的教学关系系统,是关于教育信息如何传递、变换和反馈的理论。

**系统论**

美籍奥地利生物学家贝塔朗菲创立系统论,他认为世界上的一切事物、现象和过程几乎都是有机整体且自成系统、互为系统。

教育系统论把教育视为一个系统,组成系统的要素是教师、学生和媒体等。

图2-12 系统科学基本理论之"老三论"

耗散结构论、协同论、突变论是20世纪70年代以来陆续确立并获得极快发展的三门系统理论的分支学科。它们虽然发展时间不长,却已是系统科学领域中"年少有为"的成员,故合称"新三论",如图2-13所示。

## 第二章 现代教育技术理论基础

| 耗散结构论 | 协同论 | 突变论 |
|---|---|---|
| 1969年，比利时物理学家伊利亚·普利高津（Ilya Prigogine，1917—2003）提出耗散结构论，认为系统只有在远离平衡的条件下，才有可能向着有秩序、有组织、多功能的方向进化。 | 德国科学家哈肯（Haken，1927—）创立协同论，认为系统从无序到有序的过程中，不管原先是平衡相变，还是非平衡相变，都遵守相同的基本规律，即协调规律。 | 法国数学家雷内·托姆（René Thom，1923—2002）创立突变论，它是通过对事物结构稳定性的研究，来解释事物质变规律的学问。 |

图2-13 系统科学基本理论之"新三论"

 思考与练习

1. 请采用如下表格的方式比较多个学习理论、教学理论之间的区别和联系，并体验支架式教学的应用。

| 比较维度 | 理论1 | 理论2 | … | 理论n |
|---|---|---|---|---|
| 区别 | | | | |
| 联系 | | | | |

2. 作为一名教师，学习和掌握现代教育技术基本理论对合理应用信息技术推动信息化教学有什么指导作用？

 学习资源拓展

1. 王志军，陈丽. 联通主义学习理论及其最新进展[J]. 开放教育研究，2014(5):11-28.

2. 王佑镁，祝智庭. 从联结主义到联通主义：学习理论的新取向[J]. 中国电化教育，2006(3):5-9.

3. 郑旭东，陈荣，欧阳晨晨. 皮亚杰与布鲁纳的和而不同与整合发展：兼论教育技术学基础理论研究的三重纵深[J]. 现代远程教育研究，2017(5):29-36.

4. 钟柏昌，李艺. 中国教育技术学基础理论问题研究：关于研究方法的评述[J]. 电化教育研究，2014(9):93-94.

5. 钟柏昌. 中国教育技术学基础理论问题研究：关于研究对象的评述[J]. 电化教育研究，2013(9):10-19.

6. 黄纯国，钟柏昌. 中国教育技术学基础理论问题研究：关于技术价值的评述[J]. 电化教育研究，2016(2):18-22.

7. 冯友梅，李艺. 布鲁姆教育目标分类学批判[J]. 华东师范大学学报(教育科学版)，2019，37(2):63-72.

8. 郑旭东，陈荣. 从"教育过程"到"教育文化"：百年回望布鲁纳[J]. 电化教育研究，2019(6):5-10.

# 第三章 教学媒体与信息化教学环境

 **学习目标**

1. 了解常用教学媒体的功能,掌握其基本使用方法。
2. 了解常见信息化教学环境的基本构成及功能。

 **主要内容**

本章主要介绍教学媒体的概念、常见教学媒体及其特征,以及信息化教学环境。

 **知识结构**

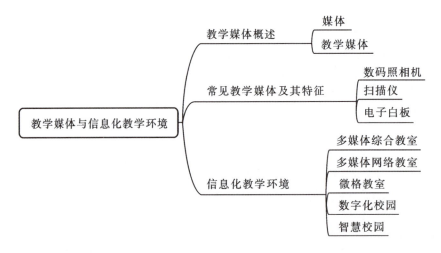

现代教育技术是由媒体技术、信息传播技术和教学设计技术三者构成的统一体,因此,教学媒体的选择与应用是现代教育技术研究者必须考虑的问题。

现代教育技术学研究的主要对象是"教学过程"和"教学资源",而学习过程或教学过程中资源的整合和利用要依靠相应媒介得以实现,这里的媒介就是教学媒体。信息化的教学环境为教学媒体及资源的利用提供了保证。

## 第一节 教学媒体概述

媒体是指传播信息的媒介,能为信息的传播提供平台。当某一媒体被用于教学目的,作为承载教育信息的工具时,即被称为教学媒体。

## 一、媒体

### (一)媒体的概念

媒体一词来源于拉丁语"medius",音译为媒介,意为"两者之间"。它是指在信息传递过程中,信息源与受信者之间承载、加工和传递信息的介质或工具。它有两层含义:一是指承载信息所使用的符号系统,如语言、文字、符号、图形、图像、声音等;二是指存储、加工和传递信息的实体,如书本、挂图、光盘以及相关的播放、处理设备等。所以,一本空白的工作簿、一个空白的U盘等都不能称为媒体,它们只是书写信息或者存储信息的材料而已。只有其上记录了信息,才能称为媒体。

### (二)媒体的分类

随着科学技术的不断进步,媒体的种类越来越多,甚至有些媒体尚未归类,又出现了更新的媒体。由于人们的着眼点、出发点不同,对媒体的分类方法也就各有不同。

#### 1.按发展的先后顺序分类

按照媒体发展的先后顺序,媒体可以分为传统媒体和现代媒体。一般来说,使用时不需要电源的被称为传统媒体,而使用时需要电源的被称为现代媒体。

#### 2.国际电话电报咨询委员会的分类

国际电话电报咨询委员会(Consultative Committee on International Telephone and Telegraph)将媒体分为以下几类。

(1)感觉媒体,指直接作用于人们的感觉器官,使人能直接产生感觉的一类媒体。常见的感觉媒体分为图形、图像、动画、音频和视频。如人类的各种音乐、图形、图像、动画,还有自然界的其他声音等,都属于感觉媒体。

(2)表示媒体,指传输感觉媒体信息的中介媒体,即用于数据交换的编码。如图形图像编码(二维码、JPEG、MPEG等)、文本编码(ASCII 码、GB2312 等)、声音编码等,在计算机中使用不同的格式来表示媒体信息。

表示媒体就是信息的表示方法。信息本身是无形的,如果要使信息能被人理解和接受,必须将信息通过一定的方法表示出来。例如语言文字就是一种表示媒体。注意,在没有经过表示媒体的"表现"之前,信息是无法被传递的。比如学生回答教师的提问,将想法组织成一段话(表示媒体),但在没有说出来之前,教师无法知道他到底想说什么。

(3)表现媒体,又称为显示媒体,指用于通信中使电信号和感觉媒体之间相互转换的媒体。如计算机中用于输入输出信息的键盘、鼠标、扫描仪、数字化仪、显示器、打印机等媒体。

(4)存储媒体,指用于存放表示媒体的媒体,如纸张、磁盘、光盘等。

(5)传输媒体,也称传输介质或传输媒介,它是数据传输系统中发送器和接收器之间的物理通路,常见的有无线传输媒体(如卫星、微波等)和有线传输媒体(如双绞线、同轴电缆、光纤等)。传输媒介的质量会影响数据传输的质量,如速率、误码率等。

### (三)媒体的发展

随着现代科技的不断发展,新的媒体层出不穷,如多媒体、超媒体、虚拟现实、云存储、流媒体、自媒体等。这些媒体的用户体验非常好,应用越来越普及,简单介绍如下。

1. 多媒体

一般把文字、符号、图形、图像、动画、音频和视频等多种媒体的综合称为多媒体(multimedia)。显然,多媒体主要是指视觉和听觉媒体,其主要特征表现为信息载体的多样性、集成性、实时性、交互性和非线性。

2. 超文本与超媒体

超文本(hypertext)一词是美国人纳尔松(Nelson)在20世纪60年代提出来的。早期的超文本系统主要是文字信息,在文档中插入"链接"指向其他文档,读者在浏览时可沿链接交叉阅读其他文档,如图3-1所示。

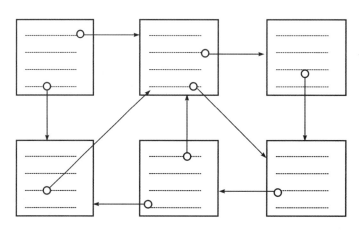

图3-1 超文本示意图

由于超文本的平面结构形式,人们不必按顺序从头到尾地读取信息,而是可以从大量的信息中,沿着链接路径,按照自己的需要获取相关信息。

随着多媒体技术的发展,计算机中表达信息的媒体已不再局限于文本和数字。人们拓展了超文本的思路,在其中广泛采用图形、图像、音频、视频等媒体元素来表达思想,这样的超文本称为超媒体(hypermedia)。可以看出,超媒体是超文本与多媒体的结合。

3. 虚拟现实

虚拟现实(virtual reality,VR)技术又称灵境技术,是20世纪发展起来的一项全新的实用媒体技术。"虚拟现实"一词中的"现实"泛指在物理意义上或在功能意义上存在于世界的事物或环境,它是实际上能实现的,也可以是实际上难以实现的或者根本无法实现的;"虚拟"是指这个特定的环境是由计算机模拟现场生成的。因此,"虚拟现实"是指用计算机生成的一种特殊环境,人可以通过使用各种特殊装置将自己"投射"到这个环境中去操作、控制和感受环境,实现特殊的目的。

用户可以在虚拟现实世界体验到最真实的感受,其模拟环境的真实性与现实世界难辨真假,让人有种身临其境的感觉。虚拟现实具有现实世界所有的感知功能,人类通过听觉、视觉、触觉、味觉、嗅觉等感知系统可以真切地感知它。它还具有超强的仿真系统,真正实现了人机交互,使人在操作过程中可以随意操作并且得到环境最真实的反馈。正是虚拟现实技术的存在性、多感知性、交互性等特征使它受到了许多人的喜爱。

## 第三章 教学媒体与信息化教学环境

### 4. 云存储

云存储(cloud storage)是一种网上在线存储的模式,即把数据存放在通常由第三方托管的多台虚拟服务器,而非专属的服务器上。托管公司运营大型的数据中心,需要数据存储托管的人通过向其申请免费空间、购买或租赁存储空间的方式,来满足数据存储的需求。数据中心运营商根据客户的需求,在后端准备存储虚拟化的资源,并将其以存储资源池(storage pool)的方式提供给客户,客户便可自行使用此存储资源池来存放文件或对象。实际上,这些资源可能分布在众多的服务器主机上。常见的有阿里云、金山云、华为云等。现在很多的公司都提供一定空间的免费云给用户使用。

### 5. 流媒体

流媒体又叫流式媒体,是边传边播的媒体,也是多媒体的一种。边传边播是指媒体提供商在网络上传输信息的同时,用户不断地接收并观看或收听被传输的信息。流媒体的"流"指的是这种媒体的传输方式(流的方式),而不是指媒体本身。

在网络上传输音/视频(A/V)等多媒体信息,目前主要有下载和流式传输两种方案。音视频文件一般都较大,所以需要的存储空间也较大。同时由于网络带宽的限制,常常要花数分钟甚至数小时下载,所以这种处理方法延迟很大。流式传输时,声音、影像或动画等由音视频服务器向用户计算机连续、实时传送,用户不必等到整个文件全部下载完毕,而只需经过几秒或十数秒的启动延时即可进行观看。当声音、影像或动画在用户的计算机上播放时,文件的剩余部分将在后台从服务器内继续下载。流式传输不仅使启动延时成十倍、百倍地缩短,而且不需要太大的缓存容量。它避免了用户必须等待整个文件全部从网络上下载后才能观看的缺点。

### 6. 自媒体

自媒体(we media)是指普通大众通过网络等途径向外发布他们自己的新闻的传播方式。自媒体可以分为广义自媒体与狭义自媒体。狭义自媒体是指以个体作为新闻制造主体进行内容创造,且拥有独立用户号的媒体。广义自媒体在宽泛的语义环境中不单单指个人创作,也包括群体创作及企业微博、微信等传播方式。

## 二、教学媒体

教学媒体是教学过程的重要元素,是教育技术形成和发展过程中逐渐形成的概念。在今天的信息化社会中,教学媒体的不断更新和丰富对人们教育教学观念的变革、教学模式的改革、教学过程的整体优化以及教育教学效率的提高等的影响越来越大。教学媒体已经成为教育技术领域中一个十分重要的研究课题。

### (一)教学媒体的概念

当媒体用于存储、处理和传递教学信息时,就称其为教学媒体。教学媒体是载有教学信息的媒体,是连接教育者和受教育者双方的中介物,是人们用来传递与取得教学信息的工具。教学媒体的使用具有明确的教学目的、教学内容、教学对象。例如,专门用于教学的计算机和网络就是教学媒体,它是学习资源的重要组成部分。

一般的媒体要成为教学媒体,要具备两个基本要素:

(1)媒体用于存储及传递以教学为目的的信息时,才可称为教学媒体,既服务于特定教学

目标,又服务于教师或学生这些特定的对象;

(2)当媒体能用在教与学活动的过程中时,才能发展成为教学媒体。

## (二)教学媒体的作用与应用时机

教学过程是复杂的、动态的,随着教学内容、教学对象与教学方法的改变,教学媒体的作用也有所不同。对于同一种教学媒体而言,由于使用的方法不同,对所要实现的教学目标产生的作用也可能会不同。更何况每一种教学媒体的特性都不尽相同,每一种教学媒体都有优于其他教学媒体的地方和善于表现的内容,同时也存在一定的不足,适应任何教学目标、教学内容、教学对象或教学策略的"通用教学媒体"是不存在的。当然,对于某些具体的教学目标来说,还是存在某种教学媒体能使教学效果明显优于其他教学媒体的。

那么,教学媒体在哪些方面有作用?什么时候应用合适呢?

### 1.教学媒体的作用

教学媒体在教学中的作用包括以下几个方面。

(1)通过教学媒体展示教学内容,增强学生的感性认识,使抽象的语言、文字、符号的意义更加明确,抽象事物的概念更加清楚。

(2)合理使用教学媒体,可为学生创设优化的学习环境,使教学活动更具趣味性,提高学习效率,加深学生对学习内容的印象。

(3)教学媒体可以改变过去因教师或地域文化发展水平的不同而造成的教学质量的差异,使学生获得相同的教学信息,为进一步学习和发展打下良好的基础。

(4)教学媒体,特别是现代教学媒体,主要是用声音、画面等直观的方式呈现教学信息;特技效果、艺术手法及交互活动的运用,使学生获得了更加丰富的感知。新颖的学习形式不仅能够激发学生的好奇心和求知欲,而且能增加感知深度,提升学习效果。

(5)教学媒体,特别是教学软件,在内容的组织和呈现方式上都是经过精心设计的,可以反复推敲,认真研究,使已有的教学原则、认知规律、教与学的经验和理论得到充分的运用,讲究方式、方法、效率和效果,从而使最佳的教与学成为可能。

(6)教学媒体的特性就是灵活和适应性。无论是小组还是个人,都可以打破时间、空间的限制,随时随地开展教与学。

### 2.教学媒体的应用时机

现代教育技术已广泛应用于课堂教学之中。应用教学媒体时要从教学的实际需要和教学目的出发,要做到既不滥用,也不因噎废食而全然不用,宜"巧"不宜"多"。

(1)把握教学要点。运用教学媒体时,要有针对性地选择需要学生掌握的教学要点,使教学达到最佳效果。

(2)把握"精彩"之处。教学媒体要用在"精彩"之处,用在激发学生学习兴趣、突出重点、破解难点的地方。

(3)利用教学媒体辅助教学时,应巧妙地将抽象知识转化为具体事物,增强学生的感性认识,这样教者易,学生也学得轻松,提高了教学效率。

(4)把握学生发展中的"最近发展区"。

(5)把握学生的求知欲。

(6)鼓励学生克服畏难心理,增强信心。

总之,在适当的时机使用教学媒体,可以起到事半功倍的教学效果。

### (三)使用教学媒体应注意的问题

根据教学目标和教学对象的特点,通过教学设计,合理选择和运用现代教学媒体,并与传统教学手段组合,师生共同参与教学全过程,这是使用现代教育技术的常规模式。教学媒体如果运用不当,不但不能达到预期效果,甚至可能产生相反的作用,违背了使用教学媒体的初衷。所以,运用教学媒体的过程中要注意以下问题。

#### 1. 避免以辅代主,本末倒置

在教学活动中,学生是主体,教师起主导作用,教学媒体只是教学的辅助手段,而教学内容才是教学的核心。因此要根据教学内容来决定是否使用教学媒体,明确用在什么地方,达到什么目的。只有这样才能有的放矢,与教学内容、教学目的保持一致。既不能用教学媒体取代教师在教学中的作用,也不能轻视课堂上教师的语言、体态、板书和所用教具的作用。我们是为了教学才使用媒体,不是为了使用媒体而教学。

#### 2. 避免以演示代替交流,分散学生注意力

运用教学媒体时,教师一定不能轻视对教学过程的控制、学习结果的评价和反馈,要合理使用教学媒体。单纯地演示课件,可能会使学生看了很多、听了很多,却不知道要学什么,从而产生教学的负效果。其实,多媒体辅助教学作为一种现代化的教学手段,是用来提高课堂教学效率,突破重点、难点,解决一些传统教学不易解决的问题的。教师应该凭自身丰富的教学经验和生动的讲解,通过师生间的情绪感染,来调动学生学习的积极性,并使学生能够自觉地参与到教学当中去。另外,事先做好的课件受制作时思路的限制,在课堂上使用时灵活性可能较差,有时会限制教师的临场发挥。教师不要受课件的限制,以免忽略现场的具体情况。有时教师也可事先准备一些实物,根据现场学生的反应灵活使用。

#### 3. 避免以单向信息传递为主,忽视学生的思考过程

教育始终必须把学生思维能力的培养作为重要目标。教学媒体的运用是为了更好地促进学生的学习,不能把师生的双向活动变成单方面的讲解,使学生变成看客,从而剥夺了学生探索、分析、思考的时间,忽视了师生之间的相互交流和相互促进。

总之,运用现代教学媒体确实有诸多优势,但只有与传统教学方式有效结合才能优化课堂教学模式、提高教学效率和教学质量。媒体不能替代师生的感情交流、教师的言传身教等,因此在选用教学媒体时我们一定要慎重,绝不能忽视教师的作用。

## 第二节 常见教学媒体及其特征

作为现代教育技术的物理支撑,教学媒体的重要性不言而喻。随着光影技术的发展和互联网的普及,新兴的光学投影媒体的种类也越来越丰富。本节将介绍几种常用光学投影设备的原理及使用方法。

### 一、数码照相机

数码照相机是一种利用电子传感器把光学影像转换成数字信息的照相机。数码照相机既

可以拍照,还可以录制视频。用数码照相机拍出来的照片有着艳丽的色彩、清晰的画面,照片的后期处理更加方便和快捷。它已成为人们获取数字化图像资源的重要设备。

20世纪60年代美国宇航局在宇航员被派往月球之前,用探测器对月球表面进行勘测,探测器传送回来的模拟信号夹杂在宇宙其他射线之中,显得十分微弱,地面上的接收器无法将信号转变成清晰的图像。数码照相机发展的里程碑式事件之一,是1970年美国贝尔实验室发明了电荷耦合器件(charge-coupled device,也称为图像控制器)。它是一种半导体器件,能够把光学影像转化为数字信号。当工程师使用计算机将电荷耦合器件得到的图像信息进行数字处理后,所有的干扰信息都被剔除了。后来"阿波罗"登月飞船上就安装有使用电荷耦合器件的装置,这就是数码照相机的原形。得益于这一技术,在"阿波罗"号登上月球的过程中,美国宇航局接收到的数字图像如水晶般清晰。

### (一)数码照相机的组成

数码照相机包括镜头系统、感光芯片、处理器、存储器、液晶显示器、模/数转换系统、电源等构件。图3-2是数码照相机的外部结构。

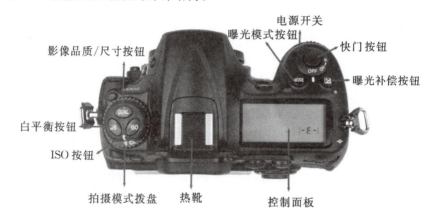

图3-2 数码照相机的外部结构

**1. 镜头系统**

镜头系统是数码照相机必不可少的第一组件,起成像作用。它的主要组件有光学镜头、光圈、快门和聚焦系统等。

数码照相机镜头的变焦倍数直接关系到数码照相机对远处物体的抓取水平。变焦越大,对远处物体拍得越清楚,反之亦然。

数码照相机的光圈和快门是选购相机时很重要的指标。数码照相机光圈越大就越能适应光线不足的环境,如果能有两种以上的光圈值,相机的应用弹性会较大。

快门用来调整相机的曝光时间,快门速度单位是秒,如1/30秒、1/250秒。快门速度越快,越容易捕捉到高速移动的影像。

**2. 感光芯片**

感光芯片是数码照相机的"心脏",也是影响其制造成本的主要因素之一。它类似于传统照相机的胶卷,与相机是一体的。

## 3. 处理器

数码照相机中的处理器主要分为两类,即中央处理器和图像处理器。

中央处理器是数码照相机的大脑,对各种操作做出反应,例如开机自检,错误处理,对环境的光线强度做出判断,调节感光二极管放大器的放大率,是否用闪光灯,采用何种快门速度和光圈等。

图像处理器要把每一个像素点的颜色计算出来,还要把它们按照一定的时钟周期进行排列,组成完整的图像。各个制造商所生产的数码照相机的最大不同就在于图像处理过程的算法差异,从而导致各厂家相机所拍影像风格的不同。

## 4. 存储器

数码照相机的内部一般会安装一个容量很小的 Flash 芯片,用于存储系统程序。拍照时,需要一个独立的外部存储卡来保存所拍的照片。图 3-3 是常见的数码产品上使用的存储卡,其中的 SD 卡和 Micro SD 卡广泛使用于数码相机中。

Micro SD 卡　　MMC 卡　　SD 卡　　Mini SD 卡　　CF 卡　　MS 卡　　MS Duo 卡
（TF 卡）

图 3-3　数码产品常用存储卡

## 5. 液晶显示器

数码照相机多采用薄膜晶体管液晶显示器(TFT LCD),它可以作为电子取景器,也可以用于照片和功能菜单的显示。

## 6. 模/数转换系统

模/数转换系统将相机拍摄得到的模拟电信号转化为数字信息,然后存储。

### (二)数码照相机的使用

数码照相机种类繁多,外形各异,标志也各不同。具体使用时,需详细阅读相应相机的说明书。这里给出通用的基本操作方法。

## 1. 安装电池

数码照相机需要有电源方能工作。使用时,要熟悉具体相机电池的安装及更换方法。

## 2. 安装存储卡

安装存储卡时,要确认电源是关闭状态。注意存储卡的方向及正反面。

## 3. 应用模式选择

数码照相机上一般都有拍摄、查看、下载等挡位的开关和转盘,在拍摄模式下还有风景、人物、夜景等挡位。拍摄前需要先设置好挡位。

#### 4. 参数设置

数码照相机的参数一般在两个区域进行设置。一部分参数是在液晶显示屏上设置,通过旁边的操作按钮以选择菜单的方式来调整,如分辨率、时间等;另一部分参数通过机身上相应的操作部件,如变焦环、快门、闪光灯等进行设置。

#### 5. 拍摄

按下快门后,电荷耦合器件拾取图像,接着相机会有短时的读取、处理、保存数据的过程。这时,拍摄者会从液晶显示器上看到刚刚拍摄的画面效果。显示的图像消失后,可继续拍摄。因此,在拍摄两张照片之间要有几秒的间隔,也正因为数码照相机的这一特点,很多机型有自动连拍功能。

#### 6. 影像下载

读取数码照相机的图片数据有两种方式:一种是把相机和计算机相连,直接读取相机上的数据,这需要提前在计算机上安装该相机的驱动程序;另一种是把存储卡从相机里取出,直接插入计算机或者读卡器,然后读出卡里的数据。

### (三) 数码照相机使用时的注意事项

总体而言,数码照相机最怕潮湿、灰尘、高温、震动和辐射环境。

(1) 使用完毕,应将相机放回相机包,最好在相机包里放上防潮剂,尤其在潮湿的气候下。如长时间不用,应将电池取出,防止渗液。

(2) 定期清洁相机的光学系统。

(3) 避免强光长时间照射相机,远离电热设备和强磁物体,绝对要避免相机被雨淋或者进水。

### (四) 数码照相机在教学中的创意运用

数码照相机是计算机系统中的主要输入设备之一,在教学中常用来采集音频和视频,也可以作为快捷的文本和图像输入工具,在减少机械劳动时间、提高教学质量等方面能够发挥重要的作用。

#### 1. 收集书刊中的重要文献资料

在电子信息时代,阅读纸质书刊依然是获取资料的重要途径之一。利用数码照相机可以将书刊中的某些重要内容以图像的形式保存在计算机中。

注意,通过数码照相机收集的书刊内容是图片格式,当我们需要把其中的文字当作文本使用时,需要通过文字识别软件将其中的文字识别出来。大部分文字识别软件只能识别 TIFF、JPG、BMP 三种格式的图像,所以拍摄时要注意文件的保存类型。为此,本书第四章第一节中介绍了光学字符识别(optic character recognize,OCR)软件。

#### 2. 建设教学影视资料库或历程档案

教师可在日常生活、备课、实验、教具制作、旅行及全方位学习活动中拍摄一些有教育用途的照片和短片,以建立影视资料库作为日后课堂教学的案例和资源。在中小学校,这类资源也可包括平时学生的表现,尤其是学生做专题研习报告的影像、短片或录音,这可让教师(尤其是班主任)更了解学生的成长。

## 第三章 教学媒体与信息化教学环境

### 3. 用于教师的专业发展

教师可让学生或其他同事在课堂中拍摄一些自己的教学活动影像。除了用于教学反思或检讨外,这些资料也可用于在教师的专业发展研讨会上进行经验交流。

### 4. 用于全方位的学习活动

教师可以利用数码照相机的录影功能把操作过程拍成视频短片发给学生,供学生按照步骤操作和练习;或者把学生的操作过程拍摄下来,然后播放给学生,使他们能注意到易错的操作步骤。

学生可用相机存储及显示教师提供的物体彩照、地图或其他参考资料,也可拍摄影像与短片作科学观察记录(包括物体的形状、颜色、图案、大小、明暗、位置、方向、时间和速度等)。

### 5. 创设情境教学

利用数码照相机可以方便、快捷、高效地拍摄一些校园或课堂的影像与短片,作为上课时的引入话题或典型案例,丰富的多媒体课件会让教学活动更贴近学生的生活。

### 6. 课堂管理与学习评估

在课堂教学中,教师可通过摄录和拍照并向全班展示等方法,更有效地评估学生的表现,鼓励正确的学习习惯,纠正错误的操作过程。

### 7. 连接学生、学校与家庭

教师可以把活动的多媒体资料上传到学校的网站上,让学生重温课堂知识,还可以让他们反思、检讨自己的学习方法、表现与行为;也可把部分内容分享给家长,让家长更了解孩子在学校里的学习情况。

### 8. 取代实物投射器,实现实物投影

教师可以把文件、图片、实物及学生课堂习作和汇报的纸卡放大显示给全班学生观看,图像效果比实物投射器更好。

### (五)联网的数码照相机

随着网络的普及,人们希望用数码照相机拍照后,能即时把相机里的照片传到手机里,与他人分享美好时光。有了需求,就催生了创新,近来出现了支持Wi-Fi的数码照相机。内置Wi-Fi功能的数码照相机,可以将相机中的照片上传至微博、微信,或者通过电子邮件发送,还提供云服务,不必再担心照片丢失。除此之外,这种数码照相机还支持电视连接功能,可以用电视展示照片、视频。目前市面上具有内置Wi-Fi功能的数码照相机用法各异,使用时应参考使用说明进行操作。

## 二、扫描仪

扫描仪是一种光、机、电一体化的高科技产品,已经广泛应用于各种场所。它能将各种形式的图像信息输入计算机,是继键盘和鼠标之后的第三代计算机输入设备。

扫描仪是利用光电技术和数字处理技术捕获图像,并将其转换成计算机可以显示、编辑、存储和输出的文件的数字化输入设备。从最原始的图片、照片、胶片到各类文稿资料,甚至纺织品、标牌面板、印制板样品等都可作为扫描对象。

早期的扫描仪有平板式扫描仪(也称为台式扫描仪)和滚筒式扫描仪,近几年才有了馈纸式扫描仪、便携式扫描仪、笔式扫描仪、胶片扫描仪、底片扫描仪和名片扫描仪等(图3-4)。下面以常见的平板式扫描仪为对象,简要讲述扫描仪的一些基础知识。

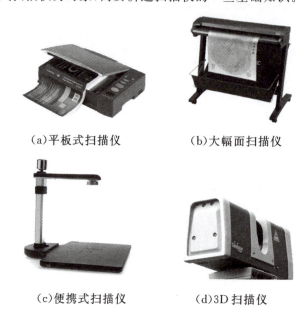

(a)平板式扫描仪　　(b)大幅面扫描仪

(c)便携式扫描仪　　(d)3D扫描仪

图3-4　几种不同的扫描仪

### (一)扫描仪的基本组成

一台典型的平板式扫描仪主要包括光学成像部分、光电转换部分、机械传动部分、灯、上盖、稿台、电源、接口端口等部件。扫描仪的核心部件是电荷耦合器件阵列,用于抓取图像。

1. 上盖

上盖主要是用来将要扫描的原稿压紧,以防止扫描仪漏光。

2. 稿台

稿台是用来放置预扫描原稿的地方,四周设有标尺线以方便原稿放置,并能确定原稿扫描尺寸。中间为透明玻璃,称为稿台玻璃。

3. 光学成像部分

光学成像部分俗称扫描头,即图像信息读取部分。它是扫描仪的核心部件,其精度直接影响扫描图像的还原程度。它包括以下主要部件:灯管、反光镜、镜头以及电荷耦合器件。

为了达到比较理想的扫描效果,建议扫描仪运行之前先预热10~30分钟。

4. 光电转换部分

光电转换部分是指扫描仪内部的主板,其上安置有各种电子元件的印制电路板。它是扫描仪的心脏,是控制系统。

5. 机械传动部分

机械传动部分主要包括步进电机、驱动皮带、滑动导轨和齿轮组等。在扫描仪扫描图像的过程中,步进电机通过直接驱动皮带驱动扫描头,对图像进行扫描,滑动导轨和齿轮组起辅助作用。

### (二)扫描仪的主要技术指标

1. 分辨率

分辨率是扫描仪最主要的技术指标,它表示扫描仪对图像细节的呈现能力,决定了扫描仪所记录图像的细致度,其单位为PPI(pixels per inch,图像采样率)。通常用每英寸扫描图像所含像素点的个数来表示。大多数扫描仪的分辨率在300~2400 PPI。数值越大,分辨率越高,扫描的图像品质越高。

2. 灰度级

灰度级表示扫描图像的明暗层次范围。级数越多,扫描仪的图像亮度范围越大、层次越丰富。多数扫描仪的灰度为256级。256级灰阶能呈现出比肉眼所能辨识的层次还多的灰阶层次。

3. 色彩深度

色彩深度也叫色彩数,表示彩色扫描仪所能呈现的颜色范围。色彩数越多,扫描的图像越鲜艳真实。

4. 扫描速度

扫描速度有多种表示方法。因为扫描速度与分辨率、内存容量、硬盘存取速度以及图像大小等都有关系,通常用指定的分辨率和一定图像尺寸下的扫描时间来表示扫描速度。

5. 扫描幅面

扫描幅面表示扫描图稿尺寸的大小。

6. 动态密度范围

动态密度范围又称像素深度,对扫描仪来说是非常重要的性能参数。它是指扫描仪所能探测到的最浅和最深颜色的差值。其范围越大,扫描仪可捕获的可视细节越多。

### (三)扫描仪的日常使用和保养

对普通用户来说,不仅要购买一台质量过关、方便耐用的扫描仪,学会正确使用和进行简单保养也是非常重要的。

1. 不要忘记锁定扫描仪

由于扫描仪采用了包含光学透镜等在内的精密光学系统,使其结构较为脆弱。为了避免损坏光学组件,扫描仪通常都设有专门的锁定/解锁机构。移动扫描仪前,应先锁住光学组件。但要特别注意的是,再次使用扫描仪之前,一定要首先解除锁定,否则很可能因为一时的疏忽而造成扫描仪传动机构的损坏!

2. 不要带电接插扫描仪

在安装扫描仪,特别是采用增强并行口(enhanced parallel port,EPP)的扫描仪时,为了防止烧毁主板,接插时必须先关闭计算机。一旦扫描仪通电后,千万不要热插拔小型计算机系统接口(small computer system interface,SCSI)和增强并行口,这样会损坏扫描仪或计算机。当然通用串行总线(universal serial bus,USB)接口除外,因为它本身就支持热插拔。

扫描仪在工作时请不要中途切断电源,一般要等到扫描仪的镜组完全归位后再切断电源,这对扫描仪电路芯片的正常工作是非常重要的。

3. 保持稿台玻璃清洁

在扫描时需注意确保稿台玻璃清洁,否则会直接影响扫描图像的质量。另外,要特别注意在放置扫描原稿时不要损坏稿台玻璃。由于一些扫描仪可以扫小型立体物品,所以在扫描时应当注意,放置锋利物品时不要随便移动以免划伤玻璃,包括反射稿上的钉书针;放下上盖时不要用力过猛,以免打碎玻璃。

4. 及时关闭电源

一些扫描仪在设计上并没有完全切断电源的开关,当用户不用时,扫描仪的灯依然是亮着的,建议在不用时要断开电源。

5. 扫描仪应该远离窗户

窗户附近的灰尘比较多,而且会受到阳光的直射,易导致塑料部件老化,从而减少扫描仪的使用寿命。

### (四)扫描仪使用中的常见问题

1. 扫描仪发出异响

打开扫描仪开关时,扫描仪发出异常响声。这是因为有些型号的扫描仪有锁,其目的是为了锁紧镜组,防止运输中震动。因此在打开扫描仪电源开关前应先将锁打开。

2. 扫描仪接电后没有任何反应

有些型号的扫描仪是节能型的,只有在进入扫描界面后灯才会亮,一旦退出后会自动熄灭。

3. 扫描时显示"没有找到扫描仪"

此现象有可能是由于先开主机、后开扫描仪所致。重新启动计算机或在设备管理中刷新即可。

4. 空间不足或扫描时间过长

扫描仪在扫描时出现"硬盘空间不够"或"内存不足"的提示,或者扫描时间过长,首先应确认硬盘及内存是否够。若空间很大,应检查设定的扫描分辨率是否太大而造成文件数据量过大。

使用扫描仪时,不少用户把扫描仪的分辨率设置得很高,希望能够提高识别率。但事实上,在扫描一般文稿时选择300 DPI(打印分辨率)左右的分辨率就可以了,过高的分辨率反而可能降低识别率。这是因为过高的分辨率会让扫描仪更仔细地扫描印刷文字的细节,更容易识别出印刷文稿的瑕疵、缺陷,导致识别率下降。

5. 压缩比设置过小

在用扫描仪完成图像扫描任务后,我们常常需要选择合适的图像保存格式来保存文件。有的用户在选用JPEG格式时,总认为压缩比设置得越小越方便保存和传输,但是如果设置得太小将会严重丢失图像信息。

### 6. 扫描时噪音过大

这时应拆开机器盖子,将缝纫机油滴在细软布上,擦净镜组两条轨道上的油垢,再用适量的缝纫机油涂擦传动齿轮组及皮带两端的轴承,最后适当调整皮带的松紧。

需要说明的是,用扫描仪得到的数据是图片格式,与数码相机获得的影像数据的处理方法一样。因此在教学中,除录像和存储卡功能,数码照相机的绝大部分应用也可以通过扫描仪实现。

## 三、电子白板

电子白板是汇集了电子技术、软件技术等多种高科技手段的高新技术产品,它通过应用电磁感应原理,连接计算机和投影机,实现无纸化办公及教学。交互式电子白板终将替代黑板成为课堂教学的主要设备,将极大地推动学校教学信息化的进程。以下介绍交互式电子白板的基础知识。

### (一)交互式电子白板的系统组成

将电子白板连接到计算机上,利用投影机将计算机上的内容投影到电子白板屏幕上,在专门的应用程序支持下,可以构造一个大屏幕、交互式的协作会议或教学环境(图3-5)。

图3-5 电子白板系统

电子白板由硬件电子感应白板和软件白板操作系统组成。它的核心组件是电子感应白板、电子感应笔、计算机和投影仪。

#### 1. 电子感应白板

它是一块具有正常黑板尺寸、在计算机软硬件支持下工作的大感应屏幕,其作用相当于计算机显示器,可代替传统的黑板。白板集传统的黑板、计算机、投影仪等多种功能于一身,使用非常方便。

#### 2. 电子感应笔

它具有电子白板书写笔和计算机鼠标的双重功能,有多种颜色,可代替传统的粉笔。直接用感应笔在白板上操作(相当于传统教学中师生用粉笔在黑板上写字),可以对文件进行编辑、注释、保存或调用各种软件。在计算机上利用键盘及鼠标实现的操作,电子感应笔都可以胜任。

#### 3. 投影系统

投影系统负责将计算机图形界面投射到电子白板上。

4.白板操作系统

白板操作系统是存在于计算机中的一个软件平台,它不仅支持人与电子白板、计算机、投影仪之间的信息交换,还自带强大的学科素材库和资源制作工具库,是一个兼容各种软件的智能操作平台。教师可以在白板上随意调用各种素材或应用软件进行教学。图3-6是电子白板系统的控制按钮。

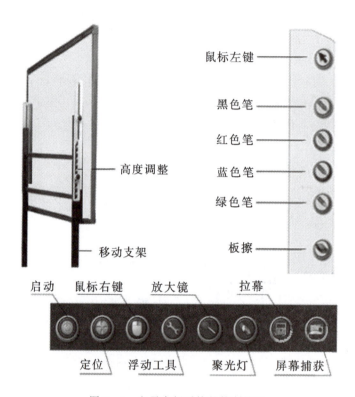

图3-6 电子白板系统的控制按钮

## (二)电子白板的功能

1.传统黑板的功能

我们可以把交互式电子白板当作普通黑板使用。交互式电子白板提供了多种性能的电子感应笔,可以用电子笔或手指直接在白板屏幕上进行书写、绘图及擦拭。在书写过程中,可以像选择粉笔颜色一样,通过调整笔的粗细、颜色、字体对板书进行美化。用电子板擦可以随意涂改板书。对学生在交互式电子白板上书写的板书,教师也可以通过画写批注功能随时进行批注。

2.普通多媒体教学功能

教师可以将事先准备的多媒体教学课件呈现在交互式电子白板上,直接点击就可播放内容。教师也可以在白板附近自由教学,随时书写板书,摆脱多媒体控制台的束缚。

3.特殊的辅助功能

交互式电子白板自带丰富的电子教具和各学科教学资源。它还具有特殊视觉效果的展示功能,如聚光灯、屏幕遮盖、放大镜、屏幕捕获等功能。

**4. 延展书写空间与存储功能**

电子白板可以无限延展书写空间。它还具有存储、自动记录和回放功能,便于教师在教学过程中向学生再现书写内容和教学后对教学过程进行回放与反思。

**5. 任务切换功能**

使用交互式电子白板如同使用计算机一样,可以同时打开多个任务,根据需要随时进行切换。

**6. 打印功能**

交互式电子白板支持打印功能。将电子白板直接与打印机连接,需要打印时,只需按下电子白板上的打印键即可实现打印。

**7. 连网功能**

使用特定的应用程序如 Netmeeting,交互式电子白板就可以通过网络与其他办公室、会议室连接,实现网络会议。

### (三)电子白板的基本操作

不同品牌电子白板的具体操作有所不同,使用时要参考其操作手册。下面介绍电子白板的通用操作方法。

**1. 创建、打开和保存文档**

应用交互式电子白板上课前,首先应创建一个文档。用交互式电子白板上完一堂课后,可以保存上课内容。操作方法类似我们用其他办公软件对文件的操作。当退出软件时,会弹出对话框,询问是否保存文件。此时可以指定保存位置及文件名称。

当我们用交互式电子白板上课的内容以前用过而且保存了,这时就可以打开以前的上课记录,开始本堂课的教学,而不是重新再书写一遍。这也是交互式电子白板比传统黑板、粉笔、板擦"三位一体"的旧教学模式优越的地方,我们应该提倡使用。

**2. 设置页面背景颜色**

默认新建页面是纯白色。如果需要更换背景颜色,在主菜单中选"画图",然后再选"背景颜色",这时程序弹出背景颜色选择框,点击选择需要的页面颜色即可。

**3. 导出页面为图片/网页**

可以将部分或全部页面导出为图片,电子白板支持 BMP、JPG、PNG 三种格式。点击主菜单上的"文件",选择"导出为图片"。在"导出为图片"窗口中选择导出范围、输入文件名称、选择保存类型,最后点击"保存",即可将页面导出为图片。

导出页面为网页与此类似。点击主菜单上的"文件",然后点击"导出为网页",将部分或全部页面导出为网页。网页支持 HTM 格式。

**4. 画笔选择**

通过主菜单进入画笔选择,会有普通笔、荧光笔、毛笔、排笔等不同画笔。可根据需要进行选择,然后设置颜色、粗细等属性。荧光笔与其他三种画笔不同,它是一种半透明笔,一般用于注释重点,因为它不会完全覆盖所涂画的内容。通过设置自定义属性里的透明度也可以使其他画笔具有荧光笔的功能,默认属性是完全不透明的。

**5. 使用板擦**

板擦只能擦除由普通笔、荧光笔、毛笔、排笔等工具书写和绘画的内容。下面三种情况不能用板擦擦掉:

(1)手写识别的文字不能擦掉,可以先选择手写识别的文字,然后点击选框右上角的小三角形,在弹出来的菜单中选择删除;

(2)用几何工具画出来的图形,不能用板擦擦掉,当然也不能擦掉某条边或是某条弧;

(3)组合的内容也不能使用板擦擦掉。

**6. 使用选取工具**

在新建的页面上利用选取工具选择对象,被选中对象的四周会出现蓝色焦点外框和编辑点。

**7. 使用组合**

通过组合我们可以把多个对象合成一个整体,然后对这个整体进行操作,就像操作一个对象。组合的方法是先选择多个对象,然后点击某一个被选对象右上角的编辑按钮,在弹出菜单中选择"组合"。取消组合的方法类似,在弹出菜单中选择"取消组合"。

### (四)交互式电子白板在教学中的应用

从技术的角度来看,交互式电子白板与传统技术相比体现出两大特色。一是信息的双向传递与反馈的及时性。交互式电子白板可以实现白板和计算机之间的交互操作,不仅将计算机的内容投到白板上,还能把白板上的内容显示和存储在计算机上。二是信息加工与表现的多样性。从教学的角度来看,交互式电子白板独特的功能和特点使教学方式灵活自如、教学内容活泼生动,且教与学即时交互,有效提高了教师的教学质量和学生的学习效果。

**1. 利用交互式电子白板丰富的影音资源呈现缤纷课堂**

教师可以充分利用交互式电子白板提供的丰富多样的资源库、屏幕页、书写笔等,通过写、画、圈、点,将重点知识轻松地展现给学生,也可以对画面进行放大和缩小,以便坐在后排的学生能够看清楚。

**2. 利用交互式电子白板实现课堂的有效交互**

教师可以事先把学生完成的作业输入到内置资源库中,上课时将其展示给学生,直接对错误的地方进行修改、讲评,给学生提供快捷、直观的反馈。或将多名学生的作业进行对比,让其发现自己的不足,在今后的学习中引起重视,并加以改正。

**3. 突破教学重难点,提升课堂教学效率**

利用交互式电子白板技术可以将抽象问题变得更加具体化,将知识点通过形、声、情、意形象化,让学生能够直接感知和理解所学内容,突出教学中的重难点,优化学生的认知过程。例如,圆锥的三维视图不易想象,通过实物观察又难以向全班学生展示不同的视角,而运用电子白板中的智能绘图工具拉出不同的几何图形,让学生进行动态观察,就可使全体学生都能看到不同的视觉效果。

**4. 实现课堂教学的准确再现,提高教师专业素养**

写画在白板上的任何文字、图形或插入的图片,即板书内容都可以被存储下来。这样一方

# 第三章 教学媒体与信息化教学环境

面可以作为复习资料发给学生,实现课堂教学的准确再现,帮助学生课后复习;另一方面,保存的板书也可以用来与其他教师共享,方便教师进行教学反思及总结,以不断提高教师的专业素养。

**5. 利用交互式电子白板的注解和编辑功能灵活授课**

在以往的课前准备中,教师需要事先在 PPT 或者视频中添加批注,而利用交互式电子白板可以直接在 PPT 或者视频上进行标注。这样教师就可以灵活掌握课程进度,根据学生当时的学习反应情况随时调整思路,不受课件的局限。

**6. 发挥电子白板的资源整合优势**

电子白板时代的教师必然要比数字投影仪时代的教师轻松许多,课前教师要做的只是把各种资源放进计算机以备调用。因此,资源的收集、开发与利用就显得特别重要。这就要求教师在日常备课过程中把更多的精力投入到对资料的收集、整理与开发中去,做一个有心人,构建自己的教学资源库,从而在课堂教学中充分发挥白板技术的强大功能。

素质教育提倡以学生为中心的理念,教师也可以鼓励学生参与交互式电子白板的资源建设。交互式电子白板易学易用,一些学生通过观察教师上课时的使用方法和课间的尝试,对白板功能的掌握甚至比教师还快。因此,可以因势利导,鼓励学生协助教师设计课堂教学中所需要的资源,例如交互式电子白板活动挂图中的背景、页面或图像,Flash 动画,数学课程中的几何图形等。

## 第三节 信息化教学环境

教育信息化是衡量一个国家和地区教育发展水平的重要标志,教育部在《2019 年教育信息化和网络安全工作要点》中提出,要深入实施《教育信息化 2.0 行动计划》,落实该行动计划提出的"三全两高一大"和"三个转变"的基本目标。

所谓"三全两高一大"指到 2022 年基本实现教学应用覆盖全体教师,学习应用覆盖全体适龄学生,数字校园建设覆盖全体学校("三全");与此同时,信息化应用水平和师生信息素养普遍提高("两高"),建成"互联网+教育"大平台("一大")。

2019 年 1 月 1 日,《智慧校园总体框架》(GB/T 36342—2018)、《数字语言学习环境设计要求》(GB/T 36354—2018)以及《多媒体教学环境设计要求》(GB/T 36447—2018)系列国家标准正式实施。

2019 年 3 月 20 日,教育部出台《教育部关于实施全国中小学教师信息技术应用能力提升工程 2.0 的意见》,要求到 2022 年基本实现"三提升一全面"的目标,即校长信息化领导力、教师信息化教学能力、培训团队信息化指导能力显著提升,全面促进信息技术与教育教学融合创新发展。

由此可见,我国教育信息化已经达到了一定的水平,还在进一步改进和实施。信息化教学环境是教育信息化的基础,目前尚无信息化教学环境内涵的统一标准,概括来说,信息化教学环境包括基础设施、应用平台、信息资源以及支持服务四个层次。

本节主要介绍几种典型的学校信息化环境基础设施,如多媒体综合教室、多媒体网络教室、微格教室、数字校园与数字教室、智慧校园与智慧教室等。它们各具特色且教学应用各有不同。

## 一、多媒体综合教室

多媒体综合教室(简称多媒体教室)与传统教室最大的区别在于,信息的呈现方式除了传统的黑板、白板外,增加了投影或者大触摸屏,并集成了音响设备,可以便捷地呈现文字、图形、图像、音频及视频等数字化的学习内容。

### (一)多媒体教室的基本组成

可以根据教学的需求配置不同的多媒体教室,其主要由多媒体计算机、数字视频展示台、中央控制系统、多媒体投影机、投影屏幕、音响设备等多种现代教学设备组成。

#### 1. 多媒体计算机

多媒体计算机是多媒体教室演示系统的核心设备,各种教学软件都要先安装在计算机上才能运行。所以多媒体计算机配置的高低在很大程度上决定着演示的效果。

#### 2. 中央控制系统

中央控制系统通常采用系统集成的方法,把整个多媒体演示教室的设备集成在一个平台上,所有设备的操作均可在这个平台上完成。这个平台可以是计算机界面,也可以是专门的控制面板,二者差异较大,性能指标相差也较大。专门的控制面板使用简单,功能一目了然,一般可以很方便地切换和调整各种设备,如电动幕布、投影机、计算机等,从而完成教学任务。

#### 3. 多媒体投影机

多媒体投影机连接着计算机系统、视频输出系统及数字视频展示台,可以把视频、数字信号输出显现在大屏幕上。

按投影技术原理分类,目前市场上的投影机有 CRT 投影机、LCD 投影机、DLP 投影机和 LCOS 投影机四种类型。

(1)CRT 投影机。CRT 是英文 cathode ray tube 的缩写,译为阴极射线管。其特点是技术成熟,图像色彩丰富,还原性好,有几何失真调整能力;缺点是体积较大,操作复杂,亮度值较低。CRT 投影机现在已经逐渐退出市场了,但在经济欠发达的地区还在使用。CRT 投影技术是实现最早、应用最为广泛的一种显示技术,所以被称为投影机的始祖。

(2)LCD 投影机。LCD 是英文 liquid crystal display 的缩写,译为液晶显示器,其关键技术是液晶板的制造,分辨率是它的一个重要指标。分辨率越高,则投影机的适用范围越广。LCD 投影机具有很高的亮度和高保真的图像色彩,可以方便地接入各种视频信号。它体积小,重量轻,操作和携带方便,价格比较低廉,是目前市场上的主流产品。

(3)DLP 投影机。DLP 是英文 digital light procession 的缩写,译为数字光处理。这种技术是先把影像信号进行数字处理,再把光投影出来。DLP 投影机具有原生对比度高、机器小型化(相同配置的产品 DLP 光路系统更小,机器体积当然更小)、光路封闭(降低了灰尘进入的概率)三大特点。数字技术提高了图像的灰度等级,抑制了图像噪声,画面质量也更加稳定。总之,DLP 投影机清晰度高、画面均匀、色彩锐利,可以随意变焦,调整十分方便。

(4)LCOS 投影机。LCOS 是英文 liquid crystal on silicon 的缩写,译为硅基板液晶投影机,是一种全新的数码成像技术。它的 CMOS 芯片上涂有薄薄的一层液晶硅,控制电路置于显示装置的后面,可以提高透光率,从而实现更大的光输出和更高的分辨率。LCOS 投影机具有高解析度、高亮度、低成本的优势。但由于量产技术尚未克服,零件供货不稳定,因此目前在市场上 LCOS 投影机尚占少数。

4. 数字视频展示台

视频展示台是通过电荷耦合器件摄像机以光电转换技术为基础,将实物、文稿、图片、图书资料等信息转换为图像信号输出在投影机、监视器等显示设备上的一种演示设备。也有人称其为实物演示仪、实物投影机等,在国外市场还被称作文本摄像机(document camera)。

5. 投影屏幕

投影屏幕和投影机配套使用,使用得当则可以得到优质的投影效果。投影屏幕从材质和制作工艺上可以分为硬质屏和软质屏两种;从投射方式上又可以分为反射式、透射式两类。

6. 音响系统

音响系统用于教师发言时的扩音、音视频放映等,包含扬声器、功率放大器、传声器、DVD 播放器等设备。

### (二)多媒体教室的功能

在多媒体演示教室里,教师可以通过操作计算机和数字视频展示台等设备,运用文本、图形、图像、声音等进行教学,也可以用板书、教材、图表、图片等常规教学媒体进行教学。整个教学过程都可以显示在大屏幕上,从而摆脱了黑板加粉笔的教学模式。

1. 课堂演示教学

教师在课堂中利用多媒体系统将教学内容直接投影在大屏幕上,并对教学内容进行讲解。运用这种方法传递信息比较直观、明了,可以从视听方面刺激学生的感官,提高学生的学习兴趣,增强学生观察问题、理解问题和分析问题的能力,从而提高教学质量和教学效率。

2. 模拟教学

多媒体技术可以把声音、图像、动画等有机结合起来,模拟宏观世界的现实场景和微观世界的事物运动,以帮助学生学习和理解一些抽象的原理和概念。虚拟现实技术可以通过计算机产生一种仿真的环境,在这个环境中,学生可以作为一个实际操作者进行各种学习和操作,计算机会做出反应和判断。

3. 网络联机教学

多媒体教室连接校园网和互联网,使教师在课堂上能够很方便地调用丰富的网络资源,实现网络联机教学。

4. 展示实物投影

教师可以利用数字视频展示台将书稿、教材、图表、图片、实物以及教师即时书写的文字、画图投影到屏幕上。

## 二、多媒体网络教室

多媒体网络教室是指在普通计算机机房的基础上,通过联网实现教师机对学生机的广播、监控及语音教学和辅助管理,同时可以在局域网内实现双向交互、文件传输。

### (一)多媒体网络教室的基本组成

多媒体网络教室一般是一个小型的局域网环境,由硬件和软件两部分构成。硬件部分以多媒体计算机为核心,配有数字视频展示台、大屏幕投影机、音响系统等。

多媒体网络教室选用的计算机应保证可以流畅运行多媒体课件以及常用的办公软件,教师机可比学生机的配置高一些,最好选用支持网络唤醒功能的计算机。把教师机、学生机、交换机用双绞线连接起来,设置好 TCP/IP 协议,调通网络,再安装上多媒体网络教室软件,一个完整的多媒体网络教室就建设完成了。

### (二)多媒体网络教室的功能

不同的硬件和软件配置,使多媒体网络教室的功能有所差异。总的来说,一般的多媒体网络教室都具有如下功能。

#### 1. 教学功能

(1)屏幕广播,即实时传送教师或某个学生的计算机屏幕画面到某组或全体学生的计算机上。教师可以用这个功能进行多媒体课件的教学,演示教学软件的操作,还可以让某个学生进行示范操作。

(2)屏幕监视,即教师或某个学生对全体或某组学生的计算机屏幕画面进行实时监视。教师可以不离开座位就了解学生的学习情况,实现对整个网络上学生机的监控与管理。

(3)远程遥控,即教师或某个学生对其他学生的计算机进行操作,如同操作自己的计算机一样。教师可以用这个功能对学生进行单独的交互式辅导教学。

(4)屏幕录像,即录制上课内容以便制作课件或教材。

(5)屏幕回放,将录制的画面进行网络回放。

(6)发布消息,教师可以随时向全体学生发送文字消息,学生也可以向教师反馈消息。

(7)发布文件,即教师发送文件到学生的计算机中。

(8)提交文件,即学生把文件发送到教师的计算机中。

这些都是教师上课时经常用到的功能。

#### 2. 教学管理功能

多媒体网络教室的教学管理功能可保证教学的顺利进行,下面介绍几种常见功能。

(1)班组管理,即班级、小组、学生和计算机管理机制,可以进行多个班级配置管理,安排学生的座位,进行分组管理和教学演示,也可以监视学生计算机的当前状态,非常方便。

(2)点名签到,教师可以通过让学生签到来实现对学生的考勤。

(3)黑屏肃静,即在学生的计算机上显示黑屏肃静画面。教师还可以自己定义肃静画面的内容,以及是否显示文字,文字的大小、颜色、位置等。

(4)锁定计算机,禁止学生操作键盘、鼠标,让学生专心听课。

(5)网上配置,可以限制学生对计算机的使用权限,包括只允许运行某些程序,隐藏硬盘,禁止使用注册表,禁止使用控制面板等权限设置。

#### 3. 维护功能

为方便教师对多媒体网络教室的维护,多媒体网络教室一般提供远程设置、远程开机、远程关机、远程重启、远程遥控、计算机信息查询、音量设置、分辨率显示及色彩设置等功能。

## 三、微格教室

微格教室是在装有电视摄像、录像系统的特殊教室内,借助摄像机、录像机等设备,进行技能训练和教学研究的教学环境,一般用于师范院校的学生和在职教师教学技能训练的模拟教学。

### (一)微格教室的组成

标准的微格教室一般由模拟教室(微型教室)、观摩研讨室、控制室、准备室和声锁间五部分组成,其结构布局如图3-7所示。

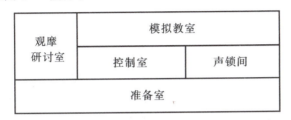

图3-7 微格教室的结构布局

最简单的微格教室可由模拟教室(微型教室)和控制室组成。但从系统的组成原理来看,微格教室都是由视频摄像系统、音频系统、切换和转播系统、录像播放系统等部分构成的。

**1. 模拟教室**

模拟教室里装有话筒和摄像系统,用来拾取"模拟教师"的声音和教学活动形象。如有条件,还可再用一台摄像机来拾取"模拟学生"的学习反应情况。室内还设置有电视机,用来重放已记录的教学过程录像,供学生们进行评价分析。

**2. 控制室**

控制室装有数字视频特技机(信号混合处理器)、调音台(混音器)、录像机、视频分配器、监视器等设备。从模拟教室传送来的"模拟教师"和"模拟学生"教学活动的两路视频信号经数字视频特技机控制,一路送到录像机进行录像,另一路则可经视频分配器直接送到观摩室供同步分析。

**3. 观摩研讨室**

这是一个装有电视机的普通视听教室。把控制室中经视频切换器选择后的视频信号送到电视机上,即可实时播放教学实习的实况,供指导教师现场点评,学生同时观摩分析。

### (二)微格教室的功能

**1. 教学功能**

(1)教学模拟。在微格教室,学生或青年教师可以进行模拟教学训练,训练的基本技能包括导入教学技能、应变教学技能、讲解教学技能、板书板画教学技能、媒体演示操作教学技能、提问教学技能、反馈强化教学技能、归纳总结教学技能、课堂组织教学技能等。

(2)示范观摩。学生进行模拟教学之前,指导教师先示范讲解,分析典型课例,并组织学生观看优秀教师的课堂教学录像,以便仿效。

### 2. 管理功能

（1）实况录像与播放。微格教室具有实况录像与播放功能，在控制室可以对模拟教室中的教学实况进行录像，也可以重播录像以供模拟教室中的学生观看。

（2）监视。微格教室具有全方位的监视功能。在控制室的监视器中，可监视模拟教室的教学活动实况。

（3）控制。在控制室中，除了可以控制模拟教室的摄像头上下、左右移动及光圈大小，并调焦、变焦外，还可以利用矩阵切换器和录像播放系统实现视频和音频信号的切换、转播等功能，所有的操作均在控制台上完成。

（4）对讲。在控制室中，教师可以与模拟教室中的学生进行双向对讲，便于在学生遇到问题时提供及时的指导。

### 3. 反馈评价

（1）反馈及时、准确。在微格教室中，教师借助摄像监控系统可以实时掌握学生的训练状况。学生在模拟教学训练结束后，通过观看录像也可以了解自己训练的情况。

（2）评价客观、全面。微格教学训练有多种形成性评价方式。"教师"角色扮演者通过观看录像肯定成绩、分析问题，进行自我纠正和评价；同组训练的"学生"角色扮演者通过听课和一起观看录像，对"教师"角色扮演者的模拟教学情况进行讨论、分析和评价；指导教师也要对"教师"角色扮演者的模拟教学情况进行全面的分析、评价，并提出改进意见。这些评价方式对于帮助"教师"角色扮演者提高教学技能是及时、有效的。

## 四、数字化校园

数字化校园以高度发达的计算机及计算机网络为核心技术，实现对教学、科研、管理、技术服务、生活服务等校园信息的收集、处理、整合、存储、传输和应用，使数字资源得到充分优化利用，它是一种新型的教育、学习和研究环境。通过实现从环境（包括设备、教室等）、资源（如图书、讲义、课件等）到应用（包括教、学、管理、服务、办公等）的全部数字化，在传统校园基础上构建一个数字空间，以拓展现实校园的时间和空间维度，提升传统校园的运行效率，扩展传统校园的业务功能，最终实现教育过程的全面信息化，从而达到提高管理水平和效率的目的。

数字化校园按照教育阶段的不同可以分为高等教育数字化校园、中等教育数字化校园、基础教育数字化校园。根据每个阶段教育的不同特点，其构建的数字化教育形式有所不同。以下以高等教育数字化校园为例，分析涉及的几个问题。

### （一）数字化校园的建设目标

建设数字化校园的具体目标就是实现"六个数字化"和"一站式服务"。"六个数字化"即环境数字化、管理数字化、教学数字化、产学研数字化、学习数字化、生活数字化。"一站式服务"指将教职工和学生的管理、教学、科研、学习、生活等主要活动通过集成的方式整合在一起，减少繁琐的服务过程，以最短的时间提供最优质的服务，使服务过程变得快捷、方便。

### （二）数字化校园的建设内容

#### 1. 数字化校园网络安全

建立全校的网络安全体系，保证校园网络、关键数据、关键应用以及关键业务部门的安全，实现校园网络及其应用系统的安全、高效运行。

2. 数字化校园信息管理

建设一整套校园信息管理系统,为实现"网上办公、网上管理、网上教学、网上服务"提供全面的系统支持。

3. 数字化校园数据中心建设

建设一个为全校服务的数据中心,保证数据实时更新和高度一致。

4. 数字化校园统一信息门户

建立一个信息的集成平台,将分散、异构的应用和信息资源进行聚合,通过统一的访问入口,实现结构化数据资源、非结构化文档和互联网资源、各种应用系统跨数据库、跨系统平台的无缝接入和集成。

5. 数字化校园身份认证

建立统一的身份认证中心,集中进行身份认证,保证用户电子身份的唯一性、安全性、真实性与权威性,提高数字化校园应用系统的安全性。

6. 数字化校园一卡通

校园一卡通是集身份识别、校内消费、校务管理、金融服务等于一体的新型数字化校园的核心应用,是数字化校园建设的切入点。

### (三)数字化校园对教育的影响

数字化校园将在教育环境、教育模式、教学理念、教学目标等方面给教师和学生都带来前所未有的改变,也给教育教学带来变革。

1. 数字化校园有利于教师革新教育理念

数字化校园为教师提供各种最新的教育咨询、方便的教育软件,以及最新教育实践活动的内容和进程,有助于拓展教师的教育视野,革新教师的教育理念,培养和锻炼教师的信息整合能力,有利于教师用全新的教育理念指导个人的教学实践。

2. 利用数字化资源构建有利于教师发展的环境

教育是实现人类平等的伟大工具。实现教育公平的措施之一就是促进教师的成长和专业发展。数字化校园将为教师提供大量丰富多彩的教学资源,教师如何根据学科特点、课堂需要以及自身发展的需求,进行资料的筛选、加工和整合是非常重要的。这种整合能力的不断提升是教师专业发展的需要。

通过观看、学习协作学校和本校的名师课、特色教师课以及青年教师汇报课的课堂教学实录,并围绕一个专题进行解析,或对整个课堂进行全方位、多角度的观察与分析,教师将更科学、深入地认识日常教学中未发现或不被重视的许多现实问题,从而有效提高课堂教学水平。

3. 利用教育博客促进教师的自我反思

积极进行教学反思是教师专业发展的有效途径之一。在数字化校园里,教师利用教育博客及时记录个人的教学反思,梳理个人成长的心路历程和观念的转变过程。这不但起到自我评价和教学反思的作用,还有利于教师共同探究具体教学问题的解决策略,实现知识的建构,在教学智慧共享和思维碰撞的过程中促进彼此的共同发展。

**4. 数字化平台便于实现集体网上备课**

在教研活动中,中心发言人按照备课的主题精心设计教学目标、教学重难点、教学过程和教学方法,大家讨论后确定最终的内容。教师也可以将录制的课程上传到校园网上,供大家观摩,在集体备课时认真研究、分析得失、共享成果。

**5. 数字化校园为教师的多元化评价提供了基础**

多元化的社会对学生的要求必然是多样化的。借助数字化校园网建立学生成长电子档案,既要包含量化的评价,如学习成绩、出勤情况、作业情况等,又要包含质性的评价,如学习态度、心理健康水平等。在评价中既要注重结果,也要注重过程。

**6. 数字化校园推进了数据的集中和共享**

数字化校园将信息技术融于教育的各个环节,通过统一全校所有部门的信息编码,实现数据采集入口唯一、数据存储标准化以及信息共享。当某个部门需要用到其他部门信息的时候,可以直接从网上获得,避免多部门的重复劳动。

**7. 数字化校园带动了移动学习模式的变革**

移动学习是学校传统学习方式的一种有益补充,移动设备在教育中的应用使传统教育在时间、空间上得到延伸。基于数字化校园的辅助协作学习则成为高校移动学习的重要应用模式。数字化校园对大学生移动学习模式的影响主要体现在以下三个方面。

(1) 建立以人为本的移动学习模式。以数字化校园为基础,建立因专业而异、因人而异、合理实用的大学生移动学习模式。

(2) 实现移动通信技术与课程、教学的融合。利用数字化校园的服务平台和基础设施,实现学习内容的传输。通过蓝牙、Wi-Fi 和 WAP 等技术实现移动学习中的教与学活动,使学习本身的灵活性和情境性更加凸显。

(3) 实现学习环境的创新。利用数字化校园开发课程移动学习资源,为师生提供良好的教与学环境。

## 五、智慧校园

随着新技术的普及与应用,新型的信息化教学环境不断涌现。例如,利用云计算、物联网、移动通信、人工智能、大数据等技术,形成能够使教学过程更加人性化与智能化的智慧校园。

作为一个崭新的概念,"智慧校园"到底是什么?由于目前它尚处于蓬勃发展的阶段,没有一个标准概念。综合来看智慧校园是指以促进信息技术与教育教学融合、提高学与教的效果为目的,以物联网、云计算、大数据分析等新技术为核心技术,提供环境全面感知的智慧型、数据化、网络化、协作型、一体化的教学、科研、管理和生活服务,并能对教育教学、教育管理进行洞察和预测的智慧学习环境。

### (一)智慧校园的核心特征

智慧校园有三个核心特征:

(1) 为广大师生提供全面的智能感知环境、综合信息服务平台,以及基于角色的个性化定

制服务;

(2)将基于计算机网络的信息服务融入学校的各个应用与服务领域,实现互联和协作;

(3)通过智能感知环境和综合信息服务平台,为学校与外部世界提供相互交流和相互感知的接口。

### (二)智慧校园与数字校园的关系

智慧校园的首要目标是通过物联网技术连接校园网中的各个物件,其基础是前期数字校园的建设与发展。它是数字校园升级到一定程度的结果,也可以认为是数字校园发展的一个阶段。这就意味着,智慧校园首先要有一个统一的基础设施平台,要拥有有线与无线双网覆盖的网络环境;其次要有统一的数据共享平台和综合信息服务平台。

### (三)智慧校园应用举例

下面举例说明在智慧校园中的学习、生活是怎样的。

1. 手机借书

借助物联网智慧校园系统全面对接图书管理系统,手机用户轻松实现图书的借阅、归还,通过短信还可向其提供查询、预约、到期提醒、续借等增值服务。

2. 手机考勤

课程结束后,教师通过后台的基础数据库调出本月授课的考勤记录,即可准确获知班级学生的缺勤情况。教师不用花太多时间在点名上,缺勤、迟到信息一目了然,既节省了时间,又杜绝了别人代替签到的问题,给日常教学管理提供了巨大帮助。

3. 未来教室

未来教室是智慧校园建设中的一个重要成果,它将彻底颠覆学生、家长对传统教室的想象。在这个教室里,最大的变化是没有黑板,也没有粉笔,更没有教科书,只有一个像超大屏幕的电子白板。教师的手轻轻一指,所有的教学内容就以图文并茂、声像结合的形式呈现在学生眼前。而学生也不再需要背着几公斤重的书包,只要随手拎一个"电子书包"即可轻松上课。电子书包里装满了生动有趣的互动教材,学生能在上面直接做好作业并提交给教师,也能回答教师提出的问题。教师除了当场布置课堂作业,并迅速对学生的答题情况做出反馈外,只要有网络,学生在任何地方都可以与教师进行远程互动,教师也可以即时在线批阅作业。

未来教室的最大特色在于互动联结,除了课堂多媒体互动,还可以通过远程互动系统实现班级与班级、学校与学校之间的高清互动学习。学生就像坐在一个超大的公共课堂,分享来自全球最好的教师的讲座与丰富优质的教学资源。

4. 电子围篱

家长最担心孩子的安全问题,在智慧校园内这将得到彻底改善。智能化安全预警系统通过在校门口、楼道口等学生密集区安装的传感器,可实现对各楼面楼道、校门口、游泳池池面等重点安全管理区域的监控和管理。这样一来,只要出现危险情况,报警器就可以通过传感器发出警报,使教师能够进行事前干预,将安全隐患消除在萌芽阶段。

5. 车牌识别

车牌识别系统能全天候地对出入校门的车辆进行登记,并根据系统设定好的黑白名单决定应不应该允许这辆车进入校园。系统中心数据会随时更新,便于管理人员了解校园内共有多少辆车,分别是什么时候进入校园的。这不但提高了管理人员的工作效率,而且增加了校园的安全性。

### 6. 智能楼宇

智能楼宇能自动监测环境的温度、湿度,调节室外景观照明,为学生提供一个安全舒适的学习环境。

### 7. 访客系统

在智慧校园,智能访客系统代替保安查看人员身份证件,并完成登记。前来学校造访的人员只需拿着证件,在电子识别器上轻轻一刷,系统就能快速获得访客信息,并出具访客单,大幅度简化访客进出的流程。

### 8. 移动智能卡

在智慧校园里一张移动智能卡必不可少,它既能进行支付,也能实现身份识别、校内考勤、图书借阅管理等功能。

### 9. 人脸识别

在智慧校园中,全体师生及各类其他工作人员的脸部数据都被录入数据库。当他们进入校园时,只要经过摄像头扫描,系统就可知道来人是否为本单位的人员。

### 10. 自动测温

2020年的新型冠状病毒肺炎疫情波及全球,体温检测成了常规且重要的监控措施。在校园大门入口处安装一个自动测温系统,及时对进入校园人员的体温进行检测并传入数据库,对疫情的防控会起到非常重要的作用。

 思考与练习

1. 媒体的内涵是什么,有哪些分类方式?教学媒体和媒体的关系是什么?
2. 谈谈你对教学媒体应用时机的理解。
3. 结合专业特点,思考如何选择和构建合适的信息化教学环境。
4. 谈谈你对数字化校园的理解及感受。
5. 你向往的智慧校园是什么样子?

# 第四章 多媒体素材的获取与加工

### 学习目标

1. 熟练掌握获取和加工多媒体素材的基本技能。
2. 能够根据教学需要,合理获取和加工多媒体素材。

### 主要内容

本章主要讲授了文本素材,图形、图像素材,动画素材,音频素材和视频素材的基本知识,以及获取、加工素材的基本技能。

### 知识结构

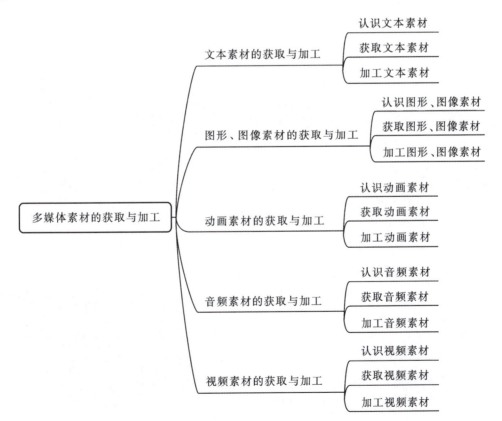

## 第一节 文本素材的获取与加工

### 一、认识文本素材

#### (一)文本素材的概念

文本是各种文字的集合,是人和计算机交互作用的主要形式,是计算机文字处理的基础。文本素材是最基本的媒体素材之一。

#### (二)常见文本素材的文件格式

在 Windows 系统下常见的文本素材文件格式有 TXT、WRI、DOC、RTF、WPS、PDF、HTML等。

### 二、获取文本素材

#### (一)键盘输入

计算机使用者最熟悉的操作莫过于用键盘输入文字。使用键盘输入文字时需要事先记住一套编码规则,即输入法。输入法图标一般显示在计算机桌面右下角的指示栏中,用户可以根据需要选择一种适合自己的输入法。

#### (二)手写板输入

对于不擅长使用输入法的用户来说,用手写板输入无疑是一种很好的选择。手写输入系统是用一支书写笔在一块书写板上写字,书写板与计算机连接,将笔的运动坐标输入计算机,由识别软件根据笔迹之间的位置关系和时间关系信息来识别所写的字,并把结果显示在屏幕上的一种系统。目前市场上的这类产品主要有方正如意笔、汉王笔等。识别率是手写输入系统的重要指标,字体不同和字迹潦草与否将影响系统的识别率。图4-1是一款较常见的汉王手写笔。

图4-1 汉王手写笔

#### (三)扫描仪采集

通过扫描仪可以大量获取印刷品上的文字资料。对扫描得到的数字图形图像文件,可以采用文字识别技术,将图形图像转换为文字。OCR(optical character recognition)技术是当前最常见的一种光学字符识别技术,它对扫描得到的图形内容进行分析并将其转换为ASCII字符。图4-2是一款紫光扫描仪。

图4-2 紫光扫描仪

### (四)语音识别输入

该技术包括命令控制和听写两个功能。命令控制是向计算机发出一个简单的声音指令,控制计算机操作;听写是由人来说,计算机来写。语音输入技术的代表产品有 IBM 公司的 ViaVoice。Zumba Phone 是一款主打语音识别功能的手机。目前广泛使用的讯飞语音输入法,如图 4-3 所示。

### (五)通过网络下载获取

通过庞大的互联网,可以找到不同类型的素材,文本素材也可以在互联网中找到。

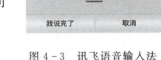

图 4-3　讯飞语音输入法

**1. 无版权限制的文本素材**

对于这类素材,可以将其选中,然后通过复制、粘贴操作,将其复制到文本编辑软件中进行编辑处理,具体步骤如下:

(1)在百度或其他搜索引擎中搜索到需要下载的文本,在拟选取文本的起点位置按住左键不放,拖动鼠标至拟选取文本的终点,然后松开鼠标,使被选中的文本反相显示;

(2)对选中的文本进行复制操作,将其放入剪贴板;

(3)打开记事本、Word 等文本编辑软件,将剪贴板中的内容粘贴到记事本或 Word 中;

(4)执行"文件/另存为",将文件保存到合适的位置。

**2. 有版权限制的文本素材**

对于有版权限制、不可以直接复制的文本素材,使用是需要付费的;也可以把含有所需素材的网页页面用截屏的方法先存成图片,再用文字识别软件将文字识别出来供教学使用。

## 三、加工文本素材

处理文本素材常用的软件有记事本/写字板、Word、WPS、Frontpage、Powerpoint、Photoshop、Adobe Acrobat Pro DC、光学字符识别软件等。记事本/写字板是 Windows 操作系统附带的简单文字处理软件,用于对文本素材进行编辑处理。Word 是 Microsoft Office 套装软件之一,功能强大,国际通用性强,是对文本素材进行编辑处理的常用软件。WPS 是我国金山公司开发的,符合中文用户的使用习惯,用于对文本素材进行编辑处理。Frontpage 是一款网页制作工具,用于制作网络上的网页文件。PowerPoint 是 Microsoft Office 套装软件中的文稿演示工具,用于制作方便演讲者表达信息的演示文稿。Photoshop 是一款图像处理软件,可用它对文本素材进行美化处理。Adobe Acrobat Pro DC 可用来制作、显示、编辑 PDF 文档类的文本素材。光学字符识别软件可将图像中的文字转换成文本格式,供文字处理软件进一步编辑和加工。

下面简单介绍一下光学字符识别软件的使用。

首先要下载一款光学字符识别软件,常见的有捷速 OCR、汉王 OCR 等。

**步骤 1.** 运行文字识别软件,界面如图 4-4 所示。

图 4-4  文字识别软件 1

**步骤 2.** 选择"单张快速识别",则出现图 4-5。

图 4-5  文字识别软件 2

**步骤 3.** 点击"上传图片",出现图 4-6。

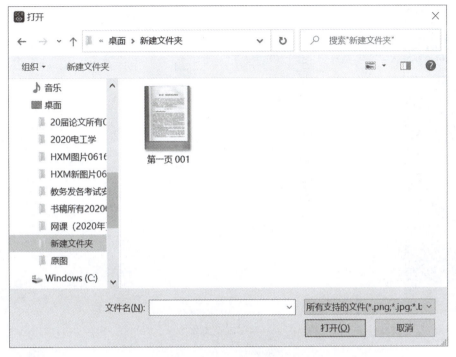

图 4-6　文字识别软件 3

**步骤 4.** 选择某张图片,点击"打开",被选的图片出现在图 4-7 所示的界面中。

图 4-7　文字识别软件 4

步骤 5. 点击"开始识别",如图 4-8 所示,识别结果出现在右侧框中。

图 4-8　文字识别软件 5

步骤 6. 点击"导出识别结果",出现图 4-9 所示的界面。

图 4-9　文字识别软件 6

**步骤 7.** 选择右下角的"导出本次识别/翻译结果",得到如图 4-10 所示的 Word 界面。

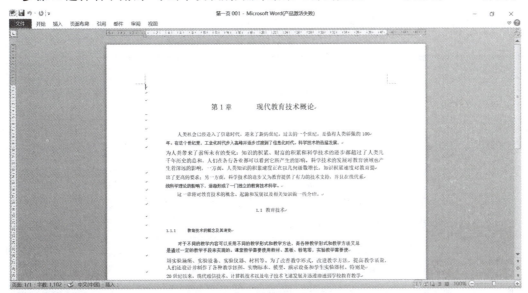

图 4-10　文字识别软件 7

## 第二节　图形、图像素材的获取与加工

### 一、认识图形、图像素材

图形和图像素材相对于文本素材更加直观。在单纯使用文本描述某些问题时,有时可能很难表述清楚,此时使用图形和图像素材配合文字描述,则更易于理解。虽然图形和图像的作用相同,但它们之间具有明显的区别。严格地说,位图被称为图像,而矢量图被称为图形。

#### (一)位图

位图又称为点阵图,它是由许多细小的色块组成的,每个色块就是一个像素,每个像素都有特定的位置和颜色值。其优点是表现力强、色彩细腻、层次多且细节丰富等;缺点是受到分辨率的限制,放大后会失真。此外,在保存位图图像时,由于需要记录每个像素的位置和色彩信息,所以它占用的存储空间较大。日常生活中使用相机和手机拍摄的图片就是由一个个像素构成的点阵图。目前用于绘制和处理位图的软件主要有 Photoshop、PaintShop、PhotoImpact、Fireworks 和 ACDSee 等。

#### (二)矢量图

矢量图是指从点、线、面到三维空间的几何图形,是使用直线和曲线定义的,有点、线、矩形、圆和弧线等对象,通过设置这些对象的属性来得到图形的外观。其优点是占用存储空间小,任意缩放都依然清晰;缺点是色彩单调,细节不够丰富,不适合表现复杂的、色彩逼真的画面。矢量图常用于显示图标、线型图画、美术字、统计图和工程图等。用于绘制和处理矢量图形的软件主要有 CorelDRAW、Illustrator、AutoCAD 和 Flash 等。

### (三)图形、图像文件的格式

常见图形、图像素材的文件格式如表 4-1 所示。

表 4-1 常见图形、图像素材的文件格式

| 文件格式 | 特　点 |
|---|---|
| GIF | GIF 是 256 色的图像文件格式,其特点是文件尺寸较小,支持透明背景,特别适合作为网页图像。此外,还可以制作 GIF 格式的动画 |
| PSD | PSD 是 Photoshop 专用的图像文件格式,可保存图层、通道等信息。其优点是保存的信息量多,便于修改图像;缺点是文件较大 |
| JPEG | JPEG 以很高的可选择压缩比例来保存图像,采用的是具有破坏性的压缩算法,但图像质量损失小,通常用于存储自然风景照、人和动物的各种彩照、大型图像等。但该格式不适用于保存包含较小文字的图像 |
| BMP | BMP 是 Windows 操作系统中"画图"程序的标准文件格式,此格式与大多数 Windows 和 OS/2 平台的应用程序兼容。其优点是图像完全不失真,缺点是图像文件的尺寸较大 |
| PDF | PDF 是由 Adobe Acrobat 软件生成的文件格式,该格式可以保存多页信息,其中可以包含图形和文本。此外,该格式支持超级链接 |
| TIFF | TIFF 是一种应用非常广泛的图像文件格式,可以保存图层、通道和透明信息等,几乎所有的扫描仪和图像处理软件都支持它 |
| PNG | PNG 在不失真的情况下压缩保存图像,支持透明背景,有消除锯齿边缘的功能 |
| CDR | CDR 是 CorelDRAW 软件专用的文件格式,其他图形、图像编辑软件无法编辑此类文件。它可以同时保存矢量图形和位图对象,是一种混合文件格式 |
| WMF | WMF 是矢量图形文件格式,文件尺寸很小,可以在 CorelDRAW、Illustrator 等软件中使用 |
| AI | AI 是 Illustrator 软件专用的矢量图形文件格式 |

## 二、获取图形、图像素材

可以通过购买素材光盘获取图形、图像素材,但目前常见的是通过网上下载、使用绘图软件绘制、利用抓图软件抓取计算机显示屏幕上的图像、从视频中提取、通过扫描仪扫描、用数码相机或手机拍摄等方式获取。

### (一)从网上下载

浏览网页时,可以利用右键快捷菜单中的"图片另存为"命令将需要的图片保存在计算机中。

### (二)利用数码照相机拍摄

可以利用数码照相机拍摄需要的照片,然后将数码照相机与计算机连接,并将照片传输到计算机中。

### (三)利用扫描仪扫描

利用扫描仪可以将印刷品上的图像扫描输入到计算机中。

### (四)利用【Print Screen】键截屏

直接按下键盘上的【Print Screen】键,可以将显示器显示的画面复制到剪贴板中;按下【Alt+Print Screen】,则将当前窗口画面复制到剪贴板中。将剪贴板中的图像粘贴到Windows系统自带的画图工具或Photoshop等绘图软件中,即可对图像进行处理或保存。

### (五)利用 Snagit 软件捕获

Snagit是一款常用的抓图软件。单击"捕捉"按钮或设置好的热键,即可按照指定方式(全屏幕、窗口、滚动窗口或区域等)抓取显示屏幕中的画面。

### (六)从视频中提取

在使用QQ影音、风雷影音和暴风影音等播放器播放视频的时候,采用一定的方法可以将正在播放的画面保存为图像。

### (七)利用绘图软件绘制

利用绘图软件绘制图形、图像素材,需要操作者能够对绘图软件进行熟练的操作,还需要有一定的美术基础。

## 三、加工图形、图像素材

Photoshop是Adobe公司最著名的图像处理软件之一,集图像扫描、编辑修改、图像合成、图像输入与输出于一体。用Photoshop处理图像时,图层是非常重要的概念。图层就相当于一张透明的纸,每张纸上可以有不同的画面,将多张透明的纸叠放在一起就能构成一幅完美的图像。下面以Photoshop CS4为例,从四个方面的应用简要介绍一下使用Photoshop处理图像的方法。

### (一)调整图像

**步骤1.** 启动Photoshop CS4,选择某张图像(例如选择"1.jpg")并打开,如图4-11所示。

图4-11 调整图像1

**步骤 2.** 选择"图像"菜单中的"图像大小",如图 4-12 所示。

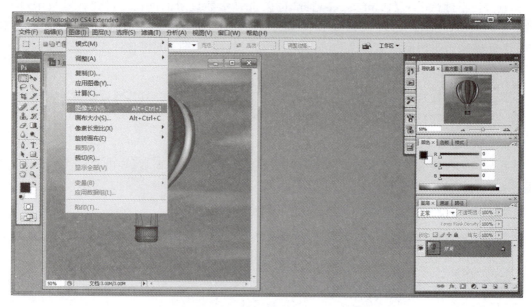

图 4-12 调整图像 2

**步骤 3.** 打开"图像大小"对话框,如图 4-13 所示。

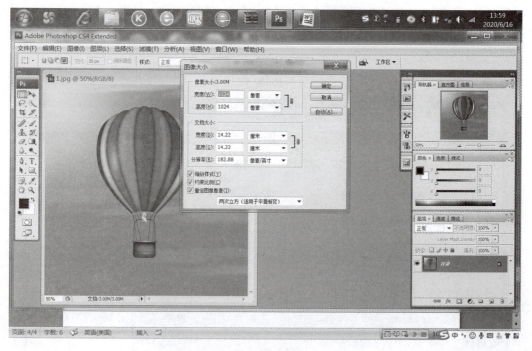

图 4-13 调整图像 3

**步骤 4.** 将"宽度"设为 600 像素,此时"高度"选项会自动发生变化。然后单击"确定"按钮，即可调整图像大小，如图 4-14 所示。

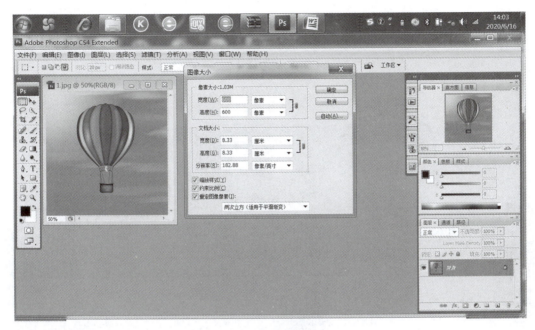

图 4-14　调整图像 4

**步骤 5.** 选择"图像"→"调整"中的"亮度/对比度"，打开"亮度/对比度"对话框，如图 4-15 所示。

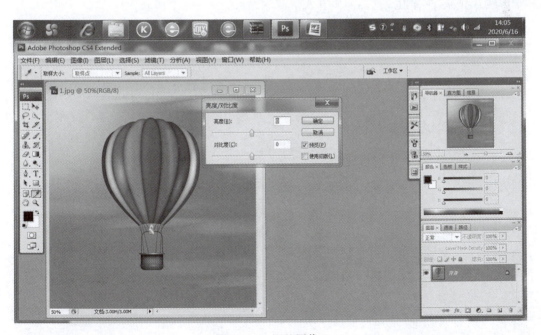

图 4-15　调整图像 5

**步骤 6.** 可在打开的"亮度/对比度"对话框中设置图像的亮度和对比度。例如,将"亮度"设为"70","对比度"设为"51",然后单击"确定"按钮,如图 4-16 所示。

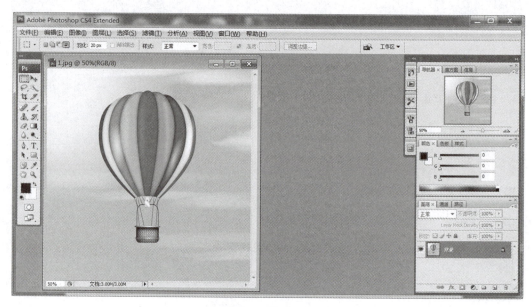

图 4-16　调整图像 6

### (二)裁剪图像并调整角度

在下面的例子中,我们将通过裁剪和调整角度获得中间部分的动物图像。

**步骤 1.** 单击工具箱中的"裁剪工具",在图像中按住并拖动鼠标左键,此时图像上会出现一个虚线裁剪框(注意虚线框的四周有八个调节点),如图 4-17 所示。

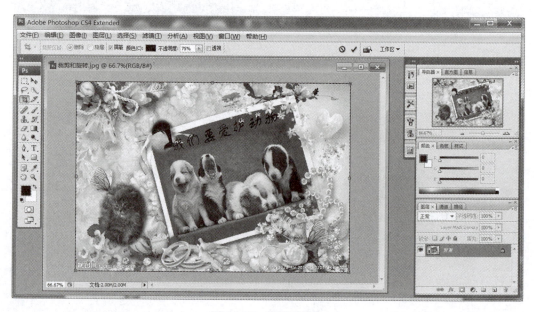

图 4-17　裁剪图像 1

**步骤 2.** 拖动裁剪框四个边角处的调节点调整裁剪框的角度,如图 4-18 所示。

图 4-18 裁剪图像 2

**步骤 3.** 调好角度后点击工具属性栏右侧的"√"确认,得到图 4-19。

图 4-19 裁剪图像 3

**步骤 4.** 拖动裁剪框四条边线上的中间调节点可调整裁剪框的高度和宽度,如图 4-20 所示。

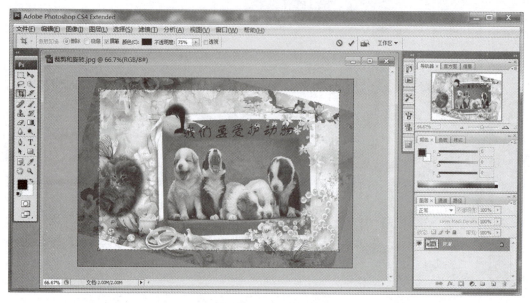

图 4-20 裁剪图像 4

**步骤 5.** 调整好裁剪框后,单击工具属性栏右侧的"√"按钮,即可对图像进行裁剪,如图 4-21 所示。

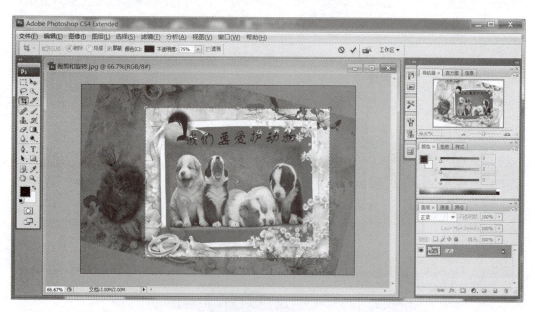

图 4-21 裁剪图像 5

**步骤 6.** 最终得到图 4-22 所示的图像。

图 4-22 裁剪图像 6

## (三)图像的合成

要将几个图像合为一个,首先要确定哪个是最底层的背景,哪些图像要放在背景之上。逐一打开要放在背景之上的图像,确定好选区,进行复制操作。再打开背景,在背景上粘贴,就可将多个图像放在一个背景上,构成一幅合成图片。图像的合成就是图层应用的体现。在一个图像文件中,只有一个背景图层,并且背景图层总是位于最底层。通过下面的例子说明合成过程。

**步骤 1.** 打开"图片 1.jpg",在屏幕左边的工具栏中选择"矩形选框工具",在其属性栏中设置"羽化"值为 20 像素(为选区设置"羽化"值可以控制选区边缘的柔和程度),如图 4-23 所示,然后在图像中拖动鼠标绘制出虚线所示的选区。

图 4-23 图像的合成 1

**步骤 2.** 选择"编辑"→"拷贝"选项,或者按快捷键【Ctrl+C】将选区内的图像复制到剪贴板,如图 4-24 所示。

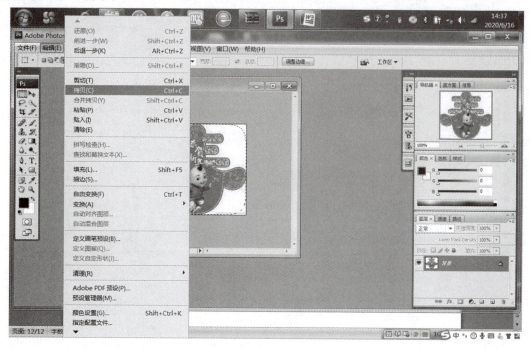

图 4-24　图像的合成 2

**步骤 3.** 打开"背景.jpg",选择"编辑"→"粘贴"选项,或者按快捷键【Ctrl+V】,将剪贴板中的图像粘贴到当前窗口中,如图 4-25 所示。

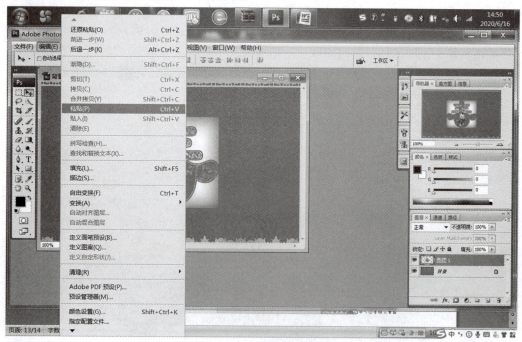

图 4-25　图像的合成 3

**步骤 4.** 再选择左边工具栏中的"移动工具",在图像上按住鼠标左键并拖动,将其移至背景窗口的下方。此时在"图层"面板中会自动生成一个新的图层,默认名称为"图层 1"。双击"图层 1"可以重新命名,如图 4-26 所示。

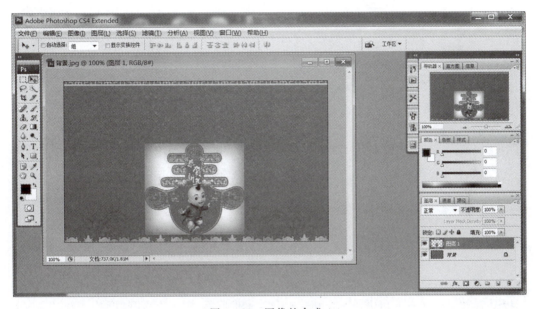

图 4-26 图像的合成 4

**步骤 5.** 打开"图片 2.jpg",选择"矩形选框工具",选好选区,如图 4-27 中虚线所示。

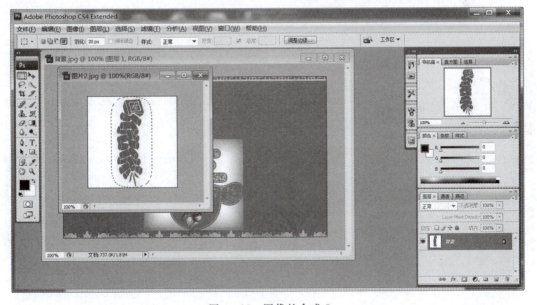

图 4-27 图像的合成 5

**步骤 6.** 参考步骤 3、4 的操作,将选区内的图像复制到"背景.jpg"图像窗口中,放在左上角位置,如图 4-28 所示。

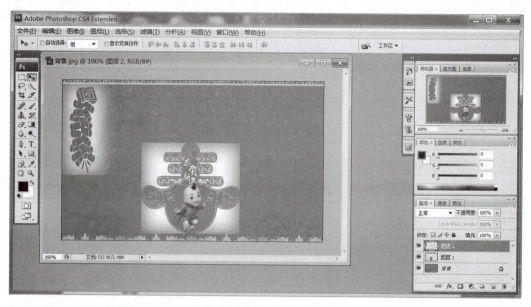

图 4-28 图像的合成 6

**步骤 7.** 如果想在右上角也放一个和左上角对称的图像,则再次打开"图片 2.jpg",然后点击"图像"→"旋转画布"→"水平旋转画布",如图 4-29 所示。

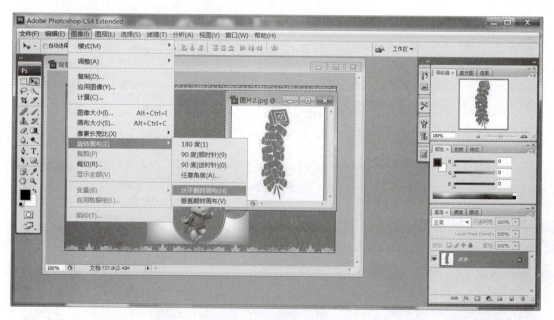

图 4-29 图像的合成 7

**步骤 8.** 执行"水平旋转画布"后得到图 4-30 所示图像。

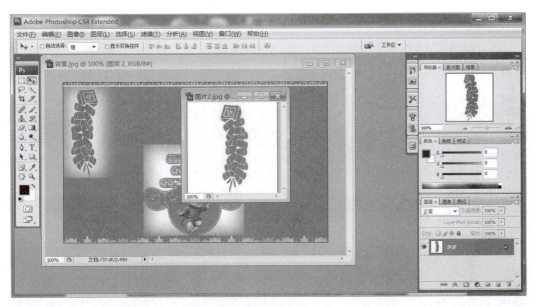

图 4-30　图像的合成 8

**步骤 9.** 进行复制、粘贴、移动操作,将图像移动到背景图的右上角,如图 4-31 所示。

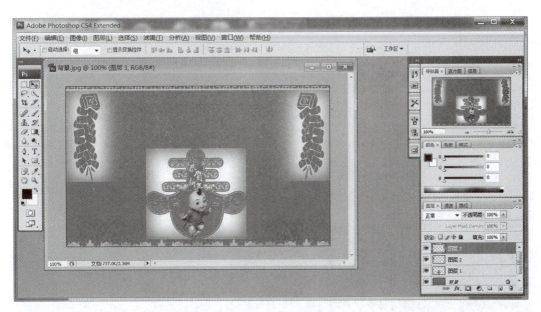

图 4-31　图像的合成 9

**步骤 10.** 选择左侧工具栏中的"横排文本工具",并将字体设为"楷体",字体大小设为 60,文本颜色设为"黑色",然后在"背景.jpg"窗口中单击并输入文本"新年快乐",如图 4-32 所示。

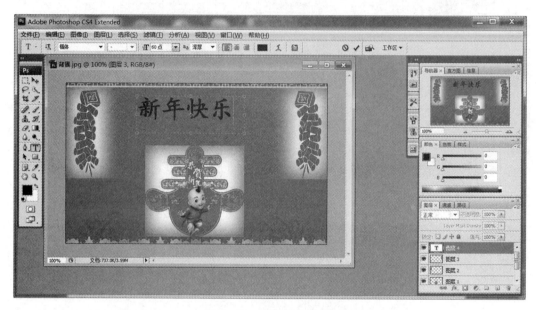

图 4-32　图像的合成 10

**步骤 11.** 用移动工具将文本移到合适位置,并在"图层"面板的文本图层上单击鼠标右键,在弹出的快捷菜单中选择"混合选项"菜单,如图 4-33 所示。

图 4-33　图像的合成 11

**步骤 12.** 在打开的"图层样式"对话框中勾选"投影"和"内发光"复选项,"混合模式"选择"柔光",如图 4-34 所示。

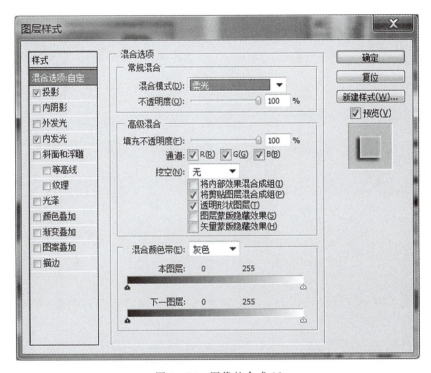

图 4-34 图像的合成 12

**步骤 13.** 单击"确定"按钮后,最终合成的图像如图 4-35 所示。

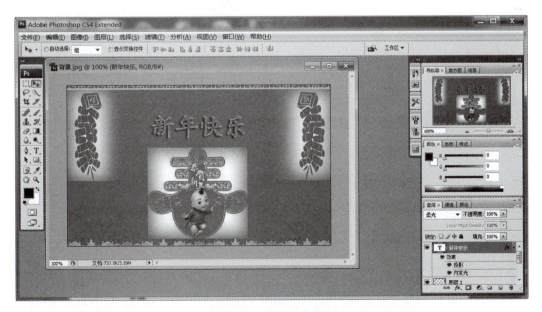

图 4-35 图像的合成 13

步骤 14. 选择"文件"→"存储为",如图 4-36 所示。

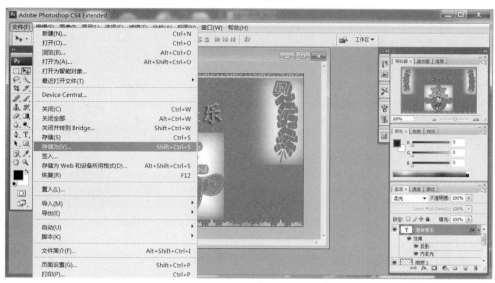

图 4-36　图像的合成 14

步骤 15. 在打开的"存储为"对话框中设置文件的保存路径和保存名称,单击"保存"按钮保存图像,如图 4-37 所示。

图 4-37　图像的合成 15

## (四) 修复图像缺陷或去除图像水印

要修复图像缺陷或去除图像水印,通常可用 Photoshop 中的"裁剪工具"将缺陷或水印裁剪掉。但有时缺陷和水印刚好在我们想要保留的图像上,无法裁剪,此时可利用仿制图章工具、污点修复画笔、画笔等来修复图像缺陷或去除图像水印。下面以用仿制图章工具去除水印为例,说明具体的操作步骤。

**步骤 1.** 打开有水印的图片,例如"小鸟.jpg"图像素材,如图 4-38 所示。

图 4-38 修复图像 1

**步骤 2.** 选择"仿制图章工具",设置画笔为主直径 21 的柔边笔刷,其他参数保持默认。在按住【Alt】键的同时,将光标移至水印周围,单击鼠标左键定义取样点;释放【Alt】键后,在水印图像上拖动鼠标左键进行涂抹,此时取样点的图像被复制过来,并将水印图像覆盖。应根据水印图像所在区域的不同,多次定义取样点,直至图像中的水印被完全覆盖,最终效果如图 4-39 所示。

图 4-39 修复图像 2

## 第三节　动画素材的获取与加工

### 一、认识动画素材

动画可以说是最具吸引力的媒体,具有表现力强、直观和易于理解等特点。

#### (一)动画的产生

动画由人工绘制或计算机生成的多幅画面组成,当画面快速、连续地播放时,由于人类眼睛存在视觉暂留现象而产生动感。

#### (二)动画的构成原则

(1)动画由多幅画面组成。
(2)画面之间的内容必须存在差异。
(3)画面表现的动作必须连续,即后一幅画面是前一幅画面的继续。

#### (三)常见动画素材的文件格式

1. SWF 格式

SWF 是使用 Flash 软件制作并发布的动画文件格式,主要用于在网页上播放,它具有数据量小、播放流畅等特点。

2. GIF 格式

GIF 是一种图像文件格式,它既可以保存 256 色的单画面(单帧)图像,也可以保存 256 色的多画面(多帧)图像(即动画),常用于网页制作。

3. FLC 格式

FLC 是 Animator Pro 生成的文件格式,每帧画面为 256 色,画面分辨率为($320\times200$)像素至($1600\times1280$)像素。FLC 格式的文件被大量用在多媒体产品中。

4. AVI 格式

AVI 是一种视频文件格式,用户可以将制作的一些动画输出为该格式。

#### (四)常用的动画素材制作软件

1. Adobe Flash

Adobe Flash(原称 Macromedia Flash,简称 Flash),是美国 Macromedia 公司(已被 Adobe 公司收购)所设计的一种二维动画软件。通常包括:Adobe Flash,用于设计和编辑 Flash 文档;Adobe Flash Player,用于播放 Flash 文档。使用向量运算的方式制作出来的动画占用的存储空间较小,Adobe Flash 被大量应用于互联网网页的矢量动画制作中。

2. Maya

Autodesk Maya 是美国 Autodesk 公司出品的三维动画软件,应用对象是专业的影视广告、角色动画、电影特技等。Maya 功能完善,使用灵活,易学易用,制作效率极高,渲染真实感极强,是电影级别的高端制作软件。Maya 集成了 Alias、Wavefront 最先进的动画及数字效果技术。它不仅可以实现一般三维和视觉效果,而且与最先进的建模、数字化布料模拟、毛发渲染、运动匹配技术相结合。

3. 3DS Max

3D Studio Max,常简称为 3D Max 或 3DS Max,是 Discreet 公司(后被 Autodesk 公司合并)开发的基于计算机系统的三维动画渲染和制作软件。它首先被运用在电脑游戏的动画制作中,后来开始用于影视片的特效制作,例如《X 战警Ⅱ》《最后的武士》等。在 Discreet 3DS Max 7 后,它正式更名为 Autodesk 3DS Max,最新版本是 3DS Max 2020。

## 二、获取动画素材

互联网中有很多专门提供动画素材的网站,进入这些网站后可以先预览想要下载的动画,然后通过网站提供的下载地址进行下载,如图 4-40 所示。

图 4-40　网站上的动画素材

在互联网中经常可以看到一些有趣的 GIF 动画。想要获取 GIF 动画,只需在其上单击鼠标右键,在弹出的快捷菜单中选择"图片另存为",即可将 GIF 动画保存到本地计算机中。

## 三、加工动画素材

下面选择 Adobe Flash Professional CC 2017 软件介绍 Flash 动画的一般制作过程。

课件制作的一般过程如下:新建一个 Flash 动画文件,然后设置文件属性;制作动画;输出课件。课件完成以后,要将其生成为可以脱离 Flash 环境运行的文件,才能用于教学。

### (一)动画课件制作

元件是动画中的一个可重复用的小部件。元件分为图形元件、影片剪辑元件和按钮元件三种类型。

创建元件有如下三种方法。

第一,新建空白元件:执行"插入"→"新建元件"命令,输入元件名和类型,即可进入元件编辑状态;单击场景名可退出元件编辑,返回场景。

第二,将图形、文字转换为元件:选中图形、文字,执行"插入"→"转换成元件"命令。

第三,将动画转换为元件:在时间轴上选择所有帧,执行"编辑"→"拷贝帧"命令;新建"影片剪辑"元件,在第1帧执行"编辑"→"粘贴帧"命令。

编辑元件将影响该元件的所有实例。编辑元件的方法如下:双击元件进入元件编辑窗口,可对元件进行编辑;选中元件,在属性面板中设置元件的颜色效果,如图4-41所示。

图4-41 设置元件的颜色效果

1. 图形元件

图形元件主要用于静态图形,或者与主时间轴同步运行的可重复用的动画片段。它的应用效果可以在设计期间直接预览。下面以制作"蝴蝶"图形元件为例,介绍图形元件的创建方法。

(1)启动 Adobe Flash Professional CC 2017,选择菜单"文件"→"新建"命令,选择"Flash 文档",单击"确定"按钮,如图4-42所示。

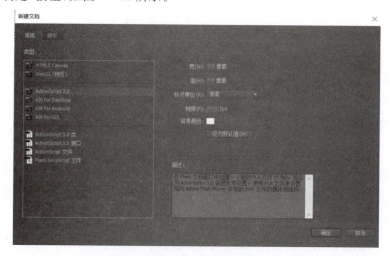

图4-42 新建文档

(2)选择菜单"文件"→"保存"命令,打开"另存为"对话框,如图4-43所示,将文档命名为"夏天",然后单击"保存"按钮保存文件。

图4-43 "另存为"对话框

(3)选择菜单"插入"→"新建元件"命令,打开"创建新元件"对话框,在"名称"文本框中输入"蝴蝶"。同时选中"类型"选项组中的"图形"单选项,然后单击"确定"按钮,如图4-44所示。

图4-44 "创建新元件"对话框

(4)进入元件编辑窗口,绘制蝴蝶图形元件,如图4-45所示。

图4-45 元件编辑窗口

## 2. 影片剪辑元件

图形元件的播放效果依赖于它在时间轴中占据的帧数,而影片剪辑元件则具有独立于主时间轴播放的特点。因此,从这个意义上讲,影片剪辑元件相当于嵌套在 Flash 影片中的子影片。另一方面,由于影片剪辑元件的实例可以具有实例名,能够被脚本所控制,因此具有很大的灵活性。

下面以制作"蝴蝶飞"影片剪辑元件为例,介绍制作影片剪辑元件的步骤。

(1)启动 Adobe Flash Professional CC 2017,选择"文件"→"打开"命令,打开"夏天.fla"文件,单击"确定"按钮。

(2)按照前面介绍的方法再制作如图 4-46 所示的"蝴蝶 2"图形元件。

图 4-46 制作"蝴蝶 2"元件

(3)按【Ctrl+F8】组合键,打开"创建新元件"对话框,将元件命名为"蝴蝶飞",再选取"类型"选项组为"影片剪辑",单击"确定"按钮,如图 4-47 所示。

图 4-47 创建"蝴蝶飞"元件

(4)单击"窗口"菜单,选中"库"命令,打开"库"面板,如图 4-48 所示。在"蝴蝶飞"元件编辑窗口中,选择第 1 帧,然后将图形元件"蝴蝶 1"从"库"面板中拖放到"蝴蝶飞"元件编辑窗口的第 1 帧处;用同样的方法将图形元件"蝴蝶 2"从"库"面板中拖放到"蝴蝶飞"元件编辑窗口的第 2 帧处,如图 4-49 所示。

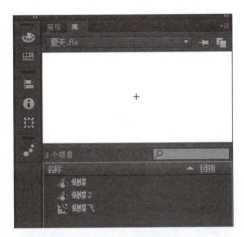

图4-48 "库"面板

图4-49 "蝴蝶飞"元件编辑窗口

(5)单击"保存"按钮保存文件。

3.按钮元件

按钮元件用于检测鼠标的动作并做出反应,它实际上是具有交互性的影片剪辑元件。创建按钮时,为元件选择按钮行为,Flash会创建一个仅有4帧的时间轴,如图4-50所示。

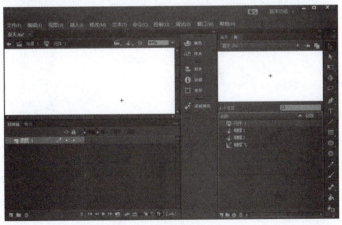

图4-50 创建按钮元件

前3帧显示按钮的三种状态,第4帧定义按钮对鼠标操作的反应区域。这4帧的作用分别为:"弹起"帧,表示鼠标指针不在按钮时的状态;"指针经过"帧,表示鼠标指针在按钮上时的状态;"按下"帧,表示鼠标单击时的状态;"点击"帧,定义对鼠标做出反应的区域,这个反应区域在影片播放时是看不到的。

以下介绍创建按钮元件的步骤。

(1)打开Flash文档"夏天.fla",执行"插入"→"新建元件"命令,创建名为"button"的按钮元件,如图4-51所示。

图4-51　创建"button"元件

(2)在"button"元件的"弹起"帧中,利用绘图工具创建一个圆形和一个三角形,如图4-52所示。

图4-52　按钮元件的"弹起"帧状态

(3)选择"指针经过"帧,按下【F6】键,插入一个关键帧,然后利用"任意变形"工具将该图放大,如图4-53所示。

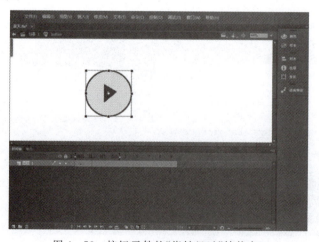

图4-53　按钮元件的"指针经过"帧状态

(4)选择"弹起"帧,并单击鼠标右键,在快捷菜单中选择"复制帧"命令。然后在"按下"帧上单击鼠标右键,在快捷菜单中选择"粘贴帧"命令,使按钮的"按下"状态与"弹起"状态相同。

(5)选择"点击"帧,按【F7】键,插入一个空白关键帧,在舞台中央位置放置一个圆形填充物,如图4-54所示。

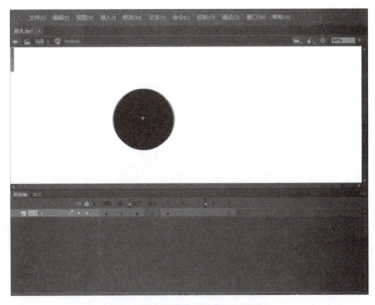

图4-54 指定按钮点击状态

(6)单击"保存"按钮保存文件。

以下介绍制作场景动画"夏天"的步骤。

(1)打开文件"夏天.fla",设置场景动画页面,宽600像素,高400像素。

(2)在第1帧中,选择"文件"→"导入到舞台"命令,导入一幅图片并使用工具调整该图像的大小,使它和舞台工作区大小一致,然后利用工具创建一个文本对象"夏天"。

(3)单击"插入图层",创建"button"层,向舞台中央拖放一个"button"元件实例,如图4-55所示。可以按快捷键【Ctrl+Enter】测试影片。

图4-55 场景动画"夏天"

## 第四节 音频素材的获取与加工

### 一、认识音频素材

声音是人类最熟悉的传递消息的方式,对声音的合理使用可以使多媒体教学变得更加丰富多彩。随着多媒体信息处理技术的发展和计算机处理能力的不断增强,音频处理技术日益受到重视,并得到了广泛的应用。

#### (一)声音的基本知识

声音是通过一定介质(空气、水等)传播的一种连续的波,是一个随着时间连续变化的模拟信号,在物理学中称为声波。声波具有普通波的特性,如反射、折射和衍射。各种声音一般都具有周期性强弱变化的特性,因而输出的压力信号周期变化。人们将这种变化用正弦波形表示,如图4-56所示。

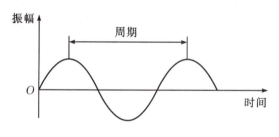

图 4-56 声音波形图

在声音波形图上,人们把曲线上的任一点再次出现(如声音由高到低再到高)所需的时间间隔称为周期;把声波在振动过程中偏离平衡位置的最大绝对值称为振幅;把1秒钟内声音由高(压力强)到低(压力弱)再到高(压力强)循环出现的次数称为频率。

#### (二)常见音频素材的文件格式

常见音频素材的文件格式有 WAV、MP3、WMA 等,采用不同格式的音频文件的音质和大小各不相同。

WAV 格式音频文件的特点是声音层次丰富、还原性好、表现力强,如果使用足够高的采样频率,其音质极佳。WAV 格式适用于各种播放器和多媒体工具软件。但 WAV 格式音频文件较大,不利于网络传播。

WMA 的全称是 Windows Media Audio,是微软力推的一种音频格式。WMA 格式文件是以减少数据流量但保持音质的方法来达到更高的压缩率的。它还可以通过 DRM(digital rights management)方案有力地防止盗版。

MPEG 音频编码具有很高的压缩比,同时音质基本保持不失真。其中 MP1 和 MP2 的压缩比分别为 4∶1 和 6∶1 左右,而 MP3 的压缩比则高达 10∶1,甚至可达 12∶1。

RealAudio 支持多种音频编码,其最大的特点是可以实时传输音频信息,尤其是在网速较慢的情况下,仍然可以较为流畅地传送数据,提供足够好的音质让用户能在线聆听。因此 RealAudio 主要用于网络上在线播放的文件。

AIFF 格式是苹果公司开发的音频文件格式。AIFF 虽然是一种很优秀的文件格式,但它主要针对苹果公司的产品,并没有在普通计算机上流行。

## 二、获取音频素材

获取音频素材的方法有许多种,例如购买音频素材光盘、从网上下载、使用录音软件(如 Windows 的录音机和 GoldWave 软件)和麦克风录制等。

### (一)通过网络进行下载

网络上有丰富的音频素材资源,我们可以在相关音频素材网站上下载,也可以使用搜索引擎进行查找。具体操作步骤如下。

**步骤 1**.打开"千千音乐"网站主页,在搜索栏中输入歌曲名称"我爱我的祖国",然后单击回车键,如图 4-57 所示。

图 4-57 输入关键词并搜索

**步骤 2**.搜索出与"我爱我的祖国"相关的歌曲后,单击任一歌曲名右侧的"播放"按钮 ▷,可在线试听该歌曲;单击"下载"按钮 ⬇,可将该歌曲保存到计算机中,如图 4-58 所示。

# 现代教育技术

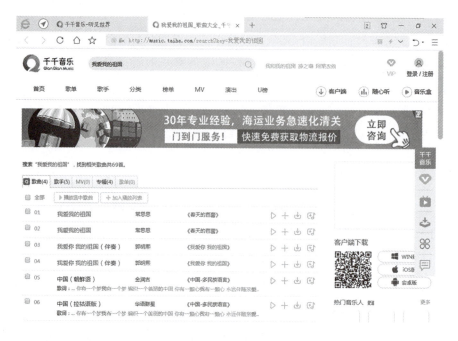

图 4-58  播放和下载网络中的音乐

## (二)使用录音机录制声音

利用 Windows 系统自带的录音机,可以快捷地录制声音,生成 WAV 格式的音频文件。要使用录音机录制声音,可先设置录音的音量,具体操作如下。

**步骤 1.** 将麦克风连接到计算机后,用鼠标右键单击桌面右下角系统通知区域中的扬声器图标,在弹出的快捷菜单中选择"录音设备",如图 4-59 所示。

**步骤 2.** 在打开的"声音"对话框中选择"麦克风",再单击"属性"按钮,如图 4-60 所示;在打开的"麦克风属性"对话框中单击"级别"选项卡,然后将麦克风的音量调到 90(注意麦克风音量最好不要调到最大,否则会有杂音),如图 4-61 所示,再连续单击"确定"按钮关闭对话框。

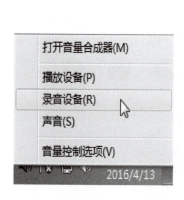
图 4-59  打开录音设备

图 4-60  "声音"对话框

图 4-61  麦克风属性

**步骤 3.** 单击桌面左下角的"开始"按钮,选择"所有程序"→"附件"→"录音机"菜单,启动录音机,如图 4-62 所示。

**步骤 4.** 单击录音机的"开始录制"按钮 ,计算机便会开始从麦克风处获取音频信息,如图 4-63 所示。

图 4-62　启动录音机　　　　　　　　图 4-63　开始录音

**步骤 5.** 录制完成后单击录音机的"停止录制"按钮 ,会打开"另存为"对话框,在对话框中设置声音的保存名称和保存路径,单击"保存"按钮,将录制的声音以 WAV 格式保存,如图 4-64 所示。

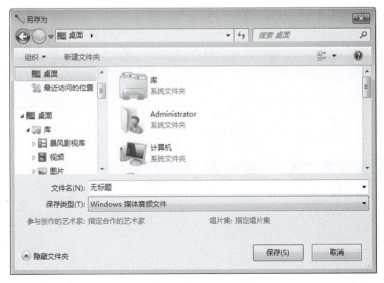

图 4-64　保存录制的声音

## 三、加工音频素材

使用 Windows 系统自带的录音机录制音频简单便捷,但它的功能有限。因此,我们可以使用 GoldWave 等专业声音处理软件录制和编辑音频素材。下面介绍使用 GoldWave 录制和编辑音频素材的具体方法。

### (一)使用 GoldWave 录制音频素材

**步骤 1.** 安装并启动 GoldWave,选择"文件"→"新建",在打开的"新建声音"对话框中将"声道"设为"2(立体声)","采样频率"设为 44100,"预置音质设置"设为"CD 音质","持续时间"设为 2 分钟,然后单击"确定"按钮,创建声音文件,如图 4-65 所示。

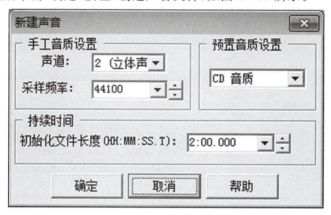

图 4-65 新建声音文件

**步骤 2.** 单击"控制器"调板中的"录音"按钮 ●,计算机便开始从麦克风处获取音频信息,如图 4-66 所示。

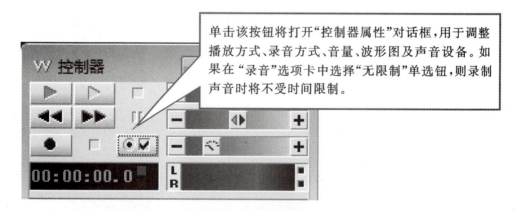

图 4-66 录制声音

**步骤 3.** 录制完成后,单击"控制器"调板中的"停止录音"按钮 ■。此时可通过查看声音的波形确定声音的大小,波形越大音量越大,如图 4-67 所示;也可单击"控制器"调板中的"播放"按钮 ▶ 预览录制的声音,若声音过大或过小可选择"效果"→"音量"→"更改"菜单,在打开的"Volume"对话框中通过拖动滑块改变音量的大小,如图 4-68 所示。

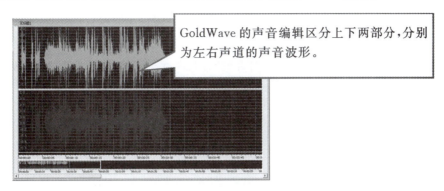

图 4-67 查看声音波形

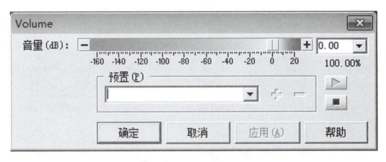

图 4-68 调整音量大小

**步骤 4.** 调整好音量后,选择"文件"→"保存"菜单,在打开的"保存声音为"对话框中设置保存路径、文件名称和保存类型,然后单击"保存"按钮,即可将录制的声音保存到计算机中,如图 4-69 所示。

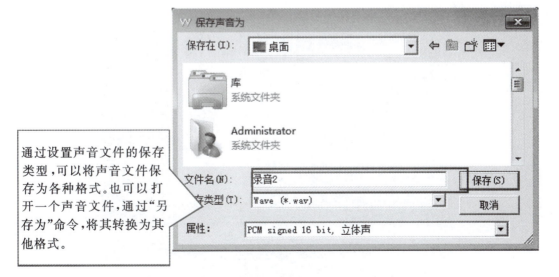

通过设置声音文件的保存类型,可以将声音文件保存为各种格式。也可以打开一个声音文件,通过"另存为"命令,将其转换为其他格式。

图 4-69 保存录制的声音文件

## (二)使用 GoldWave 编辑音频素材

GoldWave 是一款专业的音频处理软件,不仅可以录制音频素材,还可以对音频素材进行剪辑、降噪和音量匹配等编辑操作。下面介绍使用 GoldWave 编辑音频素材的方法。

**步骤 1.** 选择"文件"→"打开"菜单,在打开的"打开声音文件"对话框中选择"素材与实例"→"第 4 章"文件夹中的"江雪.mp3",打开声音文件,如图 4-70 所示。

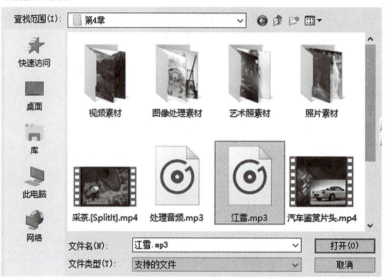

图 4-70 打开声音文件

**步骤 2.** 按空格键播放声音,当听到"千山鸟飞绝"时,可以看到播放头正好处于第 13 秒处,按空格键停止播放。然后在波形图的第 13 秒处单击鼠标右键,在弹出的快捷菜单中选择"设置开始标记",如图 4-71 所示。

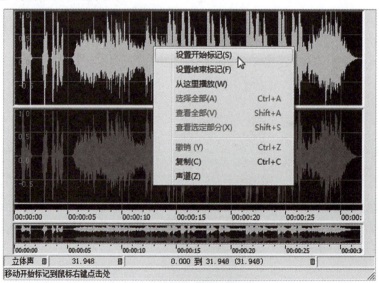

图 4-71 设置声音的开始标记

**步骤 3.** 按空格键继续播放声音,当听到读完"独钓寒江雪"时可以看到播放头正好处于第 26 秒处,按空格键停止播放。然后在波形图的第 26 秒处单击鼠标右键,在弹出的快捷菜单中选择"设置结束标记",如图 4-72 所示,这样便选中了开始和结束标记之间的声音片段。

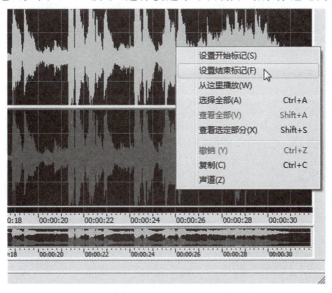

图 4-72 设置声音的结束标记

**步骤 4.** 按快捷键【Ctrl+C】,将选中的声音复制到剪贴板中,然后选择"文件"→"新建"菜单,在打开的"新建声音"对话框中将"声道"设为"2(立体声)","采样频率"设为 44100,"预置音质设置"设为"CD 音质","持续时间"设为 30 秒,并单击"确定"按钮。

**步骤 5.** 在新建的声音文件中按快捷键【Ctrl+V】,将剪贴板中的声音粘贴到新建声音文件中,如图 4-73 所示。

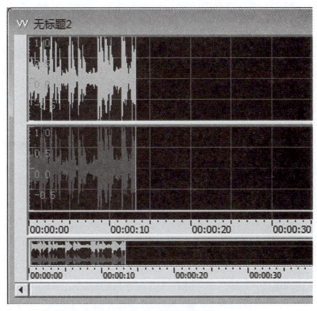

图 4-73 新建并粘贴声音文件

**步骤 6.** 按住鼠标左键拖动,选中新建声音文件右侧中没有波形图的部分,然后按【Delete】键删除,效果如图 4-74 所示。

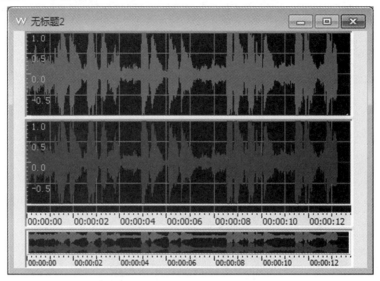

图 4-74 删除没有声音的部分

**步骤 7.** 按快捷键【Ctrl+A】选择声音文件中的全部波形,选择"效果"→"过滤器"→"降噪"菜单,在打开的"Noise Reduction"对话框中将"FFT 大小"设为 14,"重叠"设为 88,"比例"设为 70,然后单击"确定"按钮,如图 4-75 所示。

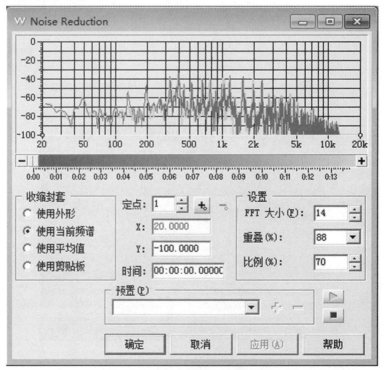

图 4-75 利用"降噪"命令去除杂音

**步骤 8.** 进行降噪操作后,会发现声音的音量变小了,此时选择"效果"→"音量"→"匹配"菜单,在打开的"Match"对话框中将"平均值"设为-12(该数值越小声音越小),并单击"确定"按钮,如图 4-76 所示,此时会发现音量变大了。

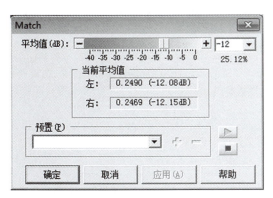 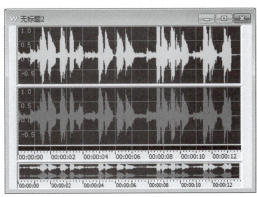

图 4-76 匹配声音

**步骤 9.** 最后选择"文件"→"另存为"菜单,在打开的"保存声音为"对话框中设置声音的保存路径、文件名称和保存类型,单击"保存"按钮保存声音文件。

## 第五节 视频素材的获取与加工

### 一、认识视频素材

视频包含运动的图像和音效,它具有信息量大、表现力强的特点。

#### (一)视频的概念

视频是指使用录影设备录制的影像信息,如电视中的画面信息。电影、电视与动画都利用了人的视觉暂留现象的原理。由于人眼对视觉信号的处理需要一定的时间,所以物体在眼睛的视网膜中成像后,并不会立即消失,而是会保留 25~200 毫秒,相当于 5~40 帧/秒。因此,如果快速播放一系列相关的画面,就会使人产生连续的运动视觉。

#### (二)常见视频素材的文件格式

常见的视频文件格式如表 4-2 所示。

表 4-2 常见的视频文件格式

| 格式 | 特 点 |
| --- | --- |
| AVI | AVI 是微软推出的视频格式,可用来封装多种编码的视频流,如 DivX、XviD(这两种编码属于 MPEG-4 编码的变种)、RealVideo、H.264、MPEG-2、VC-1 等 |
| MKV | 与 AVI 格式一样,MKV 可用来封装多种编码的视频流,被誉为万能封装器 |
| MPG | MPG 是 MPEG 编码的默认文件格式 |

续表

| 格式 | 特点 |
|---|---|
| MOV | MOV 是苹果公司开发的音视频文件格式,常用来封装 QuickTime 编码的视频流,可以提供体积小、质量高的视频 |
| RM/RMVB | RM/RMVB 用来封装采用 RealVideo 编码的音视频流,其优点是具有很高的压缩比,缺点是多数视频编辑软件不支持 RealVideo 编码,需要转码才能使用 |
| TS | TS 是高清视频专用的封装容器,多见于原版的蓝光、HD DVD 转换的视频影片,这些影片一般采用 H.264、VC-1 等最新的视频编码 |
| MP4 | MP4 目前被广泛应用于封装 H.264 视频和 ACC 音频 |
| 3GP | 3GP 相当于 MP4 格式的简化版本,但文件体积更小,是手机上经常使用的视频格式。它支持多种视频编码,如 H.263、H.264 和 MPEG-4 等 |
| FLV | FLV 是 Flash Video 的简称,文件扩展名为.flv,它是 Adobe 公司推出的一种视频文件格式,具有生成的视频文件小、下载速度快等特点,满足了用户在网络中在线观看视频、音频文件的需要,是目前网络上广泛应用的视频格式 |

## 二、获取视频素材

获取视频素材的主要途径有利用摄像机拍摄、捕捉屏幕视频、从网络上下载等。

### (一)利用摄像机拍摄

随着摄影技术的进步,数码摄像机已经十分普及。但拍摄教学类视频需要掌握一定的方法和技巧。

**1.摄像机的选择**

对于数码产品,品牌就是质量的保障。所以在选择数码摄像机的时候,要尽量选择大品牌,如佳能、尼康和索尼等。除此之外,也要考虑用途、外观和性价比等因素。

**2.拍摄技巧**

想要拍摄出完美的视频画面,就必须做到拍摄的平、稳、准、清、匀,这是摄像的基本要领。

(1)平是指拍摄画面中的水平线要与地平面保持平行,这是拍摄正常画面的基本要求。当画面中有水平线或垂线时,如果这些线条发生歪斜,就会给观者造成某种主观错觉,这是摄像工作中的大忌。

(2)稳是指画面要保持稳定,拍摄时要减少任何不必要的晃动。画面晃动会破坏观众的观赏情绪,影响画面的内容表达,为此要尽可能地用三脚架进行拍摄。若无三脚架或无法使用三脚架时,应尽量使用广角镜头来摄取画面,以提高画面的稳定性。

当手持或肩扛摄像机拍摄时,应将摄像机架稳,以右手为主用力握住摄像机并进行变焦操作,左手操作聚焦环。拍摄时胳膊适当夹住身体两侧,双脚分开站稳,重心要低,呼吸要平稳,这样拍摄到的图像才能较为稳定。此外,可以借助身旁的支撑物(如墙壁、树干和桌椅等)进行拍摄。

(3)准主要表现在构图和色彩还原两个方面。

其一,构图要准。这是对准的要求中最重要的一个方面,因为聚焦、光圈、白平衡调整都是可量化的标准,而构图则不同,自动化程度再高的摄像机也无法替代摄像师的取景构图。构图的准又包含很多内容,主要有主体、陪体、前景、背景的布局安排,形状、线条、色彩、质感、立体感等构图要素的表现,摄像机位的选择,景别的运用,运动镜头的拍摄,以及起幅、落幅画面的确定等。

其二,色彩还原要准确。色彩还原主要受以下两个方面影响:一是摄像机滤色片的选择及黑白平衡的调整;二是照射景物不同色温的光源。对于前者,在拍摄前应根据光线条件选择合适的滤色片进行黑白平衡调整;对于后者,在拍摄时要合理用光,不混用色温不同的光源。

(4)清是力求画面清晰。为了使摄像机拍摄的画面清晰,首先应保证摄像机镜头的清洁。当由于某种原因使用自动聚焦不能满足拍摄要求时,要采取手动聚焦。对主、陪体变化的情况要做好记号,最好先实验再拍摄,做到一次到位,使画面主体聚焦清晰。对有一定景深要求的画面可采用小光圈、短焦距或远距离拍摄。在拍摄推镜头时应先在长焦端聚焦清晰,再回到广角端,从广角开始推,这样画面才能在整个过程中都保持清晰。

(5)匀是针对运动镜头而言的,是指镜头运动的速度要均匀,不能忽快忽慢。推、拉镜头时使用摄像机电动变焦装置是很有效的。匀速摇镜头依赖于云台的良好阻尼特性。移动拍摄时要操纵和控制好移动工具,使其保持匀速运动。开机起幅时应缓慢地做匀加速运动,达到一定速度后保持匀速,至落幅时要慢慢地匀减速,直到摄像机镜头停止运动。

### (二)捕捉屏幕视频

通过使用 Camtasia Studio、Snagit、HyperCam 和 ScreenCam 等软件,可捕捉显示器屏幕上的实时操作,并将其保存为视频素材。

**步骤 1.** 安装并启动 Camtasia Studio 6.0,在欢迎页中单击"录制屏幕",打开 Camtasia 录像机,如图 4-77 所示。

图 4-77 单击"录制屏幕"打开 Camtasia 录像机

**步骤 2.** 切换到要录制的应用程序,在 Camtasia 录像机中单击"Select Area"选项区中"Custom"按钮右侧的下拉按钮,在展开的下拉列表中可设置捕捉屏幕的区域。本例选择"Lock to Application"选项,此时会自动将当前应用程序作为捕捉区域,如图 4-78 所示。

图 4-78 将当前应用程序作为捕捉区域

**步骤 3.** 此时单击"rec"按钮或按快捷键【F9】,开始录制视频,再次按【F9】键可暂停录制,按【F10】键停止录制,并弹出如图 4-79 所示的"Preview"对话框,在该对话框中可预览录制的视频。

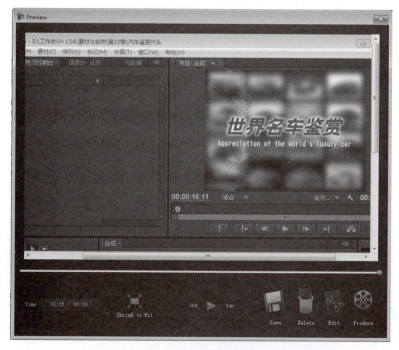

图 4-79 在"Preview"对话框中预览录制的视频

**步骤 4.** 预览视频后,单击"Preview"对话框下方的"Save"按钮打开"Camtasia Recorder"对话框,设置视频的保存位置和文件名,并将"保存类型"设为"Video File(*.avi)"。单击"保存"按钮,即可将录制的视频保存为 AVI 格式,如图 4-80 所示。

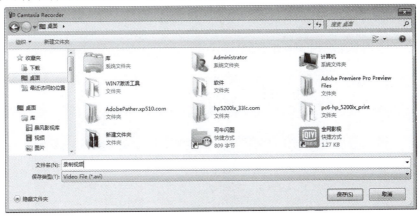

图 4-80　保存视频

### (三)利用 UUme FLV Spy 从网上下载

UUme FLV Spy 是一款集流媒体格式(flash video,FLV)探测、下载和播放于一体的下载软件。下面介绍它的具体使用方法。

**步骤 1.** 启动 UUme FLV Spy 1.0.0.0,在上方的文本框中输入视频地址,并单击"开始捕捉"按钮。此时视频会自动播放,在播放器下方会显示视频的真实地址。在播放器窗口的下方选中视频的真实地址,然后单击"操作"按钮,如图 4-81 所示。

图 4-81　获取视频的地址

**步骤 2.** 在展开的列表中选择"在当前会话中下载"选项,此时会弹出如图 4－82 所示的对话框。在对话框中点击"保存"按钮,再在打开的"另存为"对话框中设置视频的保存位置和名称,即可将视频保存到计算机中,如图 4－83 所示。

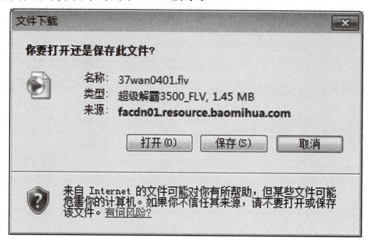

图 4－82 "文件下载"对话框

图 4－83 保存视频

## 三、加工视频素材

通常视频素材不能完全符合使用者的实际需求,因此需要选择合适的视频剪辑软件对视频素材进行适当的处理。Premiere 是一款专业的视频剪辑软件,功能强大、操作便捷。下面通过使用 Adobe Premiere Pro CC 2017 编辑视频素材,介绍剪辑视频素材的方法。

**步骤 1.** 安装并启动 Adobe Premiere Pro CC 2017,如图 4-84 所示。

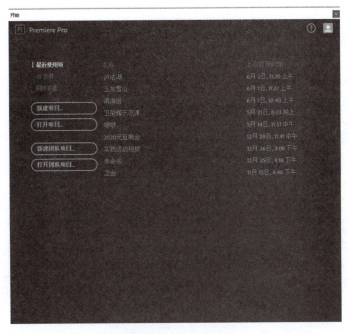

图 4-84　启动界面

**步骤 2.** 在启动界面中单击"新建项目",在打开的"新建项目"对话框中输入项目名称,选择保存位置,并设置常规参数,如图 4-85 所示。

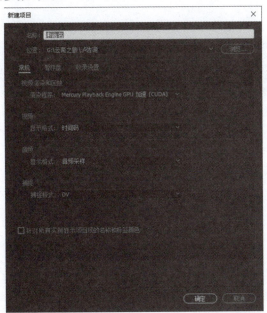

图 4-85　"新建项目"对话框

**步骤 3.** 在新建项目"实践活动视频"中,单击鼠标右键选择"新建序列",并对新建序列的名称及其他参数进行设置,如图 4-86 所示。

图 4-86 "新建序列"对话框

**步骤 4.** 在新建项目中选择"导入",在打开的"导入"对话框中选择"素材与实例"→"第 4 章"→"视频素材"文件夹中的"教育实践活动.mp4"视频文件,然后单击"打开"按钮,如图 4-87 所示。

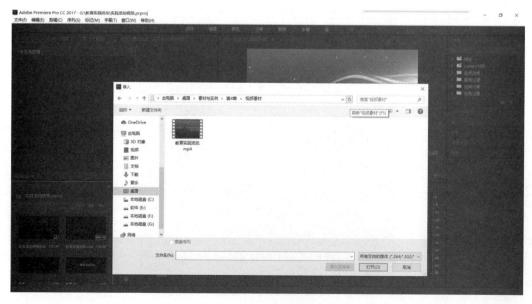

图 4-87 导入素材

步骤 5.将导入到新建项目中的视频素材"教育实践活动.mp4"拖动至新建的序列中,如图 4-88 所示。

图 4-88　将素材导入至新建序列

步骤 6.将新建序列的时间轴分别定位在 1 分 12 秒和 1 分 35 秒处,选择"剃刀"工具剪裁新建序列中的视频及音频,如图 4-89 所示。

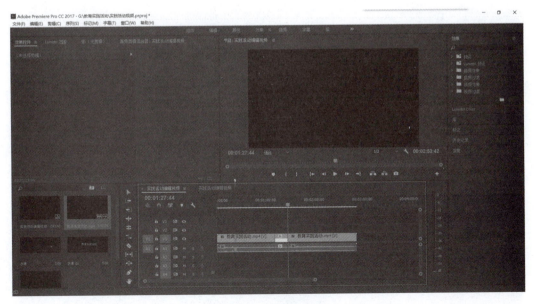

图 4-89　剪裁视频

119

**步骤 7.** 在新建项目中,选择"新建项目"→"字幕",在弹出的"新建字幕"对话框中,对"视频设置"中的参数进行设置,如图 4-90 所示。

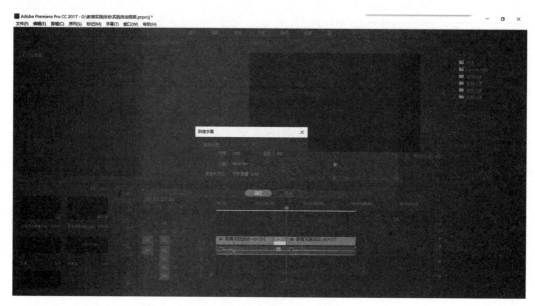

图 4-90 "新建字幕"对话框

**步骤 8.** 双击新建项目中的新建字幕,在下侧的"字幕样式"编辑区中对字体、颜色、字幕块位置等属性进行设置,如图 4-91 所示。

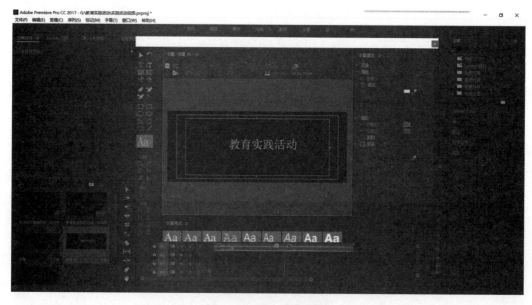

图 4-91 设置字幕属性

**步骤 9.** 选中新建序列工作区 1 分 12 秒至 1 分 35 秒的"V1 视频轨道",单击鼠标右键,在弹出的快捷菜单中选择"速度/持续时间"命令,在"剪辑速度/持续时间"窗口中对速度和持续时间的参数进行设置,如图 4-92 所示。

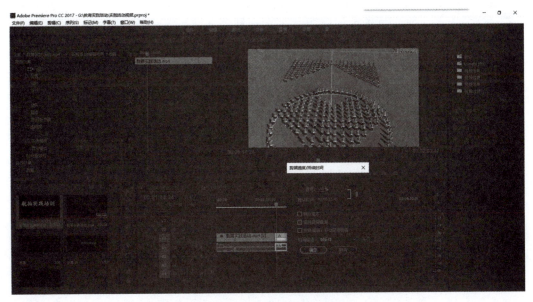

图 4-92 设置速度和持续时间

**步骤 10.** 选择"文件"→"导出"→"媒体",在打开的"导出设置"窗口中,对导出媒体的序列起止时间、视频音频参数、保存路径等进行设置,如图 4-93 所示。导出后即完成了对视频的剪辑。

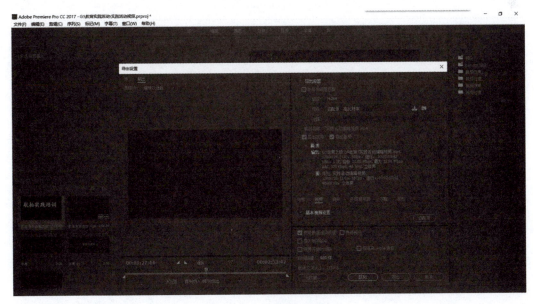

图 4-93 视频导出设置

**思考与练习**

1. 获取文本素材的方法有哪些？你是如何获取的,有何感受？
2. 图形、图像有何区别？怎样获取图形、图像素材？
3. 用 Photoshop 进行图像合成时,你是如何理解图层的？在一个合成的图像文件中可以有几个背景图层？
4. 获取动画素材的方法有哪些？
5. 音频素材的加工与制作方法有哪些？
6. 常见视频素材的文件类型有哪些？视频素材的加工与制作方法应把握哪些要点？

# 第五章 信息化教学资源的设计与开发

 **学习目标**

1. 了解信息化教学资源的概念、特点,并掌握如何检索、存储及分享信息化教学资源。
2. 了解和掌握 PPT 的高阶设计技巧。
3. 理解微课的相关概念,并掌握微课的制作方法。
4. 理解微电影的相关概念,并掌握微电影的制作方法。

 **主要内容**

本章主要讲授信息化教学资源的基本知识,PPT 的高阶设计技巧,包括 PPT 文本可视化、色彩搭配、排版技巧等,以及微课和微电影的制作方法。

 **知识结构**

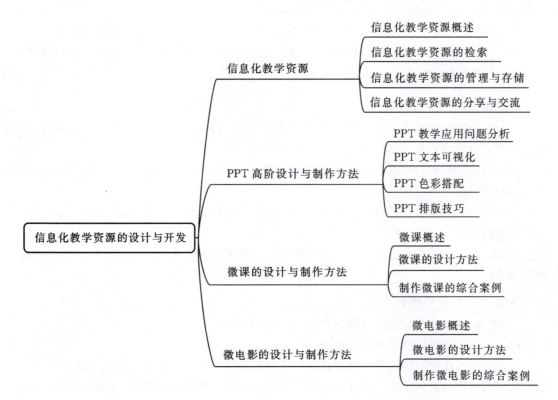

## 第一节　信息化教学资源

### 一、信息化教学资源概述

#### (一)信息化教学资源的概念

从广义上讲,资源是指一切可开发和利用的物资、能量和信息的总和,信息化教学资源则是指在教学过程中,支持教与学的所有资源,即一切可被师生开发和利用,并在教与学中使用的物资、能量和信息,包括学习材料、媒体技术、教学环境、人力资源、信息技术环境下的数字化素材、数字化教学材料、网络化课程、交流工具等。

传统教学资源与信息化教学资源之间并不是对立关系,信息化教学是借助数字化设备及数字加工处理技术,在多媒体和网络环境下进行的教学。信息化教学资源的核心是现代信息技术,主要体现在教学资源的结构化、呈现形式的多媒体化、资源检索的快速化、互动过程的网络化和内容处理的数字化等。

信息化教学资源由信息资源、人力资源、工具资源、环境资源等组成。

(1)信息资源指教学内容以及伴随教学内容产生的其他信息,如在教与学过程中产生的数字化信息和使用的资料,以及教育网站、数据库、音频、视频等。

(2)人力资源指利用信息化手段的教学参与人员,如专家、教师、学习伙伴、学者等,还包括教学研究人员、教学管理人员、教学支持人员及学生。

(3)工具资源指服务于教与学的通信工具、认知工具、教学软件等数字化教学工具。

(4)环境资源指形成信息化物理空间的通信、网络、计算机等硬件设备及各类应用软件。

#### (二)信息化教学资源的分类

**1. 按资源使用对象分类**

(1)学习资源:供学习者使用的各学科的电子讲稿、网上教程、课程资料、学习论坛、讨论组、试题库、教学软件等。

(2)备课资源:供教师备课使用的各种课程资料、教育软件、教案、指导刊物、学术会议资料、交流心得等。

(3)科研资源:供教育科研人员和学习者使用的各学科的专业文献资料、各种政策法规、各种教育新闻、教育统计信息等。

(4)管理资源:供教育管理人员对各类教育信息资源及各类教学活动进行统一管理的数据库管理系统。

**2. 按资源的作用分类**

(1)媒体素材:文本、视频、音频、图形图像、动画等五大类。

(2)试卷:用于进行测试的成套试题。

(3)试题库:按照一定的教育测试理论在计算机系统中存储的某个学科题目的集合。

(4)课件:课件是体现某门学科教学内容和教学策略的软件,分单独运行课件和网络课件,单独运行课件可在本地计算机上运行,而网络课件要在网络环境下运行。

(5)教学案例:由多种媒体元素组合而成的有现实指导意义和教学意义的代表性事件或现象。

(6)文献资料:有关教育的政策、法规、条例、规章制度,以及关于重大事件的记录、文章、书籍等。

(7)常见问题解答:对某一具体领域最常出现的问题给出的全面解答。

(8)资源目录索引:某一领域中相关的网络资源链接及各类资源信息。

(9)网络课程:通过网络实现的某门学科的教学内容及教学活动的总和。

此外还有电子图书、工具软件、影片等。

### (三)信息化教学资源的特点

信息化教学资源的特点可从教学媒体的特性和信息化教学资源的新特性两方面加以理解。

**1. 教学媒体的特性**

(1)表/呈现力:呈现事物的能力,各类媒体可以呈现事物的形状、颜色、运动等。

(2)重现力:对信息的重现能力,书本、录音、幻灯片、视频等都可以反复使用,具备良好的重现特性。

(3)传播力:任何媒体都具有扩散传播性,现代媒体的扩散传播性更强。

(4)可控性:在教学中媒体易于操控。

(5)参与性:利用媒体开展教学活动时,学习者能参与活动,包括行为参与和情感参与。

**2. 信息化教学资源的新特性**

(1)组织的非线性化。传统信息的组织是线性的、有顺序的,而人的思维是网状结构,可以通过联想选择不同路径来加工信息。传统教学制约了人的智慧和潜能的发挥,不利于创新能力的培养。而多媒体技术具备处理各种信息的能力,并具有交互特性,为教学信息组织的非线性化创设了条件。

(2)处理和存储的信息化。利用多媒体计算机的数字转换和压缩技术,能够实时地处理和存储图、文、声、像等多种教学信息,既可方便学习者对信息的使用,又可以提高信息处理和存储的可靠性。

(3)传输的网络化。网络技术的发展和普及,特别是各级教育网站的建立,使教学信息的传递形式、速度、距离、范围发生了巨大变化,为网络教育、远程教育、虚拟实验室等新的教育形式的产生和发展奠定了基础。

(4)教学过程的智能化。多媒体计算机教育系统具有智能模拟教学过程的功能,学生可通过人机对话自主学习、复习,或进行模拟实验、自我测试,并获得实时反馈,为探究型学习创设了条件。

(5)资源的系列化。随着教学信息化程度的提高和现代教育环境的建立,现代教材逐步成套化、系列化、多媒体化,使人们可以根据不同的条件、目的、学习阶段,自主选择相应的学习资源,为教育的社会化、终身化提供了保障。

## 二、信息化教学资源的检索

### (一)普通信息资源的检索

普通信息资源主要包括 WWW 信息资源(如 Web 网页)、FTP 信息资源(如远程计算机上的文件夹)、博客信息资源、Telnet 信息资源、论坛信息资源、P2P 信息资源、数据库和收费网站资源等。

检索方法主要是通过搜索引擎检索,常用的搜索引擎有网页搜索引擎(如百度、Google、微软必应等)、FTP 和 P2P 搜索引擎(如迅雷、Grid FTP 等)。图 5-1 是百度搜索引擎的界面,在输入框中输入要搜索的关键词即可。

图 5-1　百度搜索引擎

网页搜索有全文搜索和目录搜索。全文搜索的优点是检索信息时,无需对类目、归属进行判断,使用更为方便;缺点是由于人工干预过少,准确性较差,检索结果中有大量冗余信息。目录搜索的优点是所收录的网络资源经过专业人员的选择和组织,提高了检索的准确性;缺点是收集和整理信息需要花费大量的人力和时间,难以跟上网络信息的增加速度,涉及的信息范围有限,其数据库的规模也相对较小。

FTP 搜索是在网络上广泛使用的一种服务。使用 FTP 几乎可以传送任何类型的文件,如文本文件、二进制的可执行程序、科学论文、图像文件、压缩文件、声音文件等。

P2P 搜索使用"对等"技术,依赖于网络中参与者的计算能力和带宽,而不是聚集在较少的几台服务器上。下载的同时,计算机还要继续上传数据,因此人越多下载速度越快。

### (二)学术数据库的检索

**1.国内主要专业学术数据库**

(1)中国知网(CNKI,www.cnki.net)包括中国期刊全文数据库、中国优秀博士硕士论文全文数据库、中国重要报纸全文数据库、中国重要会议论文全文数据库、中国医院知识仓库等。

(2)维普网(www.cqvip.com)收录了自1989年以来我国自然科学、工程技术、农业科学、医药卫生、经济管理、教学科学、图书情报等学科的期刊和文章全文。图5-2是维普网的界面,有期刊大全、文献分类、优先出版、论文检测、论文选题、在线分享、学者空间、学术机构等栏目。在文献搜索框中,可以选择标题、作者、机构、刊名等进行搜索。

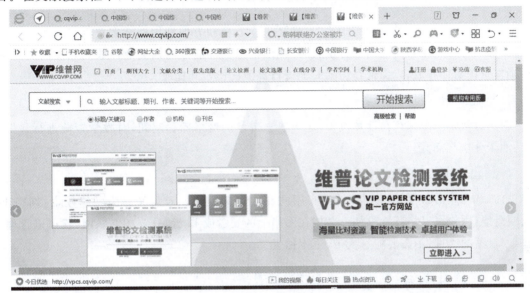

图5-2  维普网

(3)中国国家数字图书馆(www.nlc.gov.cn)是世界上最大的中文文献收藏中心、中文数字资源基地、中国最先进的信息网络服务基地。

(4)超星数字图书馆(www.ssreader.com)收录了51个学科分类的数字图书10多万种,涉及的学科门类有哲学、宗教、社科、经济学、自然科学、民族学等,设有文学、历史、法律、军事、经济、科学、医药、工程、建筑、交通、计算机等几十个分馆。

(5)百度学术(xueshu.baidu.com)是百度旗下的免费学术资源搜索平台,收录了包括知网、维普、万方、Elsevier、Springer、Wiley、NCBI等120多万个国内外学术站点,对超过12亿学术资源页面进行了索引,包括学术期刊、会议论文、学位论文、专利、图书等类型在内的4亿多篇学术文献,成为全球文献覆盖量最大的学术平台。

**2. 国外主要专业学术数据库**

(1)Wiley Interscience(onlinelibrary.wiley.com)收录了360多种科学、工程技术、医疗及相关专业期刊,以及多种大型专业参考书、实验室手册全文,提供在线访问全文内容的服务。

(2)IEEE/IEE(ieeexplore.ieee.org)收录了美国电气与电子工程师学会(IEEE)和英国电气工程师学会(IEE)自1988年以来出版的全部150多种期刊、5670余种会议录及1350余种标准的全文信息。

(3)EBSCO(search.ebscohost.com)收录了4000多种索引及文摘型期刊、2000多种全文电子期刊。

(4)OCLC(www.oclc.org)即联机计算机图书馆中心(online computer library center, OCLO),是世界上最大的提供信息服务的数据库。

(5)Ingenta(www.ingenta.com)是 Ingenta 公司于1999年建成的学术信息平台。

## 三、信息化教学资源的管理与存储

### (一)建立个人资源管理文件夹

有目的地创建个人教学资源中心,可提高工作效率和方便利用网络教育信息资源。教学资源中心的存储目录要有清晰的分层,使下载的信息资源能分门别类地存放到相应的文件夹下,确保资源有序存放,以保证在需要时能进行高效的检索和提取。

### (二)建立自己的网络储存空间

除了将教学资源保存在计算机外,还应建立自己的网络储存空间,对教学资源进行备份,而且便于分享与交流。

### (三)建立网络硬盘

第三章介绍的云存储,是很便捷、实用的在线存储模式。云盘又称为网络硬盘、网络 U 盘、网盘等,用户可以将其看成是一个放在网络上的硬盘或 U 盘,只要能够联网,就可以管理、编辑网盘里的文件,不需要随身携带,更不怕丢失。

## 四、信息化教学资源的分享与交流

网络的飞速发展极大地促进了教育资源的分享与利用。常用的分享与交流平台有博客、百度百科、问答服务平台等。

博客是在网络上的一种流水记录形式,也称网络日志。它通常由简短且经常更新的文章所构成,这些文章按照日期排列。

百度百科是百度公司推出的一部内容开放的网络百科全书,是一份涵盖各领域知识的中文信息收集平台。它本着平等、分享、自由的互联网精神,充分调动互联网用户的力量,汇聚上亿用户的智慧,让知识在一定的技术规则和文化脉络下得以不断组合和拓展,为用户提供一个创造性的网络平台。百度百科的优势是搜索便捷、条目涵盖面广、内容丰富且通俗易懂等,省去了用户去图书馆翻书的繁琐。在教育教学中,合理利用百度百科,可以很好地弥补学生知识面狭窄的劣势,增加对理论知识的理解,让学生在动手的同时明白原理,实现手脑全面发展。百科条目语言通俗,解释图文并茂,浅显易懂,对于学生来说无疑是一大福音。百科条目的涵盖面极其丰富,足以满足学生对知识的需求。

问答服务平台是一个基于网页的问题解决工具,任何人都能通过这个服务系统提出问题,等待热心的访问者留下他的答案。国内为公众服务的问答平台有新浪爱问、百度知道等。问答服务的主要作用是当学生提出问题后,教师可以在网站上留下答案。当其他学生遇到类似问题时,教师就不必重复回答了,学生只需在网站上搜索即可看到正确的回答。如果问题的答案不是很完整,其他教师也可以在网站上补充。教师和学生都可以参与到问题的回答中来。学生在家学习需要提问时,问答服务能比电话或其他即时通信工具更好地帮助学生。

## 第二节　PPT 高阶设计与制作方法

### 一、PPT 教学应用问题分析

#### (一) PPT 在教学中存在的问题

计算机的普及和网络技术的革新促进了现代教育技术的发展，多媒体走进了课堂，成为辅助教学工具。特别是 PPT 的应用，能够创设生动的情境，激发学生的学习兴趣，丰富学生的想象力。PPT 的制作和应用直接关系教学效果，好的 PPT 能够引发学生思考，强化重难点，起到画龙点睛的作用；而拙劣的 PPT 则使人眼花缭乱，产生视觉疲劳，不愿继续观看。PPT 在教学中存在着以下一些需要注意的问题。

(1) 内容单调、枯燥，缺乏新意，信息量也不大。教师完全围绕 PPT 讲课，缺乏"即兴发挥"，能动性差，把 PPT 变成了讲话稿。这样不易激发学生的学习积极性，使学生的学习效率降低。

(2) 一些 PPT 缺乏感染力和艺术性，不能吸引学生的注意力。好的 PPT 不但要内容精确，还需要有艺术性的表现形式，使学生能快速进入教学情境，获得知识和技能。成功的 PPT 都是内容和形式的统一体。如果制作时没有考虑界面的整体布局、图片的选取、色彩的协调、音视频播放的形式等细节，就会影响 PPT 的使用效果。例如图片过多，页面不断变换令人眼花缭乱，主题不明确，黄色字体出现在白色背景下，字迹模糊无法辨识等。

(3) PPT 课件设计不够科学严谨。例如没有把握整体效果，画面混乱，不够醒目清晰，插入的图片也和要表达的内容没有太大关系，这无形中混淆了学生的认知。

(4) 多媒体制作技术控制不足。在 PPT 中，一些超级链接、插入的视频等不能正常使用，或者是播放时无法在需要的时候停止，或停止了却不能返回，则影响 PPT 的效果。还可能因为计算机硬件原因（如内存不够）导致 PPT 播放不够流畅，出现卡机、死机现象。

(5) 背景颜色搭配不协调，尤其是背景色选择不合适，导致对比不明显，甚至看不清 PPT 中的内容，直接影响学生的视觉心理和课堂教学效果。

(6) 动画设置得过于花哨，切换不合理，使人眼花缭乱，容易造成视觉疲劳。PPT 切换声音使用频繁，内容设置不当，缺乏师生互动。

(7) 文字内容的处理是 PPT 制作中的难题。如果满屏显示的都是文字，且这些文字的字体、字号设置混乱，重点不突出，主题不鲜明，学生不知该如何把握重点内容，则看过就忘。内容结构安排不合理，缺乏逻辑性，则难以让学生从整体上把握一堂课的脉络。

#### (二) 应采取的相应策略

(1) 精心设计，重视 PPT 的制作。不能为了追求热闹，把一些关系不大的图片、视频加进来，要以提高学习效率为目的，在有限的时间内突出重点内容。从某种意义上说，PPT 也是教师审美素养的体现，包括文字字体的设计、色彩的搭配、画面的选择、视频的截取等都要统筹考虑。

(2) 选择合适的制作平台，合理设计脚本，并搜集和整理多媒体素材。没有丰富的多媒体素材，难以制作出适合不同需要的 PPT。教师应在平时就注意搜集素材，建立资源库，把一些有意义的图片、视频保存下来。

PPT 的制作涉及计算机知识和一定的美术、音乐知识,教师要注意细节,有足够的耐心,活学活用。

## 二、PPT 文本可视化

文本是信息交流的主要媒体之一。在时间越来越碎片化、阅读越来越短平快的时代背景下,传统的阅读方式已不能满足人们的要求。文本可视化是通过对文本资源的分析,发现特定信息,并用计算机技术将其以图形、图像化的方式呈现出来的一种方法,是信息可视化的分支之一。文本可视化的目的是以丰富的图形、图像来揭示以文本为载体的信息内容,其本质在于针对海量的文本信息,最大程度地实现抽象和概括。

### (一)文本可视化的基本方法(流程)

1. 文本处理

文本处理即根据用户需求对原始文本资源中的特征信息进行分析,例如提取关键词或主题,对文本数据进行预处理、特征提取及特征度量等。

2. 可视化映射

可视化映射是指以合适的视觉编码和视觉布局方式呈现文本特征。视觉编码指采用适合的视觉通道和可视化图符来表征文本特征;视觉布局指承载文本特征信息的各图元在平面上的布局和呈现方式。

3. 交互

对同一个可视化结果,不同用户感兴趣的部分可能不同,交互操作提供了浏览和探索他们感兴趣的部分的手段。主要用到的交互方式有高亮、缩放、动态转换、关联更新等。

"可视化"分为图形、图表和图片三种形式。内容多,且有量化数据的文本,一般处理为数据图表,能清晰地表现出变量之间的关系;内容多,但是没有量化数据的文本,一般处理为图形,形象又直观;而文字量少,主题抽象的内容,一般处理为图片,具有视觉冲击力。

### (二)文本可视化的步骤

在信息多元化且更新迅速的大数据时代,PPT 已成为信息化教学的一种重要资源和主流方式。PPT 中的图片、图形、视频、动画等多媒体信息具有直观形象性。而司空见惯的文本信息在 PPT 中普遍存在过剩的现象。把枯燥的文字变成形象的可视化的图形、图像,让学生更容易理解 PPT 的内容,就需要使文本可视化。

(1)从一个文本开始,拆解文本语义,发现其逻辑结构,紧接着寻找对应图形辅助表达,实现文本到图形的转化过程。

(2)通过图形结构表现文本信息之间的关系,这些关系有并列、包含、关联、因果等,也可以是这几种关系的嵌套。

(3)文本信息的图形化。需要思索用哪种图形或者图表去表现文字内容,还要绘制这些图示。将文字和图形结合在一起,形成文字表意性和图形具象性。

(4)构建场景展现文本关系。

简单地说就是阅读文本、理解文本、构建画面、呈现画面(理解、分割、转化以及修饰)。

### (三)文本可视化的实现过程

例如图5-3这段文本,如何才能实现页面可视化效果呢?

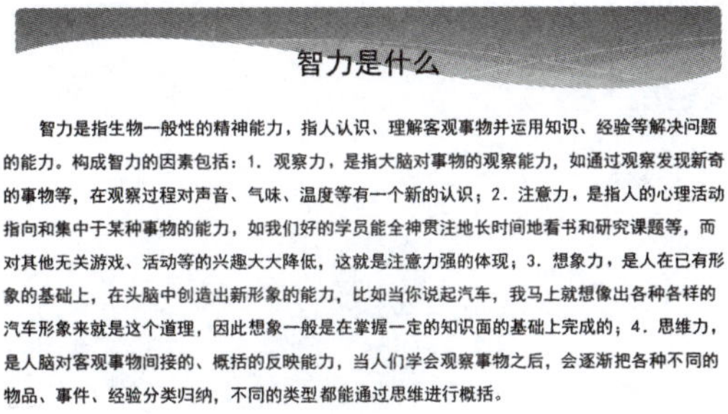

**智力是什么**

智力是指生物一般性的精神能力,指人认识、理解客观事物并运用知识、经验等解决问题的能力。构成智力的因素包括:1.观察力,是指大脑对事物的观察能力,如通过观察发现新奇的事物等,在观察过程对声音、气味、温度等有一个新的认识;2.注意力,是指人的心理活动指向和集中于某种事物的能力,如我们好的学员能全神贯注地长时间地看书和研究课题等,而对其他无关游戏、活动等的兴趣大大降低,这就是注意力强的体现;3.想象力,是人在已有形象的基础上,在头脑中创造出新形象的能力,比如当你说起汽车,我马上就想像出各种各样的汽车形象来就是这个道理,因此想象一般是在掌握一定的知识面基础上完成的;4.思维力,是人脑对客观事物间接的、概括的反映能力,当人们学会观察事物之后,会逐渐把各种不同的物品、事件、经验分类归纳,不同的类型都能通过思维进行概括。

图5-3 原文本

**步骤1.** 分析文本。这段文本要表达的意思其实就是智力是什么。通过分析得出,智力是由观察力、注意力、想象力、思维力综合构成的,即智力等于其他几方面能力之和,如图5-4所示。

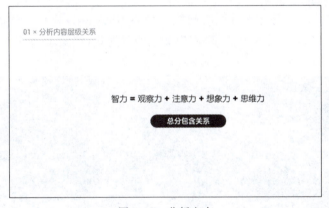

图5-4 分析文本

**步骤2.** 分析内容的层级关系。通过分析可知,这是一个简单的包含关系。圆环图可以用来展现包含关系,因此绘制圆环图如图5-5所示。

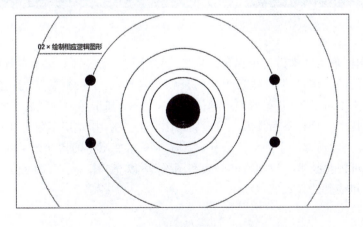

图5-5 展现文本含义的图形

**步骤 3.** 内容与图形相结合。把文字填在画好的图形中,如图 5-6 所示。

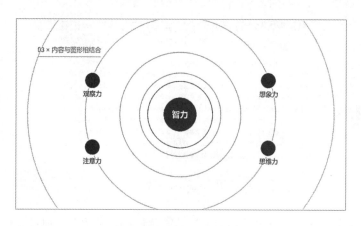

图 5-6　内容与图形相结合

**步骤 4.** 选择与整体的视觉风格相匹配的背景,并加入一些具有逻辑图形创意的设计素材,添加一些页面效果,让视觉更加丰富,实现文本的可视化,如图 5-7 所示。

图 5-7　文本的可视化

当然,除了用图形对文本进行可视化之外,还可用图像、图表等对文本进行可视化。

目前根据不同的应用目的,文本可视化的研究主要有以下几类:基于词汇的文本可视化;基于篇章内容的文本可视化;基于时间序列的文本可视化;基于主题领域的文本可视化。

文本可视化技术还处在不断发展的阶段,应用前景广阔,其作用不仅在于能更丰富、生动地表达结果,更在于能通过一系列的算法和设计展示文本资源中的潜在语义联系,发现新颖的信息。利用文本可视化技术生成丰富的图表和图像,可以充分概括文字和数据的分析结果,并以更加易于理解和接受的方式展现出来。

## 三、PPT 色彩搭配

### (一)色彩的概念

色彩是一种特定光谱的光线组合经过传播引起的视觉感受。物体吸收了特定波长的光,并把其余的光反射到我们的眼睛,形成色彩感,眼睛接收光线并把信息传给大脑。

色彩有三个属性(也称三个要素):色相、明度、纯(彩)度。

色相指色彩的相貌,是视觉所能感受到的红、橙、黄、绿等色彩,将这些不同特征的色彩相互区别并确定名称,就是色相。它体现的是色彩的外在特征。

明度指的是色彩的明暗强度。在无彩色中,明度最高的色是白色,明度最低的色是黑色。在有彩色中,明度最高的色是黄色,明度最低的色是紫色。

纯度(也称彩度)是指色彩的鲜艳程度。有色相感的颜色都有一定的鲜艳度,它体现的是色彩的内部特征。

### (二)色彩的调和

**1. 色轮**

色轮是色彩排成的圆环,由 12 种最常见的颜色构成(图 5-8),是色彩搭配的基本工具。一切色彩调和都离不开色轮。利用色轮可以选择合适的色彩,构造色彩调和。色彩调和则给人美的享受。

(1)原色:在 12 色的色轮中,红、黄、蓝是原色,如图 5-9 所示。

图 5-8  12 种常见颜色的色轮(彩图见彩页)

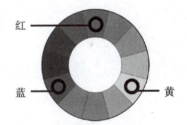
图 5-9  原色(彩图见彩页)

(2)二次色:由两种原色组合而成,如红+黄=橙,黄+蓝=绿,蓝+红=紫,如图 5-10 所示。

(3)三次色:由一种原色和一种二次色组合而成,如红+橙=朱红,橙+黄=琥珀,黄+绿=黄绿,绿+蓝=碧绿,蓝+紫=靛青,紫+红=紫红,如图 5-11 所示。

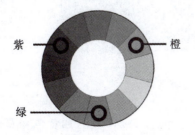
图 5-10  二次色(彩图见彩页)

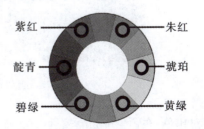
图 5-11  三次色(彩图见彩页)

(4)冷暖色:在12色的色环中,又有冷、暖色之分(图5-12),暖色有红、橙、黄、黄绿等,视觉感受是积极有力、生动活泼的;冷色有紫、靛青、蓝、绿等,视觉感受是平静镇定、舒缓淡泊的。

(5)中性色:有3种中性色,即黑、灰、白(图5-13),黑、白是无彩色,灰色是黑白按不同的比例组成的一个色,这个比例称为灰度。

图5-12 冷、暖色(彩图见彩页)

图5-13 中性色

## 2.色系

通常,在进行色彩调和时采用四种色系,即近似色系、对比色系、互补色系、同色系。

(1)近似色(又称邻近色):12色环中两个比较接近的颜色(图5-14),如蓝色和绿色、橙色和红色、蓝色和紫色。采用近似色可以使PPT避免色彩杂乱,易于达到页面的和谐统一。近似色搭配图片如图5-15所示。

图5-14 近似色(彩图见彩页)

图5-15 近似色搭配图片(彩图见彩页)

(2)对比色:在色轮中相隔较远(120°或240°)的两个色(图5-16所),如黄色和蓝色、紫色和绿色。使用对比色,既搭配和谐,又对比鲜明。在设计时以一种颜色为主色调,以其对比色作为点缀,可以起到画龙点睛的作用。对比色搭配图片如图5-17所示。

图5-16　对比色(彩图见彩页)　　　　图5-17　对比色搭配图片(彩图见彩页)

(3)互补色:在色轮中相隔较远(180°)的两个色(图5-18),如红色和绿色、紫色和黄色、橘色和蓝色。互补色可以产生强烈的视觉效果,使PPT特色鲜明,重点突出。互补色搭配图片如图5-19所示。

图5-18　互补色(彩图见彩页)　　　　图5-19　互补色搭配图片(彩图见彩页)

(4)同色系:属于同一种颜色但明亮度不同。同色系搭配图片如图5-20所示。

图5-20　同色系搭配图片(彩图见彩页)

### (三)PPT配色要点

好的PPT应该清晰易懂,主题明确,设计风格符合主题,视觉效果悦目。在PPT的配色中,要注意几个配色要点。

(1)不要用很多颜色,尽量控制在3～5种色彩以内,大块配色不超过3种。

(2)背景和文字的对比尽量大,不要用花纹繁复的图案作背景,以便突出文字内容。可以使用对比色来突出表现不同类别。

(3)要根据主题对象设计PPT,设计要服务于主题。

(4)设计风格要统一,统一设计模板,统一主标题文字,统一字号、字体、色彩,统一整套

PPT 的主色调。

(5)色彩不是孤立的,需要协调相互关系。

(6)根据色彩心理,冷色适合作背景色,暖色适合用在显著位置的主题上。

(7)要善于应用同一画面中明度和纯度的不同关系。

### (四)PPT 配色技巧

(1)一般情况下要避免使用单色,如果要使用单色,可通过调整色彩的透明度或饱和度来产生变化,避免单调。先选定一种色彩,然后调整透明度或饱和度,这样的页面看起来色彩统一,有层次感,如图 5-21 所示。

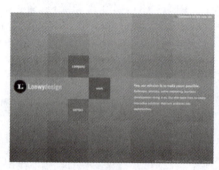

图 5-21　有变化的单色配色图(彩图见彩页)

(2)用两种色彩时,先选一种,然后选它的对比色。这样可以突出重点,产生强烈的视觉效果,使 PPT 特色鲜明。在设计时以一种颜色为主色调,以其对比色作为点缀,可以起到画龙点睛的作用,如黄色和蓝色,既搭配和谐,又对比鲜明。

(3)采用一个感觉的色系,例如淡黄、淡绿、淡蓝,或者土黄、土灰、土蓝。

(4)多使用近似色,使 PPT 避免色彩杂乱,以达到页面的和谐统一。近似色在自然中常有,对眼睛而言是最舒服的。但应注意不同明亮度的使用,尽可能用不同明亮度的近似色适当加强对比,避免画面显得平淡,如图 5-22 所示。

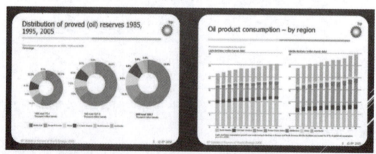

图 5-22　近似色配色图(彩图见彩页)

(5)背景色一般采用素淡清雅的色彩,避免采用花纹复杂的图片和纯度很高的色彩作为背景。同时背景色要与文字的色彩对比强烈一些。文字、图形和背景之间的关系应该是,文字、图形是主题,背景是陪衬。这依赖于色彩之间的对比,对比越强烈,主题在视觉上越突出。理想的阅读体验是文字和背景保持 80%的对比度,单纯文字和背景的黑白对比是最佳的,如图 5-23 所示。

图 5-23 单纯文字和背景色(彩图见彩页)

(6)不同的色彩可以带给人不同的感受,如图 5-24 所示。

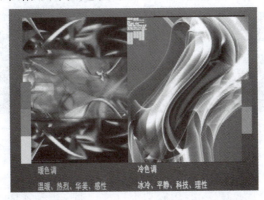

图 5-24 不同色彩带给人的不同感受(彩图见彩页)

(7)当多种色彩混合在一起时,面积最大的色彩是主导色,这往往是画面的背景。比例稍小的是次主导色,比例最小的是强调色。

(8)使用三种低饱和度色彩时,可以选出一种作主色,另两种作辅色。

(9)重视视觉感受,如舒服、和谐、不突兀、不刺眼等。

(10)色彩搭配要符合形象及文化习惯,符合颜色的象征意义。物体一般都有色彩,当看到某种色彩时,人会联想到相应的物体或事物。表 5-1 给出了各种颜色的象征意义。

表 5-1 颜色的象征意义

| 色彩 | 一般联想 | 抽象联想 |
| --- | --- | --- |
| 红 | 火、血液、太阳、消防车 | 危险、革命、热情、喜事 |
| 橙 | 橘子、晚霞、灯光、秋天 | 温暖、快乐、积极向上 |
| 黄 | 香蕉、黄金、阳光 | 光明、活泼、夏天 |
| 绿 | 植物、树叶、草地、森林 | 健康、环保、和平、安全 |
| 蓝 | 蓝天、大海 | 科技、安静、干净 |
| 紫 | 葡萄、茄子、丁香花 | 神秘、梦幻、优雅、高贵 |
| 白 | 雪花、白云 | 虚无、纯洁、神圣、干净、光明 |
| 黑 | 头发、夜晚、碳 | 严肃、寂静、庄重、刚健、恐怖 |

(11)用色要有一定的逻辑性,不同性质的内容用不同的颜色,同一性质的内容用同一颜色。

(12)有时还可以将有彩色和无彩色搭配在一起,使重点更加突出,对比更加强烈,如图5-25所示。

图 5-25　有彩色和无彩色搭配(彩图见彩页)

### 四、PPT 排版技巧

在 PPT 设计中,要想让页面漂亮,排版功不可没。那么怎样才能做好 PPT 的排版呢?

#### (一)排版的基本技巧

**1.排版时要遵循六个原则**

(1)对齐:相关内容必须对齐,次级标题缩进,以方便读者的视线快速移动,一眼看到重要信息,如图 5-26 所示。

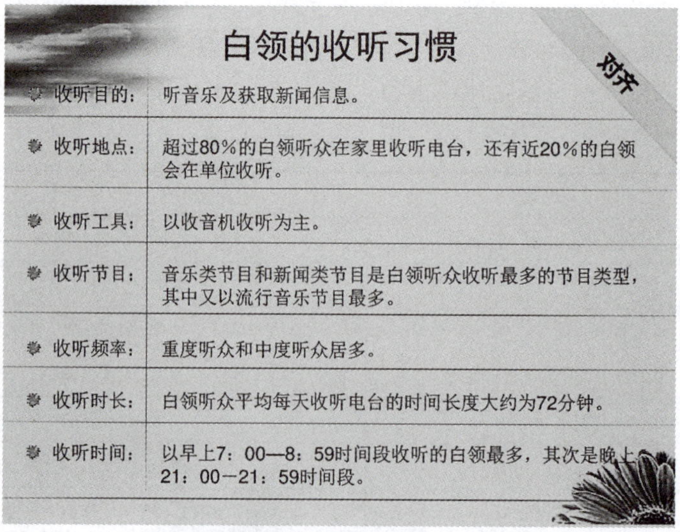

图 5-26　对齐

(2)聚拢:将内容分成几个区域,相关内容都聚在一个区域,段间距要大于段内的行距,如图 5-27 所示。

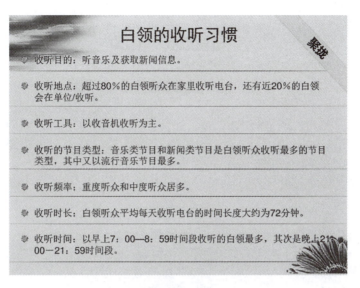

图 5-27 聚拢

(3)对比:加大不同元素的视觉差异,这样既使页面更加活泼,又方便读者集中注意力阅读某一子区域,如图 5-28 所示。

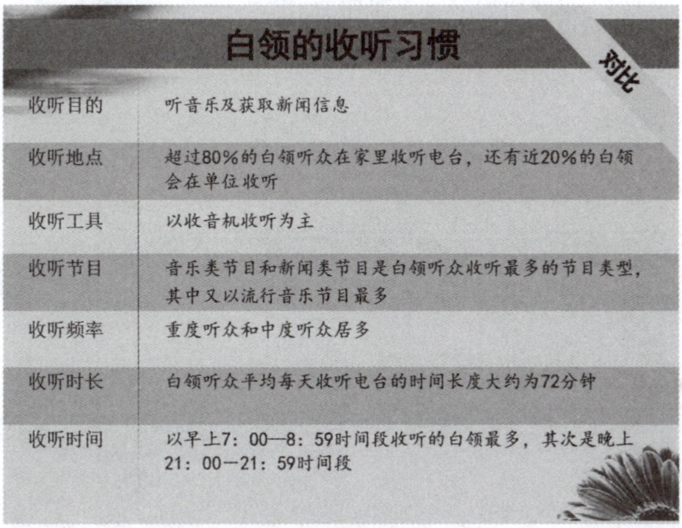

图 5-28 对比

(4)重复:多页面排版时,要注意页面设计的一致性和连贯性。在内容上,重要信息值得重复。

(5)降噪:颜色过多,字数过多,都是分散读者注意力的"噪音",图 5-29 所示是降噪后的效果。

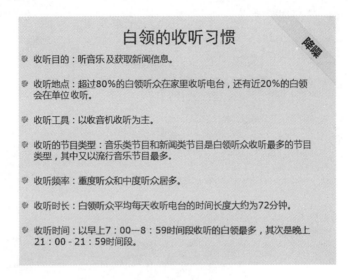

图 5-29 降噪

(6)留白:不要把页面排得太满,要留出一定的空白。这既是对页面的分隔,也减少了页面的压迫感,还可以引导读者的视线,突出重点。

2. 排版时版面布局要满足"四美"

(1)距离之美:要有一定的边距、行距、段距,如图 5-30 所示。

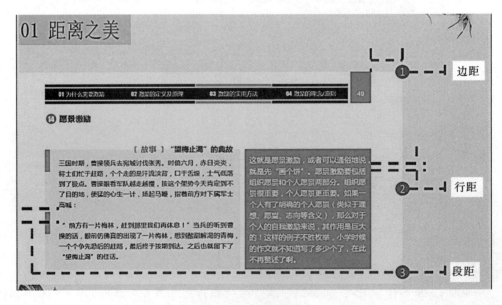

图 5-30 距离之美

(2)对齐之美:边界对齐、模块对齐、等距分布,如图5-31所示。

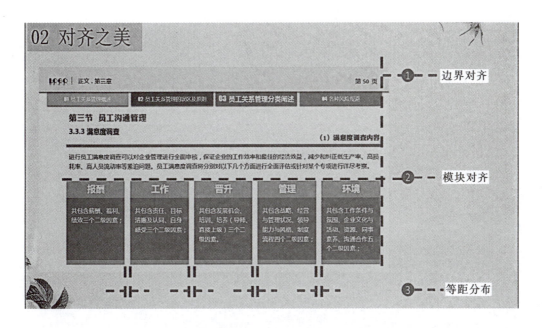

图5-31 对齐之美

(3)对称之美:上下对称、左右对称,如图5-32所示。

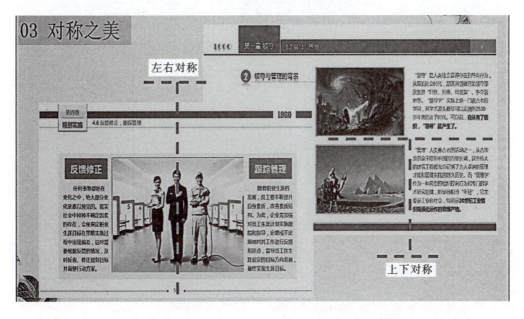

图5-32 对称之美

(4)留白之美:善于留出空白,体现意境,如图 5-33 所示。

图 5-33　留白之美

3.排版时要善于运用图形

(1)线:在正文中起区域分割作用,如图 5-34 所示。

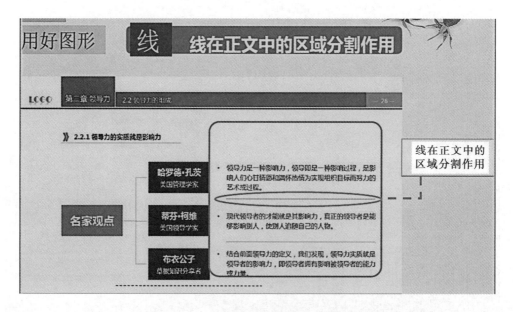

图 5-34　线

(2)框:可以更清晰地展示不同模块的内容,如图 5-35 所示。

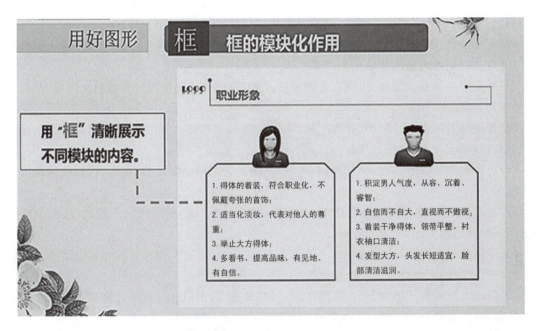

图 5-35 框

(3)块:用色块也可以展示不同模块的内容,如图 5-36 所示。

图 5-36 块

## (二)排版的其他技巧

(1)文字排版:字少时排版应错落有致,突出重点;字多时排版要合理布局,规整匀称。字数不要过多,10~12行为宜,每行文字控制在20个字内,以符合视觉心理学。

(2)图文排版:单图排版时可用小图点缀;双图排版时应并列或对称;多图排版时应讲究布局排列之美。

(3)标题设计:简洁式标题应基本无修饰,点缀式标题可用简单的点缀,二者产生不一样的效果;背景式标题可考虑以色块作为背景。

(4)一页中不要有过多概念,排版不要太过凌乱和复杂,避免使用过多颜色和图形,确保字体、字号容易阅读。

(5)根据母版风格设计版面、提炼主题,缩短主题文字长度,总结要点,使内容精练。折行时注意合理断词、断句,以便于理解,忌单字折行。

(6)要了解和掌握版式布局中的版心线、十字法、三分原则、九宫格、黄金分割、收纳框等的具体应用。

(7)演示型PPT应避免使用宋体字,因为宋体字的笔画细,投影出来不清楚,应根据应用的不同匹配合适的字体、字号及间距。

(8)文字多的时候,尽量用比较单一的背景,避免背景"噪音",用最少的元素表达最多的信息。行与行之间的距离要大于字间距。

(9)版面要好看有三种对齐方式,即左对齐、右对齐、居中对齐。对齐能够给人视觉上统一和谐的印象,整齐划一,简洁明了,如图5-37所示。

图5-37 对齐方式

### (三)长文档排版

长文档排版时应注意以下几点。

(1)字多了一定要整齐,不要因为字多就排得乱糟糟,更不要因为字多使文内的字体大小不一。

(2)色彩少一些。字多了就会重点不突出。需要强调的地方较多时,很多人通过不同的颜色来区分,形成五颜六色,最后不知道要强调哪一块。如果出现这种情况,只需把标题突出即可,并适当使用字体样式,使层次清晰。

(3)适当使用动画。大段文字一页放不下时,可以把一段分成两段,先后出现,而把需要突出的重点通过动画醒目地呈现出来。

(4)尽可能多地使用文本可视化。

## 第五章　信息化教学资源的设计与开发

### (四)实例

**例1.** 图5-38中这段文字的排版经过几次优化后是不是更美观了呢?

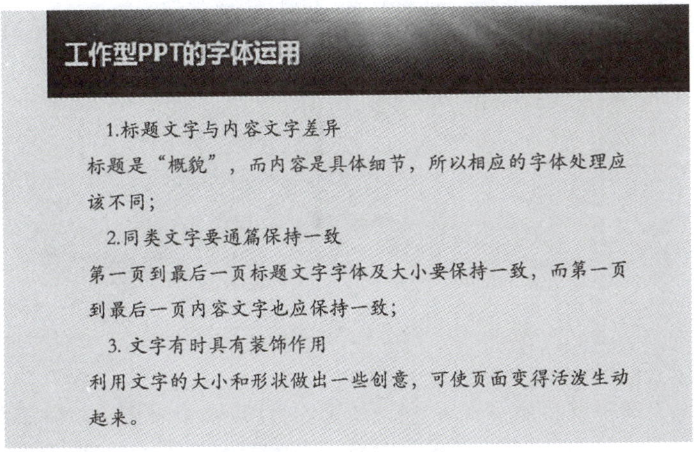

图5-38　例1页面

这个PPT页面文字多,还有项目符号,一般情况下容易排成图5-38所示的样式。经过增加段间距,适当变化小标题字体和正文字体后,得到图5-39所示样式,比之前的效果有所改观。

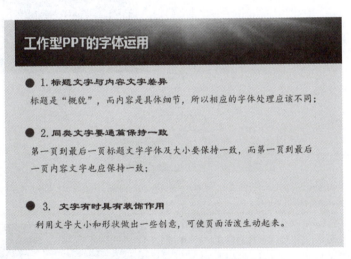

图5-39　例1第一次修改后的页面

如果再增加一些图片进行美化,用横线做分割,并适当修饰文字和段落,则得到图5-40所示的页面,视觉上会好很多。

145

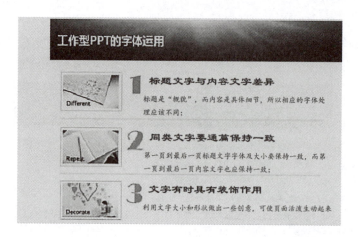

图 5-40　例 1 第二次修改后的页面

**例 2.** 图 5-41 中文字的排版与图 5-42 有什么不同，是不是图 5-43 这种更好呢？

图 5-41　例 2 页面

图 5-42　例 2 第一次修改后的页面

第五章　信息化教学资源的设计与开发

### 信息技术下的教育变革

随着信息化在全球的快速进展，世界对信息的需求快速增长，信息技术已成为支撑当今经济活动和社会生活的基石。

● 信息技术已引起传统教育方式发生着深刻变化。特别是借助于互联网的远程教育，将开辟出通达全球的知识传播通道，实现不同地区的学习者、传授者之间的互相对话和交流，大大提高教育的效率，给学习者提供一个宽松的内容丰富的学习环境。

● 远程教育的发展将在传统的教育领域引发一场革命，并促使人类知识水平的普遍提高。

图 5-43　例 2 第二次修改后的页面

**例 3.** 图 5-44 中的版面让人感觉头重脚轻，图 5-45 是不是没有了这种感觉？

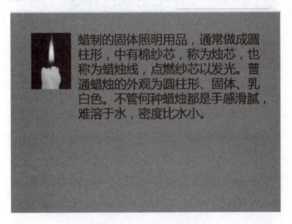

图 5-44　例 3 页面

图 5-45　例 3 修改后的页面

147

**例 4.** 图 5-46 中的文字纵向排版（图 5-47）是不是更合理，视觉感受更和谐？

图 5-46　例 4 页面

图 5-47　例 4 修改后的页面

## 第三节　微课的设计与制作方法

随着网络技术、移动通信技术的飞速发展，校园里随处可见学生使用手机、iPad、计算机上网，每个人都可以在线学习，因此现代教育教学手段需要不断丰富，教学信息化水平需要进一步提高，微课应运而生。微课是视频化地讲解、传授知识的一种新方式。教师围绕某个知识点或教学环节，完成微课视频教学设计、拍摄制作、展示互动、及时沟通、教学分析等，实现有效的在线教与学的目标。

### 一、微课概述

#### （一）微课的概念

微课（micro course 或者 micro online open course），也叫微型在线开放课程。微课是将教学活动以视频的形式呈现给学习者的一种新型数字资源，它记录了教师围绕一个不可再分的知识点或特定的教学环节开展的简短的、完整的教学活动。其教学目标明确,结构紧凑,层次清晰,教学重难点突出,便于学习者在移动端进行反复观看和学习。

### (二)微课的主要特点

**1. 教学时间较短**

微课是教师围绕一个不可再分的知识点或者特定的教学环节开展的教学活动,时间一般为5～10分钟,相对于传统课堂而言,具有教学时间短的特点。

**2. 教学内容较少**

微课主要是为了突出课堂教学中的某个学科知识点(如教学中的重点、难点、疑点内容),或是反映课堂中某个教学环节、教学主题而开展的教与学活动。相对于传统上在一节课里要讲授的教学内容,微课的内容更加精简。

**3. 教学资源容量较小**

微课视频及相关的教学设计、教学课件和其他教学资源的总容量一般为几十兆左右,且视频文件格式多样(如 MP4、WMV、FLV 等)。教师和学生可以在线流畅地观看或者保存教学资源,可以使用微信、微博等不同方式快速传播教学资源,使更多的学习者实现移动学习。

### (三)微课的分类

微课有许多分类,例如讲授类、问答类、启发类、实验类、练习类、探究学习类等。目前大多数的微课是讲授类,以主讲人的讲解为主。主讲人可以出镜,也可以使用话外音。其次就是实验类的微课。

按内容分类,微课可以分为理论原理类、技术技能类;按教学环节分类,可分为新课类、实验类、活动类;按制作技术分类,可分为拍摄类、录屏类、录播类等;按学习环境分类,可分为教室类、实验室类、室外类等;按人物出现情况分类,可分为旁白类、主讲类、多人讨论类等;按学习的模式分类,可分为探究学习类、合作学习类等。

### (四)微课与传统授课方式的区别

微课类似于一对一辅导,更注重学生的学习需要。教师在较短时间内讲授一个知识点,可以集中解决学生学习中的难点和重点问题,方便其在需要时反复学习微课视频中的内容。

传统授课方式注重教师教,是一对多的学习形式。课程信息量大,视频容量大,不易传播,并且很难找到学生急需学习的精彩内容。相比微课而言,教学资源封闭,难以修改。

### (五)微课的制作方法

微课的制作方法非常多,可以拍摄教师在黑板或者纸上书写板书,同时在真实情境中讲解内容或者演示实验的过程,也可以使用录屏软件录制操作过程或者语音讲解并呈现 PPT 内容的过程等。总之,可以根据教学内容灵活选择所需的制作形式。

**1. 使用摄像机拍摄教学视频**

教师可以使用摄像机拍摄教学视频。确定好取景范围后,固定摄像机,然后拍摄实际的教学过程即可。所需工具为摄像机、黑板和粉笔(或可书写的电子屏幕)。

**2. 用手机拍摄书写过程**

对于数学公式推导、书法教学、简笔画画法等小场景的微课,可以使用更简单的拍摄工具,提高微课制作的灵活性。所需工具为手机、白纸、不同颜色的笔等。只需对演算、书写或者绘画的过程进行拍摄。

3. 录制计算机屏幕操作

这种方法适合于制作软件操作类微课或者以 PowerPoint 演示文稿阐述主要教学内容的微课,可以使用 Camtasia Studio 软件进行计算机屏幕录制。该软件还具有强大的后期编辑功能。所需工具为计算机(安装该软件)、麦克风。

使用这种方法需要事先作好教学设计并制作所需的教学 PPT。在录制屏幕时,教师可以使用麦克风讲解课程内容,并对录制的视频进行后期制作,如添加所需字幕。详细的制作过程参见本节第三部分的内容。

4. 可汗学院模式

可汗学院通过在线图书馆收藏了 3500 多个教师的教学视频,并向世界各地的学习者提供免费的教育资源。可汗学院模式就是根据事先作好的教学设计,使用手写板和绘图工具开展教学,同时通过录屏软件录制教学过程并进行配音,再对录制的视频进行简单编辑,最后将教学视频上传到网络上。所需工具为录屏软件、手写板、麦克风、画图工具等。

### (六)微课的制作过程

微课的制作方法非常多,而录制计算机屏幕操作是使用最多的一种。以下选择该制作方法讲述微课的开发过程。

1. 微课录制前的准备

在录制微课前,教师要选择合适的微课教学内容。一节微课只有 5~10 分钟,只讲授一个知识点,选择的内容要少而精。可以选择课程中的重点或者难点作为讲授内容,为学生解惑,启发学生进行学习。

2. 编写教案

微课有完整的教学过程,教师在录制视频前需要作教学设计并编写教案,明确学生的学习基础和知识体系,合理选择教学中的重点和难点,并采用不同的教学形式,教学语言也要有所不同。

3. 制作课件

教师根据所选的教学内容,收集所需的文字、图片、音视频等素材,并制作教学 PPT,注重引导性和启发性。PPT 的制作主要包括教学内容的版面安排,并且要符合美学设计要求,相关内容已经在本章第二节中详细讲述。

4. 录制视频

完成上述几个步骤后,就可以录制微课视频了。该环节是微课制作中最关键的环节,无论是以 PPT 讲授为主的课程,还是以软件操作为主的课程,都可以用录屏软件录制微课。具体操作时,可以同时录制声音和屏幕,也可以在录屏结束后添加声音,具体操作参见本节第三部分的内容。

5. 后期制作

Camtasia Studio 具有强大的视频编辑和后期处理功能,可以对录制好的视频、音频进行剪辑与合成,同时添加标题、各种特效以及画中画等效果。主视频制作完成后,还需要添加片头和片尾,对视频进行美化,使微课更加完整。

**6. 导出视频**

后期制作完成后,需要选择合适的文件格式导出微课视频文件,这就完成了微课的制作。

## 二、微课的设计方法

### (一)微课设计原则

**1. 良好的视觉传播效果**

微课既有画面又有声音,学生在微课中学习最需要的知识和技能等,不需要观看整个教学活动过程。因此,在制作微课时,教师要站在学生的角度考虑,画面中的操作或实验演示过程是不是方便学生观看、学习和模仿,背景音乐是否太大而导致讲授的内容听不清楚等。

**2. 清晰的教学思路**

教师应善于分析教学对象的特征,用学生看问题的思路来合理组织教学内容,并结合学生的兴趣点、疑惑点和困难点合理分解教学内容,激发学生主动思考和学习的能力,从而引导学生深入学习。

**3. 符合学生的认知水平**

不同年龄段学生的认知水平和能力不同,教师在设计微课时应该循序渐进,符合学生的认知特点,以达到教学的目标。例如学龄前幼儿更容易接受具体的知识,而对于大学生而言,在微课中教师需要启发学生思考、解决实际问题并应用知识。

### (二)微课教学设计

**1. 选择教学内容**

微课的内容要与课程和学科知识紧密结合,符合学生的兴趣和认知特点。所选知识点要准确无误,不能有知识错误或者误导性的描述。同时要确保在5~10分钟内能够讲解透彻。

**2. 明确教学目标**

根据所选择的教学内容,明确微课的教学目标。例如,要求学生理解哪些概念,掌握哪些方法,或者应用所学知识解决哪些问题等。同时可将微课的知识点与课程或者学科知识紧密结合,对学习能力强的学生提出具有探索性和挑战性的问题,引导学生主动学习和探索。

**3. 设计教学过程**

确定教学内容和教学目标以后,需要设计微课的整个教学过程,包括课程如何导入,选择哪个教学案例,选择哪些教具或者实验仪器,在哪个环节适合提问并停顿,让学生进行思考,如何引导并激发学生的高阶思维能力等。教师可以结合自己所教授的课程内容、教学经验以及教学风格,合理设计微课的教学过程,确保顺利完成微课的录制,实现预期的教学目标。还可以使用一些图形来描述教学过程,如流程图、思维导图等。

#### 4. 编写微课脚本

微课的脚本犹如拍摄电影的剧本,它需要针对微课视频的每个环节进行设计。例如,需要几个场景,每个场景有多长时间,哪里需要教师讲解课程,需要什么风格的背景音乐,教学 PPT 应该与哪个场景对应等。表 5-2 是一个微课脚本样例,仅供参考。教师可根据实际的教学情况自己设计微课脚本,减少微课制作过程中出错或者返工。

表 5-2 微课脚本样例

录制时间: 年 月 日 微课时间:5~10 分钟

| 微课名称 | | | | | |
|---|---|---|---|---|---|
| 知识点描述 | | | | | |
| 知识点来源 | □学科: 年级: 教材: 章节: 页码:<br>□不是教学教材知识,自定义: | | | | |
| 教学类型 | □讲授型 □理解型 □答疑型 □实验型 □其他 | | | | |
| 设计思路 | | | | | |
| 教学过程 | | | | | |
| 过程 | 内容 | 画面 | 声音 | 时间 | 备注 |
| (1)片头<br>(20~25 秒) | 课程或课题名称、主讲教师姓名、专业技术职务、单位等信息 | | | | |
| (2)正文讲解<br>(4~8 分钟) | 第一小节内容 | | | | |
| | 第二小节内容 | | | | |
| | 第三小节内容 | | | | |
| | …… | | | | |
| (3)结尾<br>(20~30 秒) | 小结 | | | | |

### 三、制作微课的综合案例

#### (一)选择微课教学内容并编写教案

教师可以结合自身的实际教学需要,以及本节前面讲述的微课教学内容的选择方法,选取合适的微课内容,编写教案。下面以制作一节 10 分钟以内的小学一年级语文的微课为例,讲解微课的整个制作过程。

#### (二)整理课程素材并制作 PPT

(1)收集语文课中需要的文字、图片、背景音乐等素材。
(2)按照教学设计制作教学 PPT。

#### (三)编写微课脚本

微课脚本如表 5-3 所示。

表 5-3 《春晓》微课脚本

录制时间:2020 年 3 月 6 日　　　　　　　　　　　　　　　　微课时间:7 分钟 30 秒

| 微课名称 | 春晓 | | | |
|---|---|---|---|---|
| 知识点 | 古诗诵读、翻译以及作者生平、创作背景等 | | | |
| 教学类型 | 讲授型 | | | |
| 适用对象 | 小学一年级学生 | | | |
| 教学目标 | 使学生理解古诗中描绘的春天早晨的美景,感受诗人对春天的喜爱之情 | | | |
| 教学过程 | | | | |
| 过程 | 内容 | 画面 | 声音 | 时间 |
| 片头 | 课程名称、主讲教师信息等 | PPT 片头页面 | 背景音乐 | 30 秒 |
| 正文讲解 | 古诗诵读 | PPT 页面 | 有 | 2 分钟 |
| | 古诗翻译 | PPT 页面 | 无 | 2 分钟 |
| | 作者生平 | PPT 页面 | 无 | 1 分钟 |
| | 创作背景 | PPT 页面 | 无 | 1 分钟 |
| 片尾 | 小结 | PPT 片尾页面 | 无 | 1 分钟 |

### (四)录制微课视频

Camtasia Studio 具有强大的视频剪辑功能,可以剪辑多种格式的视频、音频,如图 5-48 所示。下面主要介绍该软件的基本使用方法。需准备安装好该软件的计算机、麦克风、摄像头以及设计好的 PPT 及其他素材等。

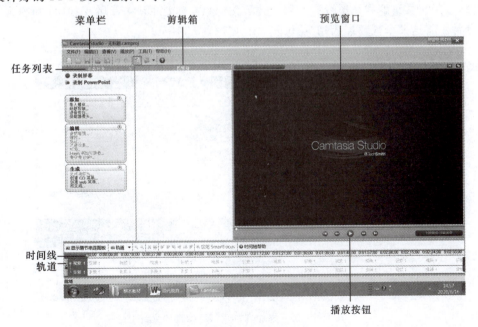

图 5-48　Camtasia Studio 工作界面

1. Camtasia Studio 6.0 软件界面简介

(1)菜单栏:包含该软件的所有功能,共有 6 个可以选择的选项。

(2)任务列表:罗列一些常用的功能,如录制屏幕、添加素材、编辑等。

(3)预览窗口:单击播放按钮,在该窗口中即可观看制作好的视频。

(4)时间线:显示被编辑视频的时间长度。

(5)轨道:分为视频和音频两种不同的类型,可将需要的视频和音频合成在一起。在视频轨道中可添加录制好的视频,并对其进行编辑。在音频轨道中可以添加需要的背景音乐、授课配音等。

2. 项目管理

项目管理是指对微课视频所需的音频和视频素材,以及正在剪辑的视频进行统一管理,项目文件后缀名为"camproj"。

3. 录制视频

(1)录制片头视频。单击任务列表中的"录制屏幕"按钮,打开如图 5-49 所示的对话框。选择"Select"按钮,并拖动鼠标选择要录制的片头区域,接着单击红色的"rec"按钮,开始录制片头。按照微课脚本中的设计,录制时间为 30 秒。录制结束后,单击功能键【F10】结束片头录制,并进行保存。单击主菜单"查看"下方的"导入媒体文件"按钮 ,将片头视频加入到"剪辑箱"中。

图 5-49 录屏工作界面

注意:选取的录制区域的大小要始终保持一致。

(2)录制正文讲解和片尾视频。用上述方法,录制正文讲解和片尾视频,分别约为 6 分钟和 1 分钟。将这两个视频加入到"剪辑箱"中,如图 5-50 所示。

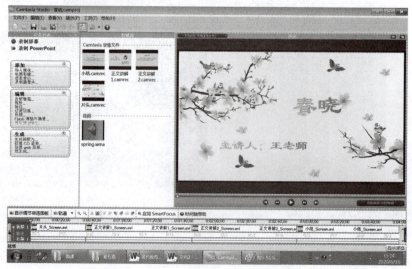

图 5-50 添加到"剪辑箱"的视频素材

第五章 信息化教学资源的设计与开发

注意：在录制视频的过程中，教师讲课的声音也会通过麦克风一起录入视频中。若对该声音不满意，可以将讲课的声音重新录制成音频文件，再编辑到具体的视频中。具体方法与后面"（七）插入音乐"的方法相同。

### （五）剪辑视频

1. 插入视频

按照时间顺序，使用鼠标左键将片头视频"片头.camrec"拖入到"音频1"轨道中，用相同的办法将"正文讲解1.camrec"拖入"音频1"轨道中，放在"片头.camrec"视频的后面。可以在时间线上看到每一个视频的时间长度。依次将"正文讲解2.camrec"和"小结.camrec"拖入到"音频1"轨道中。

2. 剪切视频

将视频拖入到"音频1"轨道后，若发现视频的某个部分不需要，可以对这部分视频进行剪切。具体办法是在"音频1"轨道中单击鼠标左键，选择要剪切视频的起点，如图5-51所示。起点位置会出现绿色的下三角形，选中该三角形，向后拖动鼠标左键到被剪切视频的终点。终点位置也会出现绿色的下三角形。在被选中的区域单击鼠标右键，在弹出的快捷菜单中选择"剪切选区"，这部分视频就会被裁剪掉。

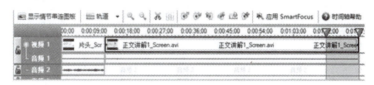

图5-51 剪切状态

### （六）添加过渡效果

在"任务列表"中选择"过渡效果"，出现丰富的过渡效果选项，如图5-52所示。在左侧的选项中选择一个过渡效果，例如"随机消失"，并单击鼠标右键。弹出的快捷菜单如图5-53所示。选择"在剪辑1(片头_Screen.avi)后插入过渡效果"，可以在"片头"和"正文讲解1"中设置该过渡效果，也可以选择"在所有剪辑之间插入过渡"，为所有视频插入过渡效果。

图5-52 过渡效果界面

155

图 5-53　过渡效果的快捷菜单

### (七) 插入音乐

根据微课脚本的设计要求,在片头和正文讲解中的古诗诵读部分需要添加背景音乐。首先将背景音乐"spring"添加到"剪辑箱"中,与添加视频的方法一样,然后用鼠标左键将"spring"拖到"音频 2"轨道中。这样微课的片头背景音乐即可设置完成。使用上述片头背景音乐的设置方法,继续给古诗诵读部分添加背景音乐,完成后如图 5-54 所示。由于所下载的音乐时间较长,因此在使用前要用专业音频处理软件进行编辑,使其与微课中需要的时间长度一致。

图 5-54　插入背景音乐

### (八) 生成视频

制作结束后,在"任务列表"中选择"生成视频为"菜单,弹出"生成向导"对话框,如图 5-55 所示。

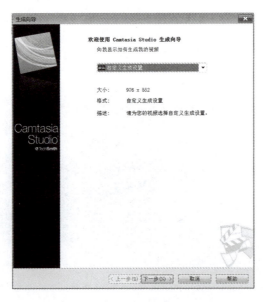

图 5-55　"生成向导"对话框

继续单击"下一步"按钮,选择"WMV"格式,持续单击"下一步"按钮,出现如图5-56所示的对话框,设置视频的名称和存储位置。等待文件生成结束后,即可观看制作好的微课视频。

图5-56 设置视频名称和存储位置

## 第四节 微电影的设计与制作方法

21世纪数字影像时代全面到来,通过互联网可以传递丰富多彩的影像画面和语音信息。微电影逐渐流行起来,成为传播和交流信息的重要方式。

### 一、微电影概述

#### (一)微电影的定义

微电影是指专门在各种新媒体平台上播放、适合在移动状态和短时休闲状态下观看、有完整策划和制作体系支持、具有完整故事情节的"微(超短)时"放映、"微(超短)周期"制作(7~15天或数周)和"微(超小)规模"投资(每部几千元至几万元)的视频短片。其内容包括幽默搞怪、时尚潮流、公益教育、商业定制等主题,可以单独成篇,也可系列成剧。它具备电影的所有要素,如时间、地点、人物、主题和故事情节等。

#### (二)微电影的发展

互联网的出现和普及使影像作品的载体、内容形式和传播方式发生了巨大的变化,出现了时尚新颖的微电影。2005年的视频短片《一个馒头引发的血案》红遍网络。2010年,香港影星吴彦祖主演的《一触即发》为中国影迷和网友揭开了微电影的神秘面纱。

经过短短十几年的发展,微电影成为当前备受欢迎的影片形式,变成了大众的信息之窗。

它借助数字技术的应用和信息时代的传播效应,已经成为新媒体、新艺术的代表。微电影契合了现代人快节奏的工作方式。人们在上下班的路上或者工作之余,都可以观看微电影以获取丰富的信息。

### (三)微电影的特点

微电影的创作和拍摄过程,相当于把原有的电影模式微型化和通俗化,同时将创作、拍摄、制作、放映和传播融为一体。参与者为社会中的各种人群。创作的自由和大众化的环境,使微电影不同于传统的影视作品,具有自己的特点。

1. 题材广泛

微电影可以反映现实生活、讨论热点话题、讲述爱情故事,也可以叙述成长经历等,题材具有多样性。大众可以自由选题、自由创作、自由拍摄。

2. 时间短,剧情紧凑

微电影的最大特点就是短小紧凑。一是时间短,大多数微电影的时间长度在 3 分钟左右,长的也只有 10~30 分钟;二是制作时间短,一周或者数周就能制作完成;三是节奏快,剧情紧凑,在很短的时间内表达主要内容。

3. 投资少

大多数微电影是个人投资,几千元到几万元就可以拍一部微电影,投资规模很小。

4. 大众广泛参与

微电影是典型的网络艺术作品,大众可以自己制作微电影,自由观看他人的微电影,还可以自由评论和参与创作。

### (四)微电影的类型

从内容上进行分类,微电影可以分为励志奋斗、亲情友情爱情、唯美风景和时尚潮流等类型。

1. 励志奋斗片

励志奋斗是该类型微电影的主题,这一类微电影在人物选择上会偏向奋发向上的年轻人,抓住奋斗的特点来设计情节。表现手法以叙事为主,影片风格自然真实,以真实、感人的故事引起观众的共鸣。例如,谭永华导演的《梦想到底有多远》、徐青勇导演的《城中鸟》和余泽海导演的《成功之路》等。

2. 亲情友情爱情片

亲情、友情和爱情是电影中永恒的话题。感人至深的电影能够使观看者感受到人物内心的情感并产生共鸣。这类微电影采取叙事的形式,通过演员的表演打动观众。例如《母亲的勇气》《他不知道的事》等。

3. 唯美风景片

唯美、令人向往的风景是微电影内容上的一个特色,有时候美丽的风景也会令人印象深刻。这类微电影着重展现风景,以唯美清新的画面吸引观众,并在其中穿插人物的爱情、生活故事等。例如《途鸟》《雁未归》等。

#### 4.时尚潮流片

微电影也可以引领时尚潮流,尽显当代时尚唯美之风,如《变型记》。

## 二、微电影的设计方法

### (一)微电影的制作流程

#### 1.策划微电影

创作者选择微电影的主题,根据主题确定拍摄时间、拍摄内容、拍摄计划,以及微电影的定位、要求、制作精度等。

#### 2.前期拍摄

按照计划进行拍摄,可以使用专业的摄像机,也可以使用高像素手机拍摄。拍摄技巧可参考后面的"(三)微电影的拍摄技巧"这部分内容。

#### 3.后期制作

拍摄完成后进行后期制作,包括粗剪、配音、加特效、精剪等。在本节第三部分介绍使用软件"爱剪辑"进行后期制作的各种方法。

### (二)微电影剧本的编写

#### 1.要重视剧本创作

剧本叙事应脉络清晰,语言通畅明白,词句短小简洁,语言力求口语化、形象化。人物性格、语气要符合微电影主题的需要。

#### 2.要注意表现细节

电影所记录的人和事,只有通过栩栩如生的人物形象、色彩鲜明的画面、生动感人的生活场景才能达到表现情、蕴含理的效果。细节是表现人物、事件、社会环境和自然景物的最小单位,典型的细节能以少胜多、以小见大,起到画龙点睛的作用,从而给观众留下深刻的印象。

#### 3.要注意表现背景

背景又称为环境,是电影的基本构成要素,也是专题片所反映的人物、事件赖以发生、发展和变化的基础。

#### 4.注意构思

微电影的构思一要完整,二要新颖,三要科学,这是最基本的要求。只有构思精巧、制作精良,才能制作出内容、形式俱佳的微电影,才能为大众所喜爱。

### (三)微电影的拍摄技巧

#### 1.拍摄方法

在大多数情况下,拍摄主要以平摄为主。偶尔变换一下拍摄的角度,就会使影片增色不少。拍摄角度大致分为三种:平摄(水平方向拍摄)、仰摄(由下往上拍摄)、俯摄(由上往下拍摄)。

#### 2.拍摄设备

可以使用专业的摄像机拍摄,例如索尼、佳能的专业摄像机,也可以使用像素高的相机、手机拍摄,并准备其他辅助工具,如三脚架等。

### (四)微电影的分镜头设计

分镜头就是把剧本中的内容或生活场景,分切成一系列可以单独拍摄的镜头画面,它是影片总体设计和"施工"的蓝图。分镜头涉及很多方面的内容,如拍摄方法、拍摄长度和解说词等。分镜头设计如表5-4所示。

表5-4 分镜头设计

| 镜号 | 景别 | 摄法 | 长度 | 画面内容 | 解说词 | 音乐 | 效果 |
| --- | --- | --- | --- | --- | --- | --- | --- |
| 1 | 全景 | 平摄 | 10秒 | 河边 | | | |
| 2 | | | | | | | |

(1)镜号:拍摄镜头的编号。

(2)景别:全景、远景、近景和特写等镜头类别。

(3)摄法:镜头拍摄的方式,如角度等,有平摄、仰摄、俯摄等多种方式。

(4)长度:该镜头的时间长短,一般以秒为单位。时间的长度与微电影的整体风格和内容有关。

(5)画面内容:拍摄的具体画面。有时需要说明拍摄镜头的具体要求。

(6)解说词:与画面内容有关的解说文字,对画面进行讲解或者补充说明。

(7)音乐:为画面选择的背景音乐,以烘托微电影的主题或表达某种情感,引起观众的共鸣。

(8)效果:与画面有关的一些声音效果,例如闪电声、拍打声等。

## 三、制作微电影的综合案例

### (一)选择微电影的主题

本案例中微电影的主题是"美丽的南湖",主要通过视频展现南湖迷人的景色,重点拍摄三个不同的场景。

注意:使用摄像机或者手机均可以拍摄。

### (二)编写微电影的分镜头

根据"美丽的南湖"这个主题,重点拍摄如表5-5所示的三个不同场景,并设计好每个镜头的摄法、长度及解说词等内容。

表5-4 微电影分镜头设计

| 镜号 | 景别 | 摄法 | 长度 | 画面内容 | 解说词 | 音乐 | 备注 |
| --- | --- | --- | --- | --- | --- | --- | --- |
| 1 | 全景 | 平摄 | 30秒 | 南湖全景 | 介绍词 | 轻柔型 | |
| 2 | 近景 | 平摄 | 120秒 | 寒窑 | 薛平贵和王宝钏的爱情故事 | 无 | |
| 3 | 特写 | 仰摄 | 30秒 | 湖面 | 无 | 轻柔型 | |

## 第五章　信息化教学资源的设计与开发

### (三)微电影的前期拍摄

按照确定好的微电影主题以及设计好的三个分镜头,实地拍摄需要的视频。在拍摄的过程中,可根据实际需要,在不同角度拍摄同一个景观,以便后期剪辑。同时整理好镜头1和镜头2的解说词,以及镜头1和镜头3所需的轻柔型背景音乐。

### (四)微电影的后期制作

爱剪辑是一款易用、强大的视频剪辑软件,也是国内首款全能的免费视频剪辑软件,具有上百种风格滤镜和视频转场特效等,如图5-57所示。下面主要介绍该软件的基本使用方法。前期需拍摄好视频,准备好微电影分镜头中需要的解说词和背景音乐等素材。

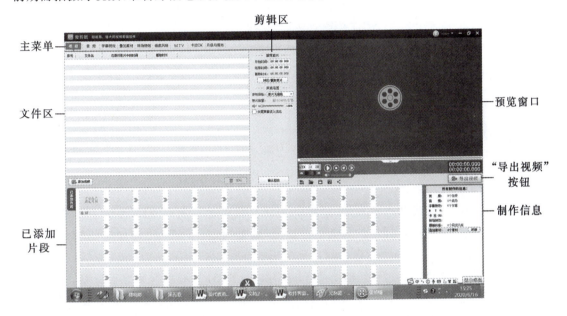

图5-57　爱剪辑工作界面

**1.爱剪辑软件界面简介**

(1)主菜单:包含该软件的所有功能和使用方法。

(2)文件区:显示正在剪辑的所有视频和音频文件。

(3)剪辑区:对视频或者音频进行编辑的区域。

(4)已添加片段:显示所有添加进来的视频和音频文件,并显示设置好的效果。

(5)预览窗口:单击播放按钮,在该窗口中即可观看制作好的视频。

**2.添加并编辑视频**

(1)添加视频。选择"视频"主菜单,单击"文件区"下方的"添加视频"按钮,选择拍摄好的镜头1的视频。使用相同的办法,添加其他视频。添加视频后如图5-58所示。在"文件区"和"已添加片段"区域会出现添加的三个分镜头的所有视频,并按照添加的顺序显示。可以在"文件区"或者"已添加片段"区域拖动鼠标左键调整这三个视频的先后顺序。

现代教育技术

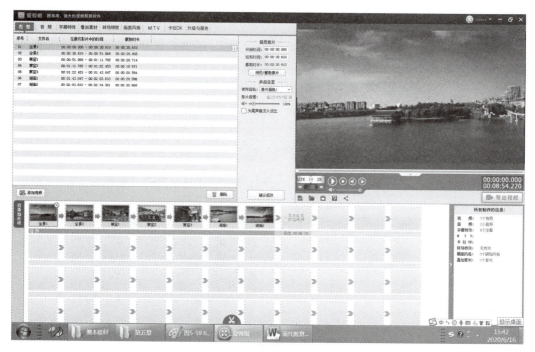

图 5-58 添加视频文件

（2）编辑视频。选择镜头 1 的视频，单击"剪辑区"中的"预览/截取原片"按钮，弹出"预览/截取"对话框，如图 5-59 所示。在该对话框中选择"截取"选项卡，设置"开始时间"和"结束时间"，对拍摄的视频进行剪辑。注意时间格式是"00：00：00.000"，时间单位从左到右依次为"时、分、秒"。剪辑完成以后，单击"播放截取的片段"按钮，即可看到视频剪辑后的效果，还可反复修改。在该对话框中选择"魔术功能"选项卡，如图 5-60 所示，可以设置"定格画面"效果，接下来设置定格的时间点和定格的时间长度即可。单击"确定"按钮，第一个视频就编辑完成了。使用上述方法完成其他视频的剪辑。

图 5-59 视频"预览/截取"对话框

图 5-60 设置定格动画

## 3. 添加并编辑音频

(1)添加音频。选择"音频"主菜单,单击"文件区"下方的"添加音频"按钮,弹出快捷菜单。若选择"添加音效",则会弹出一个对话框,可以选择系统提供的多种音效。这里需要选择"添加背景音乐",选择镜头1所需的音乐文件"背景音乐1",则在"文件区"和"已添加片段"区域会出现添加的背景音乐,如图5-61所示。

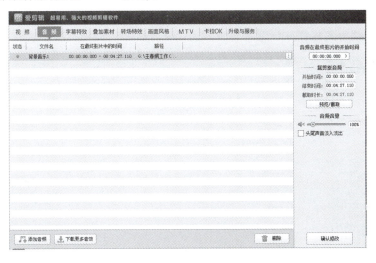

图5-61 添加音频文件

(2)编辑音频。由于背景音乐时长与视频的长度不一致(背景音乐的时间长),需要对该音频进行编辑。选择添加的"背景音乐1",单击"剪辑区"中的"预览/截取"按钮,弹出"预览/截取"对话框,如图5-62所示。在该对话框中设置"开始时间"和"结束时间",对音频进行剪辑。音频时间格式与视频中的时间格式一样。剪辑完成以后,单击"播放截取的音频"按钮,即可听见音频剪辑后的效果,还可反复修改。使用该方法继续为镜头3的视频添加背景音乐。在如图5-63所示的对话框中,需要设置新添加的"背景音乐2"的开始时间,共有三个选项,选择"在最后一个音频的结束时间处",否则会出现两个背景音乐同时播放的情况。

图5-62 音频"预览/截取"对话框

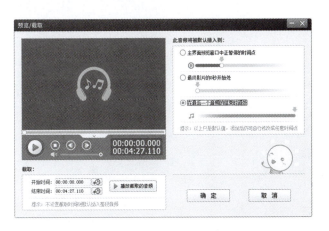

图5-63 为镜头3的视频添加背景音乐

4. 添加特效

(1)设置字幕特效。选择第一个视频,选择"字幕特效"主菜单,出现如图5-64所示的字幕特效界面。选择左侧的"出现特效",双击"预览窗口",弹出如图5-65所示的"输入文字"对话框,输入第一个视频"全景1"的解说词即可。单击"确定"按钮后,在"预览窗口"出现解说词,如图5-66所示。在"预览窗口"左侧选择"字体设置"(文字基本格式)和"特效参数"(设置字幕出现、停留和消失的时间),进行相应设置,如图5-67所示。第一个视频的字幕特效设置即完成。之后继续为其他视频设置字幕特效。

图5-64 字幕特效界面

图5-65 "输入文字"对话框

第五章　信息化教学资源的设计与开发

图 5-66　解说词效果

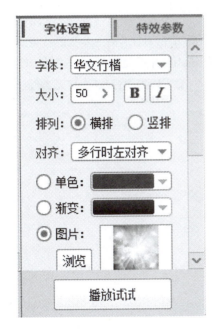 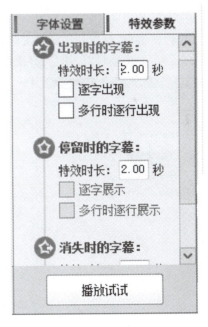

图 5-67　字体设置和特效参数

　　(2)设置转场特效。选择第二个视频,打开"转场特效"主菜单,出现如图 5-68 所示的转场特效界面。选择一种效果即可,并设置转场特效时间。单击"应用/修改"按钮,即可从第一个视频转场到第二个视频。注意不能为第一个视频设置转场特效。最后依次为其他视频设置转场效果。

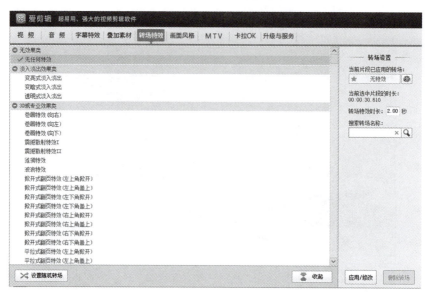

图 5-68 转场特效界面

5. 导出视频

所有镜头的视频编辑完成以后，单击"预览窗口"下方的"导出视频"按钮，出现如图 5-69 所示的"导出设置"对话框，设置片头和相关信息。再单击两次"下一步"按钮，出现如图 5-70 所示的对话框，设置"导出路径"。单击"导出视频"按钮，并设置视频文件名称，即可导出视频。

图 5-69 设置片头

图 5-70 设置导出路径

## 思考与练习

1. 什么是信息化教学资源，有哪些特点？
2. 在色彩调和的 12 色环中，哪些是三次色？三次色是怎么形成的？
3. 要想得到美观和谐的 PPT 排版效果，应从哪几个方面考虑？
4. 制作微课的方式有哪些？请你选择一种制作方式和合适的教学内容，制作一节简单的微课。
5. 什么是微电影的分镜头设计？请你设计 3 个镜头并拍摄素材，进行后期制作。

# 第六章 在线课程及其应用

 **学习目标**

1. 了解我国在线课程的发展历程及特点。
2. 辨析各类在线课程形态的区别和联系。
3. 了解国内外主要的在线课程平台及其特点。
4. 学会使用在线开放课程开展自主学习。
5. 学会使用在线开放课程设计、实施混合式教学。

 **主要内容**

本章主要介绍了我国在线课程的发展历程，归纳了国内外主要在线开放课程平台的特点，以及在线开放课程的主要应用模式。

 **知识结构**

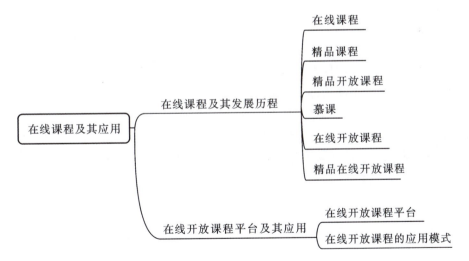

## 第一节 在线课程及其发展历程

在线课程形态的演变在一定程度上反映了我国在线教育理念、教育方法、教育模式的转变。近些年，随着信息技术的不断革新，精品课程、视频公开课、资源共享课、慕课（MOOC）、小规模限制性在线课程（SPOC）、在线开放课程等多种在线课程形态不断涌现和发展。我国在线课程的发展过程如图 6-1 所示。

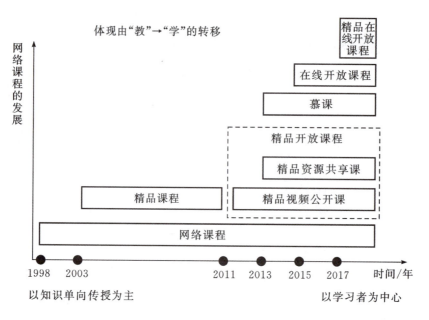

图 6-1 我国在线课程的发展过程

1998 年,教育部批准清华大学、浙江大学、湖南大学、北京邮电大学四所高等院校为我国远程教育第一批试点院校。自此,开启了我国在线课程的建设。2003 年,教育部正式启动国家精品课程建设项目。截至 2010 年,成功建成了国家、省、校三级精品课程体系,形成了多学科、多课程的网络共享平台,成功遴选出一大批高校优质课程资源。2011 年,教育部启动了国家精品开放课程建设项目,包括精品视频公开课和精品资源共享课。2011 年 11 月 9 日,中国大学视频公开课正式上线,2013 年 6 月 26 日,中国大学资源共享课正式上线,通过爱课程网(www.icourses.edu.cn)和中国网络电视台、网易门户网站向社会同步免费开放。2013 年,清华大学自主研发的"学堂在线"平台(MOOC)正式发布。2014 年,由网易和爱课程网合作推出的"中国大学 MOOC"在线课程学习平台正式上线。2015 年,教育部出台了《教育部关于加强高等学校在线开放课程建设应用与管理的意见》(教高〔2015〕3 号)。2017 年 3 月,爱课程网正式推出在线开放课程频道。

## 一、在线课程

### (一)在线课程的涵义

在线课程的涵义有广义和狭义之分,广义的在线课程涉及各级各类学校的全部教学科目;狭义的在线课程只涉及一门具体的学科。在国外,在线课程被称为 web-based course 或 on-line course,国内学界也将在线课程称为基于网络的课程。

教育部现代远程教育资源建设委员会在《现代远程教育资源建设技术规范》中指出,在线课程是通过网络表现的某门学科的教学内容及实施的教学活动的总和。它包括两个组成部分,即按一定的教学目标、教学策略组织起来的教学内容和网络教学支持环境,网络教学支持环境指的是支持网络教学的教学资源、教学平台以及在网络平台上实施的教学活动。在线课程与传统课程相比最大的差异不是技术的应用而是学习情境的创设,有效的在线课程比传统课程更能给学习者提供自由探索、尝试和创造的条件,从而让学习者获得学习自由,体验学习过程,实现个性的充分发展。

### (二)在线课程的特征

在线课程既具有传统课程的部分基本特征,又具有网络环境下的一些新特征,具体表现为学科课程的基本特征、网络教育的基本特征以及在线课程自身特征三个层面,如表6-1所示。正是有了这些特征,在线课程才既能为学习者提供个性化的学习环境,又可以为协作学习提供强有力的支持。其中,在线课程自身的特征主要表现在以下四个方面。

表6-1 在线课程的特征

| 在线课程的特征 | 具体内容 |
| --- | --- |
| 学科课程的基本特征 | 逻辑性 |
|  | 系统性 |
|  | 简约性 |
| 网络教育的基本特征 | 教育资源全面共享 |
|  | 教学时空不受限制 |
|  | 便于开展多向交互 |
|  | 有利于实施合作学习 |
| 自身特征 | 个性化 |
|  | 协作性 |
|  | 多媒体化 |
|  | 超文本性 |

第一,个性化。在网络环境中,学习者可以根据自己的需要检索所学科目。在每门科目中有丰富的学习资源,学习者结合自己的学习状况和已有的认知水平,选择与自己学习特点、学习内容相适应的学习资源,通过网络自定步调进行学习。同时学习者又可以不受主流文化和意识的控制,根据自己的经验和视角来理解知识、发展个性、开发创新思维。

第二,协作性。网络支持下的学习更能体现协作的优势。网络群组管理员(通常为教师)作为学习过程中的主导人物,引导、促进、帮助小组成员完成协作学习,成员之间的协作学习加强了学习者之间的合作共处能力和探索精神。这不仅对问题的深化理解和知识的掌握运用大有裨益,而且提高了网络课堂的交互性,摒弃了传统课堂中单纯的人机"刺激—反应"的交互形式,对合作精神的培养和良好人际关系的形成也有明显的促进作用。

第三,多媒体化。由于在线课程是基于互联网的,所以在线课程的内容表现形式和资源组织方式便具有了超媒体的特点。在线课程通过超文本技术把教学内容组织成网状的知识结构,其中每个教学单元不仅包含文本内容,还包含图片、动画、视频和音频等,而且各教学单元之间有紧密的联系。

第四,超文本性。在线课程的超文本性打破了传统教材组织的逻辑性、线性顺序结构,以非线性、网状结构的形式组织教材内容。这与人类思维的联想特征一致,更符合人类思维的特点和阅读习惯。

### (三)在线课程的优势

在线课程改变了传统课程中学习资源的组织方式、教学方式与学习方式,能够实现对教育信息化的推动作用,其优势具体体现在以下四个方面,如图6-2所示。

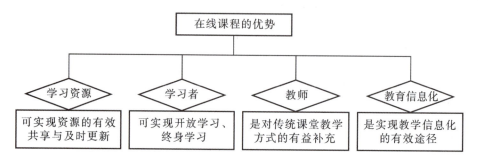

图6-2 在线课程的优势

第一,从学习资源的角度看,在线课程可以实现资源的有效共享与及时更新。在传统教学中,即使经常更新教材的内容也难以跟上知识的更新速度。而在在线课程中,教师可以及时方便地更新课程知识,保证了知识内容的动态更新。同时,有丰富经验的一线教师将自身的教学思想、教学设计理念融入在线课程中,供学习者学习和学科教师参考,实现了优质资源的共享。

第二,从学习者的角度看,在线课程可以实现开放学习、终身学习。随着知识更新速度的加快,传统课堂教学已经不能满足学习者学习的迫切需求。由于在线课程的开放性和快速更新,它可以成为学习者实现开放学习、终身学习的最佳途径。

第三,从教师的角度看,在线课程是对传统课堂教学方式的有益补充。在传统课堂教学中,教师需要花费巨大的精力去收集相关素材。而在在线课程的教学过程中,教师通过网络既可以收集现成的素材,也可以自主开发教学资源,从而拓宽了获取课程资源的途径。同时,教师可以利用在线课程采取不同于传统课堂的多样化教学方式进行学习活动的组织。

第四,从教育信息化的角度看,在线课程是实现教学信息化的有效途径。教学信息化的过程是教师、学习者、教学内容等各个要素及其关系信息化的过程。教师在设计和利用在线课程组织教学以及学习者通过在线课程学习的过程中,二者的信息素养得以提高,教学内容以信息化方式传递。

## 二、精品课程

### (一)精品课程的起源与发展

2003年教育部正式启动国家精品课程建设项目,至2010年精品课程建设项目告一段落。据统计,2003—2010年间,我国共建成国家级精品课程3693门,其中本科专业课程2514门、专科专业课程1019门、网络教育课程160门;国家精品课程资源中心已收集各级各类精品课程20265门,在其课程库中收录本科课程14345门、高职课程5920门;从精品课程的学科分类覆盖面上看，已经建立了全面的国家精品课程体系，涵盖了工学、文学、理学、法学、医学、农学、哲学等13个大类；从内容来看，国家精品课程建设注重以专业性建设为主，受众为高校学生。

### (二) 精品课程建设的特点

《教育部关于启动高等学校教学质量与教学改革工程精品课程建设工作的通知》（教高〔2003〕1号）中指出，精品课程是具有一流教师队伍、一流教学内容、一流教学方法、一流教材、一流教学管理等特点的示范性课程。精品课程建设是高等学校教学质量与教学改革工程的重要组成部分。在组织规划精品课程建设时，要以基础课和专业基础课的精品课程建设为主，充分考虑学科与专业分布以及对学校教学工作的示范作用，要把精品课程建设与高水平教师队伍建设相结合。

精品课程建设的特点如下。

**1. 科学的建设规划**

精品课程均是在课程建设全面规划的基础上，根据学校定位与特色合理规划而建的。

**2. 注重教学队伍建设**

精品课程由学术造诣较高、具有丰富授课经验的教授主讲（高职高专精品课程由本领域影响力较大并具有丰富实践经验的教师主讲），各学校通过精品课程建设逐步形成了一支结构合理、人员稳定、教学水平高、教学效果好的教师梯队。

**3. 重视教学内容和课程体系改革**

精品课程的教学内容先进，能及时反映本学科领域的最新科技成果，广泛吸收先进的教学经验，积极整合优秀教改成果。

**4. 注重使用先进的教学方法和手段**

精品课程能合理运用现代信息技术等手段，使用网络进行教学与管理，内容包括教学大纲、网络课件、授课录像、教案、习题、实验指导、参考文献目录等，且免费开放。

**5. 重视教材建设**

精品课程建设有助于形成一批配套的优秀教材。

### (三) 精品课程建设的成效

精品课程建设成效显著。国家精品课程具有学科特色鲜明、网络共享、形式和内容融合等特征，能较好地体现不同学科的特点，代表不同学科的总体水平，为使用者提供形神兼备的丰富教学资源，使高校、教师、学生、社会受益。第一，高校受用。国家精品课程促进了高校的课程建设、教学改革和信息化建设。第二，教师受用。国家精品课程作为示范性课程，可以为其他教师提供教学示范和教学资源，对教师专业能力的发展有很大作用，尤其是对青年教师的培养作用非常明显。第三，学生受用。一方面，学生学习了课程内容，收获了知识与技能；另一方面，培养了他们基于网络的自主学习能力。第四，社会受用。国家精品课程免费开放，对构建开放式高等教育和建设学习型社会非常有意义。

国家精品课程建设项目推动了各级各类学校的优秀课程建设，促进了教学质量提升，把国内最先进的一批教学资源推向了网络，推向了广大的高校学生和更广大的社会受众。然而，受当时观念和技术限制，它仍然存在一定的问题，如内容不够完整，更新率不高，访问率不高,知识产权不清,教学理念不够先进,技术薄弱等问题,阻碍了精品课程的共享和可持续发展。

## 三、精品开放课程

### (一)精品开放课程的起源与发展

2010年底,国家精品课程建设工程告一段落,正值此际,世界各大名校视频公开课陆续登陆国内知名门户网站,作为网络学习新模式的视频公开课成为一大热点。国内一些翻译团队将这些国外知名高校的网络公开课配上中文字幕,再加上网易、新浪、搜狐等国内著名门户网站的鼎力推荐,世界名校的网络视频公开课开始进入我国广大公众的视线,并引起了广泛而良好的反响,例如哈佛大学的"幸福课"与"公正课"、耶鲁大学的"死亡课"等。

2011年,教育部启动了第二轮本科教学工程——国家精品开放课程建设,包括精品视频公开课和精品资源共享课。2011年11月9日,首批20门由高水平大学建设的中国大学视频公开课上线,通过爱课程网和中国网络电视台、网易门户网站向社会同步免费开放。2013年6月26日,首批120门中国大学资源共享课正式通过爱课程网向社会大众免费开放。截至2016年12月底,共上线、维护和持续更新的国家级精品视频公开课、国家级精品资源共享课累计3878门,参与建设的高校共有721所,参与的教师有3万余名,课程学习讨论、评论、教师答疑互动等有效信息约有450万条。

### (二)国家精品开放课程的内涵

《教育部关于国家精品开放课程建设的实施意见》(教高〔2011〕8号)中指出,国家精品开放课程包括精品视频公开课与精品资源共享课,是以普及共享优质课程资源为目的、体现现代教育思想和教育教学规律、展示教师先进教学理念和方法、服务学习者自主学习、通过网络传播的开放课程。

精品视频公开课是以高校学生为服务主体,同时面向社会公众免费开放的科学、文化素质教育网络视频课程与学术讲座。精品视频公开课着力推动高等教育开放,弘扬社会主义核心价值体系、弘扬主流文化、宣传科学理论,广泛传播人类文明优秀成果和现代科学技术前沿知识,提升高校学生及社会大众的科学文化素养,服务社会主义先进文化建设,增强我国文化软实力和中华文化国际影响力。精品视频公开课建设以高等学校为主体,以名师名课为基础,以选题、内容、效果及社会认可度为课程遴选的主要依据,通过教师的学术水平、教学个性和人格魅力,着力体现课程的思想性、科学性、生动性和新颖性。精品视频公开课以政府主导、高等学校自主建设、专家和师生评价遴选、社会力量参与推广为建设模式,整体规划、择优遴选、分批建设、同步上网。

精品资源共享课是以高校教师和学生为服务主体,同时面向社会学习者的基础课和专业课等各类网络共享课程。精品资源共享课旨在推动高等学校优质课程教学资源共建共享,着力促进教育教学观念转变、教学内容更新和教学方法改革,提高人才培养质量,服务学习型社会建设。精品资源共享课建设以课程资源系统、完整为基本要求,以基本覆盖各专业的核心课程为目标,通过共享系统向高校师生和社会学习者提供优质教育资源服务,促进现代信息技术在教学中的应用,实现优质课程教学资源共享。精品资源共享课以政府主导,高等学校自主建设,专家、高校师生和社会力量参与评价遴选为建设模式,创新机制,以原国家精品课程为基础,优化结构、转型升级、多级联动、共建共享。

### (三)国家精品开放课程的建设和运行机制

#### 1. 政策与经费支持

国家精品开放课程建设纳入"十二五"期间实施的"高等学校本科教学质量与教学改革工程"。对完成建设且上网后社会反响良好的精品视频公开课,以及符合建设标准、共享使用效果良好的精品资源共享课,给予荣誉称号和经费补贴。

#### 2. 技术与系统保障

利用云计算等先进信息技术和网络技术,建设教、学兼备和具有互动交流等功能的国家精品开放课程共享系统,集中展示国家精品开放课程,面向高校师生和社会学习者提供优质教育资源网络共享服务。并与国内教育网站以及国内主流门户网站合作,通过接入和镜像等方式,借助各方优势,实现优质课程资源的广泛传播,服务学习型社会建设。

#### 3. 监督与管理

根据国家关于网络监管的有关规定,建立国家精品开放课程内容审查制度,明确高等学校和教师建设国家精品开放课程的社会责任,充分发挥专家组织的作用,保证课程质量。建立健全动态监测与监管机制,保证国家精品开放课程内容更新质量及课程共享的开放性、安全性,并及时反馈高校师生和社会学习者的使用情况。

#### 4. 推广与应用

通过多种媒体和相关活动加强国家精品开放课程的宣传推广,促进国家精品开放课程广泛应用。加强对高校教师、学生以及社会公众的培训和引导,提高教师信息技术应用水平,鼓励学生利用信息技术手段主动学习、自主学习,引导社会公众关注、使用和评价国家精品开放课程。

#### 5. 知识产权保护

重视国家精品开放课程的知识产权保护。在国家现行著作权法等知识产权法框架下,以协议形式明确课程建设各方的权利、义务和法律责任,以保证国家精品开放课程持续建设和共享。

## 四、慕课

### (一)慕课的内涵

慕课(massive open online course,MOOC),指大规模开放在线课程。M 即"大规模"(参与人数众多),第一个 O 即"开放性"(免费获取资源),第二个 O 即"在线性"(基于网络的学习),C 即"课程"。慕课是网络时代人们获取知识的新渠道,也是当前在线教育发展的主流形式。

### (二)慕课的起源与发展

慕课的宗旨是"将世界上最优质的教育资源传播到地球最偏远角落"。其雏形可以追溯到

2007年秋,美国学者戴维·维利(David Wiley)基于Wiki(多人协作的写作系统)技术开发了一门开放课程——"开放教育导论"(Introduction to Open Education),供来自世界各地的学习者学习。这门课程突出的特点是学习者贡献了大量的内容和材料。也就是说,学习者不仅仅是知识的消费者,也是知识的贡献者。

2008年,加拿大爱德华王子岛大学(University of Prince Edward Island)的网络传播与创新主任戴夫·柯米尔(Dave Cormier)和国家人文教育技术应用研究院高级研究员布莱恩·亚历山大(Bryan Alexander)联合提出慕课这一术语。同年9月,加拿大阿萨巴斯卡大学(Athabasca University)教授斯蒂芬·唐斯(Stephen Downes)和乔治·西蒙斯(George Siemens)开设了第一门慕课——"联通主义与关联知识",有25名来自曼尼托巴大学(University of Manitoba)的付费并获取学分的学生及2300多名来自世界各地的网络学习者参与了该课程的学习。

慕课发展历程中的重要突破发生在2011年秋。美国斯坦福大学(Stanford University)教授塞巴斯蒂安·特伦(Sebastian Thrun)和彼得·诺维格(Peter Norvig)将为研究生开设的"人工智能导论"课程免费发布到互联网上,吸引了来自190多个不同国家的16万人注册学习,并且有2.3万学习者完成了课程的学习,从而掀开了慕课的新篇章。

2012年,慕课瞬间爆发,给在线教育、高等教育带来了巨大的影响。《纽约时报》作者劳拉·帕帕诺(Laura Pappano)更是将2012年称为"慕课元年"。之后,慕课迅速在全球升温,平台建设风起云涌。美国顶尖大学相继创办了Udacity、Coursera、edX等平台,迅速成为"MOOC三巨头",引领慕课的发展。

随后,世界上许多国家的顶尖大学开始投入慕课的建设当中,中国也不例外。2013年5月,清华大学正式加盟edX;同年7月,上海交通大学和复旦大学加盟Coursera平台;同年10月,清华大学自主研发的"学堂在线"平台正式发布,面向全球提供在线课程;2014年5月,由网易和爱课程网合作推出的"中国大学MOOC"在线课程学习平台正式上线。除此之外,国内还推出了许多优秀的慕课平台,如果壳网MOOC学院、好大学在线等,吸引了众多学习者参与其中。央视新闻频道"新闻调查"栏目专门播出了一期特别节目——"慕课来了",更是让慕课走进寻常百姓家。在短短几年的时间里,无论在国内还是国外,慕课都引起了众多关注,引发了一场教育风暴。

如今,"中国大学MOOC"已发展成为国内网络教育知名品牌。目前"中国大学MOOC"注册用户已经超过620万,学习人次超过2000万,已有21万多人获得学习证书,每天活跃用户超过20万,社会反响良好,成为国内第一慕课公共服务平台。

### (三)慕课的特征

慕课具有大规模、开放性、网络化、个性化、参与性等特征。

#### 1. 大规模

大规模体现在参与人数、海量学习数据等方面。首先,与传统课程的学习人数相比,同时参与慕课学习的人数可能达到上万人,甚至数十万人。其次,在慕课论坛中,有众多的学习者从不同角度、不同问题出发参与课程的交流与讨论,学习者的大规模参与及交互学习过程会被平台记录下来,产生海量的学习数据。利用数据挖掘等技术对学习行为大数据进行分析,可以发现学习的潜在规律,以帮助教师及时调整学习引导策略和学习支持服务。

## 2. 开放性

开放性是互联网与生俱来的特征,慕课的开放性是对互联网开放性的扩展。首先,与传统课堂教学相比,学习者不受时间和空间的限制,可以在任何时间和地点通过移动学习终端参与课程的学习。何时学,学什么,完全由学习者自己掌控。这打破了传统课堂的时空限制。其次,大部分慕课对全世界的学习者免费开放,学习者可以免费、自由地访问课程内容、资源,并获得一定的学习支持服务。

## 3. 网络化

首先,学习环境网络化。慕课内容和学习资源通过网络进行传播,师生的教与学活动也都利用在线学习支持工具在网上开展。其次,课程知识网络化。慕课可以被看作一个分布式知识库系统,以教师、学习者、学习资源、学习工具等为节点,碎片化的知识分布在网络的各节点之中。

## 4. 个性化

首先,与传统课程的学习相比,慕课更注重学习者个性化学习的实现。学习者可以根据自己的学习需要和兴趣爱好,自由选择所要学习的课程和内容。也许仅仅是学习自己感兴趣的某一门课程的某一章节,这完全由学习者自己决定。其次,慕课平台可以根据学习者的学习行为和特征,为学习者推荐他可能感兴趣的内容,以及符合学习者认知规律的学习资源,这更有利于学习者的个性化学习。

## 5. 参与性

慕课区别于在线课程、视频公开课、精品资源共享课的主要特征之一就是参与性。它通过互联网实施教育的全过程,师生通过在线参与课程教学活动实现传统物理教学的全过程,而以上三类课程只是将"授课"的环节搬到了网上。慕课拥有特定的教学活动,包括课堂讲解、随堂测试、单元测试、在线考试、证书申请等;选修课程的学习者一方面需要观看教学视频进行学习,另一方面还需积极参与课程教学活动。此外,在大部分慕课中,教学活动参与度是课程评价的一部分,这样有利于提高学习者的学习效果。

### (四)慕课与其他在线课程比较

以慕课为代表的在线开放课程成为在线教育的最新形态,与其他网络教育类课程并存。共享的网络教学资源是所有网络教育课程的共性,表6-2对慕课与其他网络教育类课程进行了多方面的比较。

表6-2 慕课与其他在线课程的比较

| 对象 | 出现时间 | 平台 | 互动性 | 教学组织性 | 教学活动 | 资源丰富性 | 传播力/影响力 | 企业参与度 |
|---|---|---|---|---|---|---|---|---|
| MOOC/SPOC | 2012年 | 技术最为成熟,体验感最强 | 最高(生生互动、师生互动、师师互动) | 最高(教师实施网络在线教学组织) | 完整(习题、测验、作业、考试、研讨等) | 丰富(视频、文稿、课件、资料等) | 最高(社会学习者、高校师生共享) | 最高(企业搭建慕课平台) |

续表

| 对象 | 出现时间 | 平台 | 互动性 | 教学组织性 | 教学活动 | 资源丰富性 | 传播力/影响力 | 企业参与度 |
|---|---|---|---|---|---|---|---|---|
| 微课 | 2011年前后 | 技术相对较低,体验感不强 | 无 | 无 | 薄弱 | 单一 | 中 | 中 |
| 网络教育课程 | 2000年前后 | 技术相对低,体验感不强 | 低 | 低 | 欠完整 | 薄弱 | 低 | 低 |
| 视频公开课 | 2011年 | 技术成熟,体验感强 | 中 | 低 | 不足 | 一般 | 高 | 低 |
| 资源共享课 | 2013年 | 技术成熟,体验感强 | 中 | 低 | 不足 | 一般 | 高 | 低 |

(1)完整的教学活动/过程是保证。教学活动是对优质教学资源的充分利用。慕课在教学过程中实施完整的教学活动,从而形成良好的学习成效。

(2)严格的教学组织是关键。慕课相比于视频公开课与资源共享课的一个显著特征是,教师在线进行教学组织和统筹教学活动,并配合线下开展的有针对性的教学活动。线上线下的有机结合促使教学一体化。

(3)必要的线上互动是要求。慕课强调教师的组织和参与,注重开展学习指导和问题研讨。缺少互动的慕课则变为资源共享课。互动不仅包括生生互动,还包括师生互动,甚至师师互动。对于多校或跨地区的慕课,则还包括异校范围内的这三种互动。线上互动表现在讨论、指导和解答等环节,这是必不可少的线上教学活动。

## 五、在线开放课程

### (一)在线开放课程的内涵

在线开放课程是指以网络为平台,依据课程目标、学习需要和知识体系,基于数字化资源,运用信息化手段和灵活有效的多种学习模式,支持多种学习对象、学习终端而开展的有组织、有计划的教与学的活动。

### (二)在线开放课程的起源与发展

2015年以来,教育部出台了《教育部关于加强高等学校在线开放课程建设应用与管理的意见》(教高〔2015〕3号)、《教育部关于中央部门所属高校深化教育教学改革的指导意见》(教高〔2016〕2号)、《教育部关于推进高等教育学分认定和转换工作的意见》(教改〔2016〕3号)等文件,推动信息技术与教育教学的深度融合和在线开放课程的建设与应用。各省级教育行政部门、高校和课程平台认真贯彻一系列文件精神,做了大量卓有成效的工作,促进在线开放课程建设与应用工作的蓬勃开展。我国高校上线的课程数量快速增长,校内、校际课程共享与应用模式不断创新,在线课程学分认定稳步推进,中国慕课的国际影响力不断扩大,中国特色在线开放课程发展模式备受国际关注。

2015年4月,《教育部关于加强高等学校在线开放课程建设应用与管理的意见》(教高〔2015〕3号),将大规模在线开放课程(慕课)等新型在线开放课程统称为在线开放课程,指出为加快推进适合我国国情的在线开放课程和平台建设,促进课程应用,加强组织管理,应坚持"立足自主建设、注重应用共享、加强规范管理"的基本原则,开展如下重点任务:建设一批以大规模在线开放课程为代表、课程应用与教学服务相融通的优质在线开放课程,认定一批国家精品在线开放课程,建设在线开放课程公共服务平台,促进在线开放课程广泛应用,规范在线开放课程的对外推广与引进,加强在线开放课程建设应用的师资和技术人员培训,推进在线开放课程学分认定和学分管理制度创新。

2017年3月,为更好地响应该意见的相关精神,进一步促进在线开放课程的多种共享和应用模式,爱课程网继推出优质慕课平台"中国大学MOOC"之后,正式推出在线开放课程频道。全新推出的在线开放课程频道是一次创新性的整合和拓展,它不仅涵盖了以往的中国大学MOOC、职教MOOC、大学先修课等内容,还纳入了创新创业课程、各省市自主建设的开放课程等多种形态的优秀开放课程,形成了全方位的在线开放课程体系。学习者可以各取所需,且分类索引功能更加完善。

面对风起云涌、快速迭代的互联网在线教育,"中国大学MOOC"取得的成绩确实令人振奋。如今爱课程网已经发展成为我国在线开放课程建设与应用的行业翘楚。但在看到在线开放课程建设与应用工作成就的同时,我们要清醒地认识到,在线开放课程建设应用还需要破解一些发展中出现的难题:一是课程建设由点到面仍需努力,社会认知的"小众"局面还未改观,离领导要懂、教师要会的新的教学方式方法普及的距离还较远;二是课程类型由通识课的一枝独秀到各类课程的百花齐放还需要时间;三是从重视建设到应用驱动、建以致用还需突破,从各自为战的资源"孤岛"到充分应用共享的课程集群的转变还需努力;四是在在线开放课程建设方面,一些高校还在观望或消极等待,有的什么都想搞、什么都想抓,优势特色不明显,成果成效不突出。

### (三)在线开放课程的特征

在线开放课程具有以下特征。

(1)大规模,指在线开放课程是一种拥有大量参与者的巨型课程,课程的学习者可多达成千上万人,使用海量资源。

(2)全开放,指在线开放课程是一种开放的教育形式,没有人数、时间和地点限制,课程中所有资源和信息都是开放的,且全部通过网络传播。

(3)全在线,指在线开放课程是放置在网络上的,学习者只需一台联网的计算机即可进行学习。

(4)特色优课,指在线开放课程是具有特色的优质在线课程,课程质量高、共享范围广、应用效果好、示范性强。

(5)团队智慧,指在线开放课程团队由课程负责人、主讲教师、助理教师、技术人员等组成,通过结构合理、人员稳定的团队智慧实现在线开放课程的正常有序运行。

(6)过程完整,指在线开放课程的各项教学活动完整,按计划实施完整的教学过程,包括完整的课程教学设计、课程内容、课程资源、教学活动与教师指导、交互与讨论、测验与评价等。

(7)活动体验好,指在线开放课程设置了课程内容学习、测验、考试、答疑、讨论等教学活动,各项活动完整、有效,按计划实施,学习者在线学习响应度高,师生互动充分,能有效促进师生之间、学生之间进行资源共享、互动交流和自主式与协作式学习。

（8）多任务半自主，指在线开放课程按照规范的教学计划和要求，通过多任务的教学方式开展教学活动，课程团队持续为学习者提供有效的教学服务与支持，学习者的学习过程主要是半自主方式。

（9）多层次有所得，指在线开放课程能够满足不同层次学习者的需要，使他们都有所收获。

### （四）在线开放课程的价值

在线开放课程的价值体现在两个方面。

**1. 教育价值**

教育价值主要体现在学校教育的开放性和国际化，跨校选课和学分互认的人才多元化培养，以及适应数字化知识经济时代的到来，推动建设终身学习和学习型社会等方面。

**2. 社会价值**

社会价值主要体现在促进教育公平和学生均衡发展，提升学校社会价值和影响力，以及多元化观点的竞争与融合等方面。

### （五）在线开放课程的发展趋势

在线开放课程的发展趋势主要表现为课程平台的功能不断丰富，教与学的模式不断创新，学校课程教学将实现重构，课程内容支持多层次的不同需求，大数据支持的教学将更加有效，课程的形态将多样化和个性化。

## 六、精品在线开放课程

2017年7月，《教育部办公厅关于开展2017年国家精品在线开放课程认定工作的通知》（教高厅函〔2017〕40号）指出，为进一步推动我国在线开放课程建设与应用共享，促进信息技术与教育教学深度融合，推动高等学校教育教学改革，提高高等教育教学质量，教育部决定开展2017年国家精品在线开放课程认定工作。同时对国家精品在线开放课程的认定范围与数量、课程要求等提出了要求。

### （一）认定的范围

2017年认定课程的范围为：截至2017年7月31日，境内高校在全国性公开课程平台面向高校和社会学习者完成两期及以上教学活动的全日制本科和专科层次大规模在线开放课程（慕课），以受众面广量大的公共课、专业基础课、专业核心课程以及大学生文化素质教育课、创新创业教育课、教师教育课程等为重点。此外，境内高校在国际知名课程平台开设对传播中华优秀传统文化具有积极促进作用的慕课也纳入本次认定范围。

不具备大规模在线开放课程特性的课程，如视频公开课和资源共享课，仅对本校或少数高校学生开放的小规模专有在线课程和应用于非全日制学生的网络教育课程，以及无完整教学过程和教学活动的在线课程等，不在认定范围。

2017年认定国家精品在线开放课程数量为500门左右。

### （二）课程要求

申报参加国家精品在线开放课程认定的课程，须符合《教育部关于加强高等学校在线开放课程建设应用与管理的意见》（教高〔2015〕3号）要求，经公开课程平台认证上线，完成至少两期教学活动,课程质量高,共享范围广,应用效果好,示范性强。在教学内容与资源、教学设计与方法、教学活动与指导、团队支持与服务、教学效果与影响等方面,坚持质量为本、注重共享应用、体现融合创新。

1.课程团队

(1)课程负责人应为高校正式聘用的教师,具有丰富的教学经验和较高的学术造诣。课程负责人与主讲教师师德好,教学能力强。

(2)课程团队积极投身信息技术与教育教学深度融合的教学改革,团队结构合理、人员稳定,除课程负责人和主讲教师外,还应配备必要的助理教师,保障线上线下教学的正常有序运行。

(3)课程团队能够按照规范的教学计划和要求,持续为学习者提供有效的教学服务,及时对课程内容进行更新和完善。

2.课程教学设计

注重探索以学生为中心的课程教学组织新模式,构建教与学新型关系,积极开展课程内容重构。课程知识体系科学,资源配置合理,适合在线学习和混合式教学。

3.课程内容

内容导向正确,弘扬社会主义核心价值观。遵循教育教学规律,体现现代教育思想。反映学科最新发展成果和教改教研成果,具有较高的科学性水平。无危害国家安全、涉密及其他不适宜网络公开传播的内容,无侵犯他人知识产权内容。

课程资源应包括课程介绍、负责人介绍、教学大纲、授课视频、演示文稿、教学课件、课程公告、测验和作业、考试等教学活动必需的资源,以及满足高校教学和学习者自主学习需求的参考资料。

4.教学活动与教师指导

通过课程平台,教师为学习者提供测验、考试、答疑、讨论等教学活动,及时开展在线指导与测评。各项教学活动完整、有效,按计划实施,学习者在线学习响应度高,师生互动充分,能有效促进师生之间、学生之间进行资源共享、互动交流和自主式与协作式学习。

5.教学效果与影响

课程共享范围广泛,应用模式多样,有效选用的高校和社会学习者在线学习人数多,线上线下应用结合效果较好,能切实提高教学质量,在同类课程中具有一定的影响力,在推动大规模在线开放课程普及和发展中发挥示范引领作用。

综上所述,我国在线课程的发展与高等教育教学改革之间存在着必然的联系。从2000年至今,我国对在线课程的描述在用词上先后经历了"网络课程""精品课程""精品开放课程"(包括"精品资源共享课"和"精品视频公开课")"在线开放课程"的演变,这意味着我国在线课程为适应不断变化的社会环境,已经或正在经历多个层面的巨大变革与发展:课程形态先后经历了由封闭到有限开放再到无限开放三个阶段;服务对象由接受学历教育的社会成人扩展到高校在校学生,并逐步扩展到接受非学历教育的社会全体成员;课程类型由学历补偿型(拓展学历教育途径,满足社会成人学历提升的需要)扩展到效果增强型(面向在校大学生,与传统课堂讲授相融合,强化学习效果),再扩展到全民普惠型(面向全体成员开放,推动学习型社会的形成);课程功能由"课程教学"向"课程教学与应用服务有机结合"。这是信息技术推动教育变革的必然结果,也是我国构建学习型社会的必要条件与必然要求,符合事物发展的否定之否定规律。

## 第二节 在线开放课程平台及其应用

### 一、在线开放课程平台

#### (一)国外在线开放课程平台

国外有代表性的在线开放课程平台主要有以下几种。

1. Coursera(www.coursera.org)

(1)课程来源。Coursera 与斯坦福大学、密歇根大学、普林斯顿大学、宾夕法尼亚大学等近 90 所大学和教育机构达成合作。

(2)用户类型。用户主要为学生、求职者、公司员工。其中,求职者可在 Coursera 上获得"成就报告"或"验证证书"来优化简历;公司员工则可以增长知识以助力职场。

(3)课程特点。用户通过课程简介和评分找到自己感兴趣的课程,课程有明确的开课和结课时间。对于开课中的课程,用户可直接注册参加;对于未开课或已结课的课程,用户可将其放到课程列表中随时关注下次开课时间。用户通过观看课程视频、参与学习讨论、提交课程作业等完成学习。课程长度在 6~10 周,用户通过定期作业、测验、同学互评及期末考试等环节完成课程。

(4)学习成果。合格通过课程测验的用户能得到"成就报告"——一份由课程教师直接签名的证书。另外,如果用户报名了签名踪迹计划,通过照片 ID 将课程作业与实名身份对应,可获得认证效力更强的"验证证书",由 Coursera 和提供课程的大学联合颁发。

(5)学习费用。注册"签名踪迹"要付费,其他内容均免费提供。

2. Udacity(www.udacity.com)

(1)课程来源。Udacity 最初两年与教师单独合作,2013 年开始与高校合作,主要包括计算机科学、数学、编程和创业方面的在线课程。

(2)用户类型。用户中很大一部分是在校大学生和求职者。从 2013 年开始,Udacity 尝试与企业合作,帮助用户就业,已有很多毕业生以这种方式找到工作。

(3)课程特点。由拥有丰富企业工作经验的教师授课,课程重点放在企业需要的工作技能上。用户听课的同时,还要完成大量的实践项目。整个学习过程有大量小问题及测验穿插其中。平台不仅有视频,还有自己的学习管理系统,内置编程接口、论坛和社交元素。

(4)学习成果。在完成课堂任务且通过最终的期末考试后,Udacity 会进行考试诚信审核,用户需要与项目评估人进行一对一的谈话,出示身份证明,由项目评估人确认用户独立完成期末考试。通过考试诚信审核之后,用户就能获得 Udacity 出具的毕业证书。

(5)学习费用。教学课程均可免费参与。一些课程的额外服务,比如代码评审、私人教师和证书验证等需另外付费。

3. edX（www.edx.org）

(1)课程来源。edX已和全球多所大学和教育机构达成了合作，其中包括清华大学等中国知名院校。

(2)用户类型。用户年龄从14～74岁不等，包括大中学生和公司员工。

(3)课程特点。课程有严格的开课和结课时间，课程开始两周后停止报名；提交作业有时间限制，如果不能在截止日期前提交，就必须在之后一周内补交，并会被扣掉相应分数；edX的不少期末考试设有监考环节，学生需要在各大Pearson考试中心参加考试，并为此支付费用，为了避免考生相互抄袭和作弊，习题集编号都经过随机处理；有些课程的学习会采取更积极的互动模式，比如区域聚会、在线论坛讨论、基于Wiki的协作式学习、在线实验室等方式。

(4)学习成果。edX目前有两种证书：一种是指定荣誉代码，只要完成课程基本都能获得；还有一种验证证书则需要经过监考，在确认用户独立通过考试之后授予。这两种证书上面都会印有edX和提供课程大学的名字。

(5)学习费用。所有课程全部免费。验证证书需要为每门课程缴纳39～100美元的认证费用。

4. 可汗学院

(1)课程来源。可汗学院是由孟加拉裔美国人萨尔曼·可汗（Salman Khan）创立的一家教育性非营利组织，最初2000多个课程都由可汗自己单独制作完成。2012年开始招收优秀教师制作教学视频。目前中文版已上线，大量课程被翻译成中文。

(2)用户类型。用户主要是各年龄段的学生，有不少上班族常常利用可汗学堂补习欠缺的知识。

(3)课程特点。每段教学影片长度在10～15分钟，从最基础的内容开始讲解，后续课程会按由易到难的顺序依次进阶。在可汗学院的教学影片中，教师不出现在镜头里，屏幕就相当于一块电子黑板，教师在一块触控面板上一边书写板书，一边讲解不同的知识点。可汗学院开发了一套学习数据记录系统，用户能够通过这个系统查看自己观看视频所花的时间、测试的结果等。

(4)学习成果。可汗学院设置了游戏奖励机制，用户可以通过做练习题来增加自己的得分，这些得分可用来换取徽章并在个人账户中公开显示。

(5)学习费用。所有教学视频均可免费获得。

## (二)国内在线开放课程平台

国内有代表性的在线开放课程平台主要有以下几种。

1. 超星慕课（open.mooc.chaoxing.com）

(1)课程来源。与其他慕课的开放方式不同，超星慕课更像是为用户特别定制的私属慕课平台。目前，超星慕课的课程主要集中在高等教育和基础教育两大领域。在高等教育方面，超星慕课与国内多家高校合作开设课程，用户分布在全国22个省、直辖市及自治区。在基础教育领域，超星慕课也在进行着探索和尝试工作。

(2)用户类型。受到超星慕课的定位和开放方式的影响，超星慕课的用户大多是在校学生。学生不能跨校选课。除学生自主选课以外,教师还可以通过导入学生的方式,要求学生选择某一门课。

(3)课程特点。超星慕课有严格的开课时间,一般来说,在线开课时间与学校开课时间一致,用户需要全程跟进,根据教师的要求完成学习过程。开课后,教师会定期更新教学内容,以富媒体的形式展现,并配有测验和作业。作业支持多种格式上传,以培养学生的创造力和想象力。作业的评价方式包括教师评价和同伴互评两种。在学习过程中,学生可以在讨论区与其他同学进行交流,遇到问题和想表达意见时可发起延伸话题讨论。

(4)学习成果。由于超星慕课平台的私人定制属性,平台并不为用户提供统一认证的证书,教师可以按照需要为学生提供学分及合格证书。

(5)学习费用。学校若使用超星慕课平台,需要支付一定的费用。学生使用平台学习时,所有的活动都是免费的。

2. 学堂在线(www.xuetangx.com)

(1)课程来源。学堂在线与清华大学、复旦大学、台湾交通大学等10所高校合作,许多课程都是这些高校给学堂在线独家使用的。学堂在线也是edX的独家合作伙伴,还单独和斯坦福大学等国外高校建立了合作关系。

(2)用户类型。工作人群占30%~40%。

(3)课程特点。有严格的开课时间,用户需要全程跟进,根据教师的要求完成学习过程。学习期间设有作业、小测试和期末考试。用户需要取得一定分数后才算完成课程,并获得认证。作业的提交有截止时间,过了时间将无法提交,也无法获得相应成绩。此外,结合企业需求,从企业中选取案例,用户在完成作业的同时也帮企业解决了问题。

(4)学习成果。用户通过考核后,就可得到电子版证书。学堂在线推出学分和学位课程,用户完成课程后,能够获得清华大学授予的学分和学位。

(5)学习费用。所有课程的学习和证书的出具都是免费的。

3. 果壳MOOC学院(mooc.guokr.com)

(1)课程来源。果壳MOOC学院本身并不提供内容。"相当于是在做一个聚合MOOC讨论的社区。"果壳MOOC学院市场部负责人宗唯伊说。网站上的课程是通过果壳网链接到相关MOOC平台的课程页面,并不真正属于果壳MOOC学院。目前它合作的对象包括学堂在线和Coursera。

(2)用户类型。学生群体占其全部用户的60%以上,包括中小学生至大学生;工作人群约占40%,其中很大一部分公司员工的情况是,他们并不喜欢所学专业,想跨行业转型。

(3)课程特点。针对不同群体设计的特定课单可以作为选课时的参考,还能看到以往用户对课程的打分及评价。在学习过程中,用户可以和学习同一门课的其他用户建立讨论组进行交流,遇到问题和想表达意见时可发起延伸话题讨论。

(4)学习成果。由于果壳MOOC学院并不直接提供内容,学习课程需要跳转到其他MOOC平台,因此证书也是由其他平台发布的。但是用户在果壳MOOC学院的个人页面上可以看到所获得的不同平台的MOOC证书。

(5)学习费用。所有在果壳MOOC学院上的活动都是免费的。

4. 中国大学 MOOC（www.icourse163.org）

(1)课程来源。一部分课程是和网易共享的很多过去的中国大学视频公开课的内容；另一部分是和爱课程网合作的，由教育部负责跟全国各大高校接口，因此合作院校和中文课程数量都比较可观。

(2)用户类型。工作人群和学生各占其用户的50%。很多公司员工出于拓展个人见识的目的来学习课程。

(3)课程特点。学生根据教师预先通知的开课时间进行在线选课。开课后，每周更新教学内容，以视频、富媒体等形式展现，并配有测验和作业。学生可在论坛提问，教师和其他学生可参与讨论。作业一般由学生互评，每人要给5名以上其他同学评分，有时教师也会直接评分。

(4)学习成果。测验、作业、期末考试等的成绩及论坛表现都会影响总分，合格者可获得由教师签名的证书，优秀者可获得优秀证书。

(5)学习费用。所有课程及电子证书全部免费。

## 二、在线开放课程的应用模式

### (一)自主学习型在线开放课程

#### 1. 学生的学习特点

(1)独立性。移动互联网带给人们的便利是足不出户就能获得所有信息，慕课时代对于大学生自主学习而言更是如此。学生可以摆脱传统课堂教学的约束，不受时间、空间的限制，通过一台个人电脑即可完成学习的整个过程，克服了传统教育的诸多不便。同时，学生通过自主学习可以独立评估自身的学习效果，继而独立制订下一步学习方案，完成学习任务。

(2)主动性。正是因为独立，催生了学生的主动性。学生可以根据自己的评估结果，进一步确定可努力或改进的方向，使学习从被动灌输向主动输入改变。同时，慕课时代突破了传统课堂一名教师讲授一门课程的局限，学生可以按照自身的兴趣，主动选择自己感兴趣的教师、感兴趣的课程进行自主学习，化被动为主动，发挥自我教育能力，提高学习实效。

(3)创造性。在慕课时代，学习被完全交给学生自己，可以突破时空和教学局限，这对学生创造力的培养大有裨益。网络为学生提供了海量的信息，学生可以尽可能多地涉猎没有接触过的东西，而在这一过程中学生的创造性被激发。同时，慕课时代是信息交互的时代，信息是双向互动、及时传播的。因此，学生在自主学习的过程中很容易受到新思想的启发，往往会有新的发现。

#### 2. 学生自主学习的影响因素

(1)个人因素。学生从高中步入大学之后，学习方式面临很大的转变。在学习环境更为宽松的大学，学生需要依靠自主学习来完成学业，特别是在慕课时代表现更为突出。因此，学生本人是影响自主学习效果的首要因素。在现实当中，学生往往会因为自主学习适应能力差、自主学习谋划能力偏低、自主学习合作能力不足、自主学习调控能力有限、自主学习评价能力有限等诸多自我因素的制约，严重影响自主学习的效果。

(2)教师因素。从中国几千年延续的口口相传式的课堂式教学到依靠移动互联网技术的慕课等高科技授课方式,当代教育形式已经发生了翻天覆地的变化。教育工作者在崭新的慕课时代必然要紧跟时代节拍,适应时代发展需要。而在现实情况下,教育工作者习惯于传统教学方式中的知识灌输,对学生自主学习能力的培养其实是不够的。传统的照本宣科式的方法在新的时代背景下过于老套,教育工作者亟待寻找与时俱进的方式,将课堂生动化,以进一步提高学生的学习动力。

(3)环境因素。环境因素来源于两个方面,即学校环境和社会环境。一方面,高等院校是学术科研的主阵地,浓厚的学术氛围在很大程度上有利于提高学生自主学习的热情。因此,在学校环境的整体营造上,既要注重硬件设施的完善,更要注重软件设施的供给,从而为慕课时代的教育教学提供保障。另一方面,在新兴网络技术不断发展的今天,社会环境层面更要注重弘扬终身学习的主旋律,同时需要给当代大学生自主学习提供更加广阔的平台,构筑更为和谐的学习环境。

**3. 大学生自主学习方式**

(1)任务式自主学习。在慕课时代,课程任务伴随着课程的进行同步产生。依托于网络平台教学,教师会把任务隐藏在教学过程当中,随着课程的进行,课程任务也就随之产生,需要学生在学习的过程中带着任务意识完成任务。慕课时代伴随着互联网技术的快速发展应运而生,信息的多重选择性给这种任务式的学习方式带来了更多的自主选择性。与此同时,互联网平台发布的信息和资源是实时更新、开放共享的,因此资源的选择机会人人均等,这就更要求发挥学生自主学习的积极性。

(2)个性化自主学习。大学生群体可掌握的自由时间相对较多,因此学生有更多的时间根据自己的兴趣、专业去选择学习内容。大学学习平台给予了学生更加开放、自由的学习环境,每个阶段的学习特点、学习任务不尽相同,特别是随着互联网的深入使用,慕课时代的自主学习更是如此。个性化的自主学习方式将成为未来大学生学习的主流形式。学生根据自身学习情况制订学习计划,也将更好地适应新时期的学习要求。

(3)团体协作自主学习。在传统教学模式下,团队协作式的学习方式就已经是一种较为普遍的学习方式。慕课时代的资源共享性、开放性更强,互联网技术支持的线上学习方式更为强大,这些都成为团队协作自主学习的天然优势,使其慢慢成为学生自主学习的重要方式。团队成员虽不在同一地点,但学生仍然可以通过网络电话、网络视频等多种渠道进行沟通和协作,通过实时信息的传递保证自主学习的及时性、真实性、有效性,更好地强化学习效果。

**(二)混合学习型在线开放课程**

混合式教学是指在适当的时间,通过应用适当的媒体技术,提供与适当的学习环境相契合的资源和活动,让适当的学生形成适当的能力,从而取得最优化的教学效果的教学方式。混合式教学这一将线上线下相融合的教学方式,强调学生的主体性,并充分发挥其积极性、主动性、创造性,借助在线教育资源与信息技术促进课堂教学、提升学习效果。在互联网与教育深度融合的今天,混合式教学已成为高校教学模式的主流,不仅推动了高校教育教学改革,而且促进了高等教育的内涵式发展。

**1. 基于慕课的混合式教学模式**

最复杂同时又是最有效的混合模式是面授课程与慕课同步,即学习者自主完成慕课的全部或部分学习内容,教师设计同步的面授教学活动作为慕课学习的补充与拓展,并提供相应的支持与反馈。但是,这种同步的混合模式只适用于自主学习能力较强的学习者,对于尚未形成自主学习能力的学生,他们在学习过程中需要教师与同伴提供更多的支持,因此更适合不同步的混合式教学模式。

依据慕课在教学中所占的比重以及学习的顺序,基于慕课的混合式教学模式可以分为以下几种:①将慕课作为面授内容的基础和铺垫,即课程的前半部分通过慕课自学,后半部分为面授教学;②翻转课堂模式,即学生课前自主完成慕课在线学习,面授环节则用于加强对所学知识的理解和应用;③以慕课学习为主,辅以一定的线下辅导与答疑环节,这种混合模式比较适用于社区和跨机构团体间的学习;④以面授课程为主,将慕课作为面授课程的数字化学习教材,在这种模式下面授课程与慕课通常被设计为同步的;⑤将慕课作为面授课程的补充与拓展,与上述第④种模式不同的是,这种混合模式下慕课内容与面授课程的内容可以是不一致的,它的一种适用情境是跨学科课程,慕课可以为学习者提供额外的知识或技能,尤其是补充课堂上无法涵盖的大量实践练习;⑥以慕课为基础的完全在线学习,并辅以视频会议等形式进行一定的指导,该模式已被用于多个大学预备课程实践中,目的是缩小不同背景的学生在大学入学前的差距。

更进一步,有研究者以"制度支持"为 $x$ 轴,以"课程内容一致性"为 $y$ 轴,构建了用于分析将慕课应用于传统课程的 H-MOOC 框架,如图 6-3 所示。

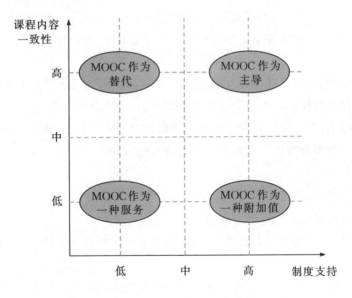

图 6-3 H-MOOC 制度框架

"制度支持"是指支持将慕课应用于混合计划所需的基础设施、服务和人力资源;"课程内容一致性"是指慕课内容与原有面授课程教学大纲之间的接近程度。以 H-MOOC 为分析框架,可以概括出四种基本的混合模式,其中慕课扮演的角色分别是作为一种服务、作为替代、作为主导和作为一种附加值。已有研究对基于慕课的混合式教学模式做出了诸多探索与实践。总体来看,将慕课与传统课程整合应考虑多方面的因素,包括慕课课程的来源、数量,慕课学习的比例、时间、要求,以及慕课在教学中扮演的角色,如表 6-3 所示。

表 6-3 将慕课融入传统课程需考虑的因素

| 形成不同混合模式的因素 | 说明或描述 |
| --- | --- |
| 慕课课程的来源 | 教师指定慕课或学习者自由选择慕课 |
| 慕课课程的数量 | 一门或多门慕课 |
| 慕课学习的比例 | 完整地学习一门慕课或只学慕课的一部分 |
| 慕课学习的时间 | 面授课程之前的预习或穿插在面授学习之中 |
| 慕课学习的要求 | 对慕课学习完成情况有明确要求或没有要求 |
| 慕课扮演的角色 | 传统课程的替代或传统课程的补充与扩展 |

**2.混合式教学设计的原则**

(1)聚焦要义原则:去除无关材料后,学习效果更佳,如去除有趣但无关的文本或图表。

(2)标记结构原则:突出关键材料后,学习效果更佳,如在学习文本时列出文本提纲和每部分的小标题。

(3)空间邻近原则:图示与相应的文字说明相邻呈现,而非分别呈现在不同页面或屏幕上时,学习效果更佳,如相关文字说明应该成为图示的一部分,而不是与图示相分离。

(4)时间邻近原则:语音解说和画面本身同时呈现,而非相继呈现时,学习效果更佳。

(5)明确期望原则:提前告知学生学习目的和评估方式时,学习效果更佳,如要求学生读完某一部分内容后举例说明。

(6)切块呈现原则:当一堂艰涩难懂的课程被分割成学生可以掌握的若干小段时,学习效果会更佳,如将一段有解说的动画分割成几个小部分,每一个部分用"继续"键连接起来。

(7)提前准备原则:在学习一堂艰涩难懂的课程前,如果学生能够提前了解核心概念的名称和特征,那么学习效果会更佳。例如在呈现有解说的动画之前,先告知学生各部分的名称、位置以及特征。

(8)调整通道原则:在多媒体学习方式中使用语音而非书面形式呈现文本时,学习效果会更佳,如用语音而不是视频上的字母来解说动画。

(9)多媒体原则:综合使用文本和图片,比单纯用文本学习的效果更佳,如学习文本时添加相关的图示。

(10)人格化原则:使用对话教学比正式教学的效果更佳,如在教学中使用第一人称和第二人称,不要使用第三人称。

(11)具体化原则:将已学知识与新知识联系起来学习效果更佳,如提供具体的实例和类比,鼓励开展相关的活动。

(12)抛锚式原则:学习者在熟悉的学习情境中学习(到实际环境中感受和体验)效果更佳,如学生通过买玩具找零钱来学习算术。

**3.基于慕课的混合式教学未来发展的趋势**

(1)教师开展基于慕课的混合式教学所需的态度和能力准备。从已有的研究文献来看,研究者对混合式教学中学习者的关注较多,而对教学者经验和实践的关注相对较少。在混合式思想指导下,基于慕课的教学意味着教师角色、教学资源和教学组织形式等多方面的综合改变。这种新型的教学模式包含了怎样的教学原则和规律?教学中应遵循什么样的教学流程,实施怎样的教学方法?应如何设计有效的评价,实现有效教学?这些新问题都极大地挑战着教师的混合式教学能力,考验着教师迎接挑战的勇气和创新教学的智慧。因此,如何帮助教师做好混合式教学的态度与能力准备,是研究者未来应该着重关注的问题。

(2)小规模限制性在线课程和翻转课堂的设计与应用。有研究者指出,将课堂教学与原始的慕课概念相结合是不可能的,因为慕课在全世界范围内有大量参与者,因此混合学习仅适用于非大规模的概念,如小规模限制性在线课程。这一概念于2013年首次被提出,它是指利用慕课的资源、在线交流与评估等功能,将小规模、特定人群的在线学习与传统课堂相整合的新型混合式教学模式,其"小规模"和"专有"的特征是开展翻转课堂教学的有利条件。因此,基于小规模限制性在线课程的翻转课堂以及在混合式理念指导下融合慕课元素的课程设计与研究可能是未来慕课与混合式学习领域重要的研究方向。

(3)融合其他研究领域的创新性研究。考虑到慕课学习中一个重要的挑战是保持学习者的持续参与,同时尽可能满足学习者的个性化需求,因此有研究者试图将游戏与学习分析的理念融入翻转课堂的课程设计中,通过设计点数、徽章、排行榜等游戏化方案并提供相应的外部激励调动学习者的动机潜力,以提高学习者的持续参与度。这种通过设定问题与任务并让学习者自主寻求问题解决方案的教学方式体现了基于问题的教学的中心思想,学习者在寻求问题解决方案的同时,通过建构知识体系发展问题解决能力和自我导向的学习能力。另一方面,作为一个从数据中建构意义的研究领域,学习分析在近年来被广泛应用于教育教学领域。学习分析技术可作为一种教学辅助工具,为教学者和研究者提供新的数据分析类型和评估方法。通过学习分析技术对学习者及其所在情境的数据进行测量、收集、分析,可以帮助教师更好地理解并优化学习过程以及学习环境。因此,未来融合其他研究领域的理念与方法,可能会给基于慕课的混合式教学的研究与发展带来突破性进展。

4. 案例展示

以下是以某高校开设的"毛泽东思想和中国特色社会主义理论体系概论"慕课为例,设计实施的基于慕课和雨课堂的高校思政课混合式教学案例。

(1)设计目的。慕课是基于网络平台、可实现师生交互的在线学习资源,而雨课堂是基于PPT和微信的新型智慧教学解决方案,两者与传统线下课堂的结合,将会发生什么样的"化学反应",会使传统课堂发生什么样的变化?2017年秋季学期,某高校在"毛泽东思想和中国特色社会主义理论体系概论"慕课的教学过程中进行了基于慕课和雨课堂的混合式教学实践,旨在将现代化的教学资源、教学工具、教学方法带入课堂,从内容、形式上丰富课程教学,提升教学效果。

(2)教学过程设计。在进行基于慕课和雨课堂的混合式教学实践中,"毛泽东思想和中国特色社会主义理论体系概论"慕课与雨课堂智慧教学工具进行了有机结合,通过智慧化的教学平台实现了课前、课中、课后的有效衔接和联通,让教学互动无处不在;同时,实现了师生同步与异步并存的"双通道教学",提升了高校思政课的教学效果。

基于慕课和雨课堂的高校思政课混合式教学过程设计如图6-4所示,包括课前、课中和课后三个阶段。

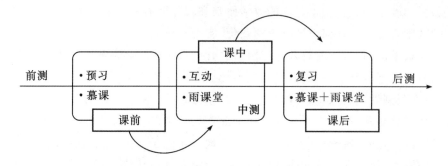

图6-4 基于慕课和雨课堂的混合式教学过程设计

课前,教师按照预先设定好的教学进度为学生布置相关的慕课学习内容,通过教学平台大数据分析了解学生的学习行为、学习进度、单个习题的答题情况;同时,教师通过雨课堂于课前推送相关的预习内容,进行重要知识点的前测,以搜集学生遇到的难点问题。课前学生可以在线下提前学习原本在课堂讲授的基础知识点,教师则在课前提前了解学生的知识点接受情况,从而实现在课堂教学环节中,学生有针对性地专心听,教师有针对性地重点讲。

课中,教师利用雨课堂讲授课程知识点,并在授课的过程中开启"弹幕互动"与学生进行实时沟通,了解学生对知识点的掌握情况,监测学生反馈的信息并据此调整授课节奏;通过雨课堂的"自动随机点名"功能,教师可以随机抽取学生回答问题,以集中学生的学习注意力;在讲解重要且难度系数较高的知识点时,教师通过雨课堂的"嵌入式测试"功能,对学生进行随堂检测,并要求学生在规定时间内作答,通过查看学生的整体正确率来判断学生对知识点的掌握情况。此外,教师还可以使用雨课堂内嵌的"红包"功能,为积极参与课程的学生发放红包,鼓励学生参与课程互动,提高学生的学习积极性。

课后,教师既可以向学生推送复习内容,也可以根据课前和课中学生的学习情况有针对性地设计后测题目。后测题目主要是在课堂测验中学生错误率比较高的题目及同类型的题目,以使学生掌握易错的知识点,并做到举一反三;同时,可适当加大后测题目难度,以挑战学生的知识应用能力,实现课堂教学内容的真正内化。

通过基于慕课和雨课堂的高校思政课混合式教学过程设计,课前、课中、课后就构成了一个良性循环。教师可以通过慕课和雨课堂这一智慧教学工具,对学生的预习、学习、复习等基本情况进行全方位、多角度、多维度的了解与把控。课前、课中、课后的有效衔接,则使学生可以带着"问题"走进课堂,带着"答案"走出课堂,逐渐形成了一个有机的学习生态。由此,课堂教学可在真正意义上实现"传道、授业、解惑"。值得一提的是,在每节混合式教学课程结束后,教师都会对本节课程的重点、难点以及学生错误率高的问题进行复盘,为下一次的混合式教学作好充分准备。

 思考与练习

1. 请结合自身学习经历,谈一谈利用在线开放课程开展自主学习时面临的最大挑战。

2. 以小组为单位,任选一种形态的在线课程进行体验式学习,并通过小组成员之间的相互交流和讨论归纳其特点。

3. 任选一门在线开放课程,完成一份基于在线开放课程的混合式教学设计。

 学习资源拓展

1. 张策,徐晓飞,张龙. 利用MOOC优势重塑教学实现线上线下混合式教学新模式[J]. 中国大学教学,2018(5):37-41.

2. 陈肖庚,王顶明. MOOC的发展历程与主要特征分析[J]. 现代教育技术,2013(11):5-10.

3. 王颖,张金磊,张宝辉. 大规模网络开放课程(MOOC)典型项目特征分析及启示[J]. 远程教育杂志,2013(4):69-77.

4. 王永固,张庆. MOOC:特征与学习机制[J]. 教育研究,2014(9):112-120.

5. Class Central MOOC Report:www.classcentral.com/report

# 第七章 信息化教学设计

 学习目标

1. 了解信息化教学设计的内涵。
2. 掌握信息化教学设计与传统教学设计的区别。
3. 能够自选主题,完成一份信息化教学设计,并分享给同伴。

 主要内容

信息化教学设计是现代教育技术的核心内容之一,也是信息时代师范生必须掌握的基本知识和技能,是师范生推动和引领信息化教学改革的必备知识。本章介绍信息化教学设计的内涵及其与传统教学设计的区别和联系,重点讲述了几种常见的信息化教学设计模式的内涵、原则和应用方法。

 知识结构

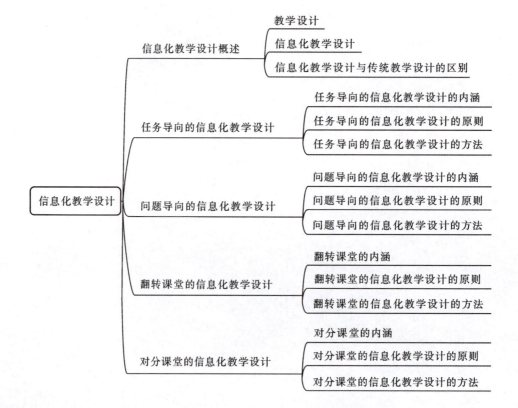

# 第七章 信息化教学设计

## 第一节 信息化教学设计概述

### 一、教学设计

#### (一)教学设计的内涵

关于教学设计的内涵目前存在诸多观点,以下观点具有代表性。

何克抗认为,教学设计是运用系统方法,将学习理论与教学理论的原理转换成对教学目标(或教学目的)、教学条件、教学方法、教学评价等教学环节进行具体计划的系统化过程。

加涅认为,教学是以促进学习的方式影响学习者的一系列事件,而教学设计是一个系统化规划教学系统的过程。

#### (二)常见模型

**1. 迪克-凯瑞教学系统设计模型**

迪克-凯瑞教学系统设计模型采用了系统化方法。系统化方法强调任务中各环节之间的关系。任务中的每一步作为下一步的条件,通过反馈检测其是否达到目标要求。如果没有达到要求,就要对该任务进行反复修改,直至达到既定教学目标,如图7-1所示。

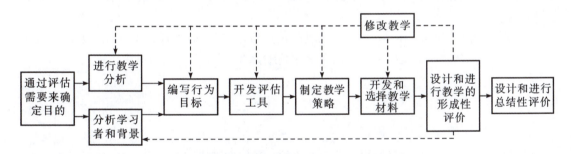

图7-1 迪克-凯瑞教学系统设计模型

**2. ADDIE模型**

ADDIE即分析、设计、开发、实施、评估。ADDIE模型分为以下五个阶段。

(1)分析(analysis):对教学的行为目标、任务、受众、环境、绩效等进行一系列的分析。

(2)设计(design):对将要进行的教学活动进行课程设计。例如对知识或技能进行甄别、分类,对不同类型的知识和技能采取不同的、相应的处理措施,使其能够符合学习者的特点,并能够通过相应的活动使学习者的短期记忆转化为长期记忆。同时,在本阶段应针对学习目标进行验证,并设计出相应的评估学习效果的策略和手段。

(3)开发(development):针对已经设计好的课程框架、评估手段等,撰写课程内容,创建并整合设计阶段构建的内容。

(4)实施(implementation):对已经开发的课程进行教学实施,同时确保所有的技术工具都处于正常的工作状态中。

(5)评估(evaluation):对已经完成的课程及学习者的学习效果进行评估。评估不仅是对课程内容本身的合理性进行评估,更要对学习效果进行评估,以寻找差距、积极改进。

3. ASSURE 模型

ASSURE 模型是一个有用的计划模型,它能够引导我们更好地在教学活动中选择和使用媒体及技术。

(1)分析学习者(analyze learners):对学习者的一般特征、入门能力、学习风格等进行分析。

(2)陈述教学目标(state objectives):尽可能明确地陈述教学目标。作为教学结果,教学目标指在什么样的条件下、在何种程度上,学习者能取得特定的学习成果。

(3)选择策略、媒体和材料(select strategies,media and materials):一旦确定了学习者和教学目标,就明确了教学的起点(学习者当前的知识、技能和态度)和终点(教学目标),教学设计的任务就是在起点和终点之间搭桥,也就是选择合适的教学方法、教学技术、媒体以及教学材料。可以选择合适的材料,修改已经存在的材料,也可以设计新的材料。

(4)使用技术、媒体和材料(utilize technology,media and materials):首先,浏览教学材料,演练一下整个教学过程;其次,准备好设备、设施,布置好教室环境;最后,采用适当的教学技巧实施教学过程。

(5)要求学习者参与(require learner participation):在教学过程中,应该安排不同类型的教学活动,让学习者有机会练习他们习得的知识和技能;同时提供反馈信息,让学习者了解自己努力的成效。

(6)评价与修正(evaluate and revise):教学结束后,必须适时地评价教学效果及学习者的学习情况。设计目标和实施结果之间如果存在差距,则需要在下一轮教学中作修正。

## 二、信息化教学设计

### (一)信息化教学设计的内涵

信息化教学设计是基于建构主义学习理论的一种探究性学习过程设计,它运用系统方法,以学为中心,充分利用现代信息技术和信息资源,科学地安排教学过程的各个环节和要素,以实现教学过程的优化。在信息化教学设计中,教师关注的中心应该是通过将信息技术有效地融合于各学科的教学过程中,营造一种新型教学环境,以实现充分体现学生主体地位的以"自主、探究、合作"为特征的学习方式。其目的在于培养学生的信息素养、创新精神、实践能力和综合能力。

### (二)信息化教学设计的特点

1. 以建构主义理论为基础

传统的教学设计主要是以行为主义理论为基础,信息化教学设计在传统教学设计的基础上,还引入了构建主义、多元智能和系统科学理论。因而信息化教学设计与传统教学设计有着明显的差别,体现了许多不同于传统教学设计的特点与要求。

2. 基于开放的教学模式和教学环境

进行信息化教学设计时,要采用开放的系统思维方式,基于开放的教学模式和教学环境思考整个教学过程,以克服传统教学设计相对封闭、线性思维的特征,让学生在开放的学习环境中按照自己的学习需求,利用丰富的信息资源进行自主化的学习,探索和解决问题,以改变以往封闭、被动、填鸭式的教学方式。

3. **以问题或任务为驱动**

问题或任务是学习目标的情境化体现,教师要以课程的大概念为背景,围绕一个完整的问题或任务设计、安排教学,让学生成为问题(任务)情境中的角色,促使学生学习相关的知识,激发学生创新思考,以培养学生解决问题和完成任务的能力。

4. **反馈调节与学习评价的及时性**

信息化教学设计要求对教学过程实施迅速、及时的评价。教师根据收集到的"实时"信息,对学生的学习做出迅速的评价和反馈;学生通过反馈结果及时了解自己的学习情况,并调整相应的学习策略,最终达到对学习过程的监控和调节。同时,通过采用网络化教学评价系统,可促使学生养成自我反思和自我评价的良好习惯,提高学习评价和反馈调节的效率。

## 三、信息化教学设计与传统教学设计的区别

### (一)教学内容不同

虽然教材没有改变,但传统的教学内容只是单纯的课本知识。利用了信息技术手段后,可对教材进行加工。如利用多媒体技术将过去静态的、二维的教材转变为由声音、文字、动画、图像构成的动态的、三维甚至四维的教材。网络教学的运用,又将教学内容从书本扩展到社会的方方面面。这样就丰富和扩展了书本的知识,学生在规定的教学时间内可以学得更多、更快、更好。

### (二)教学过程不同

在传统的教学设计下,教学过程基本上就是教师讲、学生听。整个课堂由教师主导,学生很少或没有自己思考的时间,只是被动地接受。而在信息化教学设计中,传统的知识归纳、逻辑演绎的讲解式教学过程转变为创设情境、协作学习、自主学习、讨论学习等新的教学过程。课堂真正由学生主导,学生获得了更多的学习机会。

### (三)学生学习方式不同

在信息化的教学设计中,学生由被动地接受知识,转变为主动地学习知识,通过信息技术,利用各种学习资源主动建构知识。学生不仅要学习知识,还要掌握"如何学"的能力。学生必须有独立学习能力、创造能力、创新能力、自主学习能力、自我管理能力、协作能力、协调能力等。学生成为知识的探索者和学习过程中真正的认知主体。而在传统的教学设计中,学生只是充当忠实的听众角色,很少或者没有发挥自己主动性的机会,学到的也只是课本内容的复述。

### (四)教师角色不同

教师由传统的知识讲解者、传递者、灌输者变成了学生学习的指导者、帮助者、促进者。在信息化教学设计中,教师不再是唯一的知识源,教师不能再把传递知识作为自己的主要任务和目的,而要把精力放在如何教学生"学",为建构学生的知识体系创设有利的情境,使学生"学会学习",懂得"从哪里"和"怎么样"获取自己所需要的知识,掌握获得知识的工具和根据认识的需要处理信息的方法。

# 现代教育技术

信息化教学设计与传统教学设计的区别如表 7-1 所示。

表 7-1 信息化教学设计与传统教学设计的区别

| 比较项目 | 信息化教学设计 | 传统教学设计 |
|---|---|---|
| 教学目的 | 综合素质的培养 | 专业人才的培养 |
| 课堂组织形式 | 信息技术与课程整合 | 班级授课 |
| 教学方式 | 以学习者为主体 | 以教师为主体 |
| 教学结构 | 学习者主动探究 | 学习者被动接受 |
| 学习工具 | 以电子文档、网络为主 | 以教科书、黑板为主 |
| 学习环境 | 开放式 | 封闭式 |

## 第二节 任务导向的信息化教学设计

任务式教学驱动是当前较为新颖的教学模式,它符合新型的教育教学理念,可以帮助学生更好地掌握信息技术知识。

### 一、任务导向的信息化教学设计的内涵

#### (一)任务驱动教学法的含义

任务驱动教学法是建立在建构主义教学理论基础上的一种教学方法,是建构主义理论在教育教学中的一种具体应用。建构主义学习理论强调,学习者的学习活动必须与任务或问题相结合,以探索问题来引导和维持学习者的学习兴趣和动机,通过创建真实的环境,让学生带着任务学习,以使学生拥有学习的主动权。这种教学法主张教师将教学内容隐含在一个或几个有代表性的任务中,以完成任务作为教学活动的中心;学生在完成任务的动机的驱动下,通过对任务进行分析,明确其涉及哪些知识,需要解决哪些问题,并找出哪些是旧知识,哪些是新知识,并在教师的指导、帮助下,通过对学习资源的获取、加工和应用,在自主探索和互动协作的学习过程中找出完成任务的方法,最后完成任务,建构知识体系。它是一种学生主动学习、教师加以引导的教学方法,打破了传统教学方法中注重学习的循序渐进和积累的老套路,不再按照教学内容从易到难的顺序,而是以完成一个任务作为驱动来进行教学。

#### (二)任务驱动教学法的特征

**1. 以任务为主线**

在任务驱动教学法中,任务的设计处于核心位置,贯穿于整个教学过程。任务是课堂教学的主线,教师首先通过创设问题情境把所要学习的内容巧妙地隐含在一个个任务主题中,要求学生带着任务去学习;然后通过巡视课堂,了解学生完成任务的情况;再针对各种情况指导学生探索完成任务的途径;最后进行课堂小结,归纳出结果,使学生通过完成任务达到掌握所学知识的目的。

**2. 以教师为主导**

建构主义教学理论指导下的任务驱动法要求教师改变传统的角色,从传统的向学生传递

知识的权威转变为指导学生学习的导师。教师不仅要在学习内容上引导学生达到学习目标，而且要在学习方法和技能方面指导学生。在任务驱动教学法中，教师的主导作用体现在以下几点。

(1)任务的设计者：教师通过分析学生、分析教材制定出任务。

(2)任务情境的创设者：建构主义理论认为，学习情境的创设是有效教学的一个重要组成部分，所以教师应努力创设有利于完成任务的情境。

(3)完成任务的指导者：学生在完成任务过程中不会一帆风顺，教师要随时加以指导，及时给学生提供帮助，保证任务的顺利完成。

(4)任务完成的评价者：学生任务完成的情况需要教师予以评价。

(5)课堂的监控者：课堂是动态的，教师通过巡视课堂了解学生完成任务的情况，引导学生向正确的方向努力。

### 3.以学生为主体

任务驱动教学法有助于发挥学生的主体性，具体表现在以下几个方面。

(1)培养学生自主学习的能力。任务驱动法将学生置于与当前学习主题相关的、尽可能真实的学习情境中，使学生的学习直观化、形象化。生动、直观的形象可以有效地激发学生联想，唤起学生原有认知结构中有关的知识经验，从而有利于学生利用原有的知识经验去"同化"或"顺应"新知识。在任务完成过程中，真实的学习情境、强烈的好奇心驱使学生主动地探索和发现，完成有关知识的建构，从而增强自主学习的能力。

(2)培养学生的创造能力。任务驱动法使学生从实际出发，提出问题、分析问题、解决问题，在解决问题过程中建构知识和掌握技能。任务驱动法摒弃了传统课堂教学中的"传递—接受"模式，不再简单告诉学生每步怎么做，而是发展学生自主思考的能力。学生可以根据自己的理解，自由选择解决问题的方法和途径。

(3)培养学生的团体协作能力。教师进行任务设计时，既有独立的任务，又有协作完成的任务。所以学生在完成任务的过程中，不仅要与教师交流，还要与同学交流。在这种互动过程中，学生与他人交换意见，调整和完善自己的观点。大家在相互交流的过程中不断增长知识技能，促进了同学间良好的人际关系，进一步培养了学生的协作精神。

## 二、任务导向的信息化教学设计的原则

### (一)情境原则

在任务驱动式教学中，任务情境将直接影响任务的确立。恰当的任务情境能够激发学生探究的兴趣，有利于学生主动地理解任务、分析任务，关系到任务驱动式教学能否顺利进行，它成为实施任务驱动式教学的前提条件。任务情境应与现实生活相适应，与学生已有知识经验相联系，与教学目标相联系。

### (二)反应原则

任务要包含处理信息所需要的知识和技能，通过理解、分析、综合、评价、反应、协商、争论等获得新知。学生面对一个真实复杂的任务，并在完成任务的过程中扮演积极的角色，在寻找问题解决策略的同时获得知识和技能。任务驱动应能激起学生强烈的情感反应和认知反应。

### (三)以学生为中心原则

任务驱动教学模式强调学生的中心地位,任务的设计一定要符合学生的特点,也可以鼓励学生根据知识点和自身的实际情况提出任务。

### (四)任务信息化原则

在确定任务时,要考虑实际教学中的信息化教学环境,以及任务设计中的媒体、工具或资源的使用和开发。

## 三、任务导向的信息化教学设计的方法

### (一)设计任务

任务驱动教学法需要教师对教学内容进行优化组合,将教学内容设计成由简到繁、由易到难的一系列任务,让学生在完成任务的过程中掌握知识,培养其分析问题、解决问题的能力。

### (二)创设情境,提出任务

在提出任务时,应尽可能模拟与任务相关的学习情境,使学习更加直观和形象化,激发学生联想,唤起学生原有认知结构中相关的知识、经验,使其身临其境地投入到任务的完成过程中去。

### (三)分析任务

给出任务之后,教师通过启发和帮助,引导学生对任务进行分析,产生一系列需要依次完成的子任务,并找出哪些任务要用到已有的知识,哪些需要新知识,从而使学生明确学习目标。

### (四)独立或协作完成任务

学生可以自己或者分组完成任务。在此过程中,应强调独立探索。教师可以向学生提供解决问题的有关线索或资源,但不能直接告诉学生解决方法,应注重发展学生的自主学习能力。

### (五)交流评价

学生各自完成任务后,教师要组织学生进行交流,相互评价。一方面是对任务完成情况进行考核;另一方面促使学生进行反思和总结,内化所学知识。

## 第三节　问题导向的信息化教学设计

## 一、问题导向的信息化教学设计的内涵

以问题为导向的教学模式又称为 PBL(problem-based learning)教学模式,即通过教学设计把学习置于复杂的、有意义的问题情境中,通过学习者的自主探究和合作来解决问题,完成知识的学习,最终掌握解决问题的技能和自主学习的能力。其内涵从不同的角度出发,会引发不同的认识。

问题导向式教学以问题作为引导学生学习和思考的出发点,通过提出适当的问题启发学生运用前期学过的各种知识和技能搜集材料、研究问题,在解决问题的过程中学习新知识、新技能、新思路、新方法,从而扩充学生的知识量,增强学生逻辑思维的严密性,提高学生分析问

题与解决问题的能力,培养学生将理论应用于实践的创新能力。该观点重点突出问题在教学过程中的核心作用。

从教师的角度出发,问题导向式教学需要教师以教学内容和学情分析为基础,设置难度适宜、带有趣味性的实际问题,在此情境下逐渐引导学生分析问题、解决问题,并在引导中不断挖掘学生潜能,鼓励学生进行问题探究,从而发现新知识、建构新知识。这种观点主要强调了教师在问题导向式教学中的引导作用,且高度概括了该教学方法的目的和具体实施过程,从而体现了教师的重要性。目前,该观点普遍被学术界所认同。

从学生的角度出发,问题导向式教学需要学生在具体问题情境中积极思考,在教师的指导和帮助下运用前期积累的知识和技能尝试分析问题、解决问题。在此过程中,学生能够发现新知识,重新构建知识结构,发展高层次的逻辑思维能力,提高将理论应用于实际的水平,并逐渐形成创新思维、增强创新意识。该观点主要强调了学生在问题导向式教学中的主体作用,并且高度概括了该教学方法的学习步骤。

## 二、问题导向的信息化教学设计的原则

### (一)问题引导学习,问题激活知识

问题是该教学方法中的核心课题,科学知识的增长和创新能力的培养是从问题开始的。

### (二)已有知识和新知识应有承接性

这需要教师精心设置问题和用心引导。通过提问,引导学生用已有的知识和方法解决问题,或者用有所改进或创新的方法解决问题,从而培养学生搜集信息、整理信息、利用信息解决实际问题的能力。

### (三)知识的归纳总结

在经过提出问题、学生讨论、解决问题这一系列过程之后,教师应该根据具体教学情况对已有知识和新知识作总结归纳,并对其中涉及的学习方法、思维方式做出总结。

## 三、问题导向的信息化教学设计的方法

### (一)课前问题准备

区别于传统讲解式教学,问题导向式教学主要依靠学生自主完成知识的学习,因此问题的设计非常关键。教师在重构教学内容和设计导向问题时需要注重以下几个方面。

1. 注重与实际相结合

实训教学更注重学生技能的培养,以实际情境为依托,让问题贯穿整个过程。学生通过解决问题能够系统学习知识点和技能点,一气呵成。教师需要根据课程需要准备相应的教学资源,包括教学案例、微视频等,然后在此基础上设置问题,做到有的放矢。

2. 注重成果导向

教师在设计问题时应从教学目标出发,注重成果导向,让学生一开始就有明确的学习目标,清楚在解决问题的过程中能够获得的知识和技能,激发学生的学习兴趣。

3. 注重培养学生的独立思考能力、创新进取精神

教师在设计问题时应注重引导学生进行思考和创新,而不是单纯的问答,促使学生提高综

合能力。这也符合当今教育的发展趋势及教育宗旨。

### (二)课堂教学的组织与互动交流

课堂教学与互动交流是问题导向式教学的知识内化环节,需要教师对学习活动进行有效组织和积极引导。在课堂教学阶段,教师应注意加强师生间的交流,为学生提供个性化的指导,有效组织学生协作,引导小组成员之间的多向交流,为学生营造一个良好的团队氛围。对遇到困难的学生应尽量采取提问式引导,通过提问来帮助学生反思所遇到问题的关键点和解决方案,最大限度地提升课堂活动的效果,深化知识内化的程度。

### (三)多样的教学评价

教学评价是影响教学效果的重要因素,问题导向式教学的评价方式应更加注重"过程"和"结果",评价内容包含课前自学情况、课中实训完成情况、实训成果总结与展示的频率以及课后安排完成情况等。对这些内容进行有效测量,才能准确评价学生对课程内容学习的情况。

## 第四节 翻转课堂的信息化教学设计

### 一、翻转课堂的内涵

翻转课堂又名颠倒课堂,是由"flipped class model"翻译而来的。在翻转课堂模式中,课前学生独立自主地学习教师上传到网上的教学视频,并完成相应的课前任务。在此过程中,学生的学习环境较为宽松,一定程度上减轻了学习的压力,同时培养了学生自主学习的能力。在课堂上,为学生答疑解惑是教师的主要工作,同时指导学生完成相应的练习,对学生的作业完成情况进行总结,并及时指出普遍存在的问题。通过这种模式进行教学,可以在一定程度上实现"因材施教"。教师可以为成绩好的学生制订学习计划,引导其独立自主地去学习,同时可以有侧重地去督促、辅导成绩较差的学生完成学习任务,如图7-2所示。

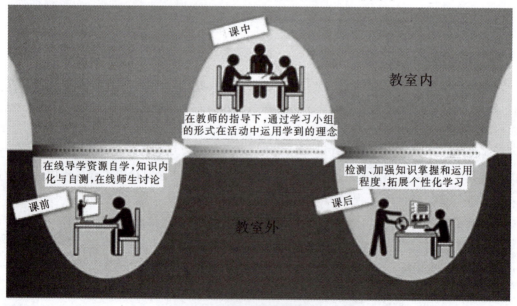

图7-2 翻转课堂的教学模式

## 二、翻转课堂的信息化教学设计的原则

### (一)以学生为中心的教育原则

传统课堂教学流程强调先教师讲授,后学生练习,强调先进行知识的传授,然后是学生对知识的内化,体现了"以教师为中心"的教育理念,容易忽略教学对象的差异,漠视学生的个性需求,使学生课堂自主活动整体缺失,压制了学生质疑、批判、探索、创造能力的发展。翻转课堂教学则强调把知识传授放在课前,学生通过自主学习完成课程的学习内容。课堂上教师组织和引导学生通过答疑、协作学习、小组探究等形式进行知识的内化,体现了"以学生为中心"的教育理念,有效地避免了传统教育中学习内容的强制性、思维过程的依赖性。在借助信息技术进行自主学习的过程中,学生不再只是掌握知识本身,更重要的是学会了如何学习,学习能力得到提高,学习成绩必然有所提高。

### (二)课堂互动交流有效性原则

翻转课堂所翻转的是知识传授和知识内化这两个基本教学过程,而不是简单的形式翻转。翻转课堂的初衷是将相对容易的知识传授过程移至课下由学生自主学习,以释放宝贵的课堂时间用于促进学生知识内化。课堂知识内化是翻转课堂的中心,教师需要在评测学生课下学习情况的基础上,对课上的交流活动进行精细化设计,让学生在高质量的交互中完成知识内化。在课堂活动设计中,不仅要借助多媒体和网络等信息化资源,也要利用好面对面交流、集体面对面协商的契机,发掘、利用各种信息通道,助推学习者对知识的理解和内化。

### (三)评价方式多元化原则

翻转课堂的教学效果评价要实现评价方式多元化,打破传统评价中教师以分数和升学率为主体对学生进行评价的体系,建立由教师评学生、学生互评、学生评价课程构成的多元评价方式,并强调终结性评价与形成性评价相结合,允许学生观看其他教师相同主题的教学内容,关注学生的学习过程与课堂教学过程,关注教育资源的共享和促进教育均衡发展。翻转课堂的教学评价关注学生素质的全面发展,体现教育促进学生全面发展的理念。

## 三、翻转课堂的信息化教学设计的方法

### (一)教学的分析与设计

教师要进行有效的教学设计,必须对学生的特点进行分析,并结合教学目的,设计和编制教学目标。由于要求学生在自主学习时了解教学目标,翻转课堂教学目标的编写强调细化内容,即把一个综合性的目标细化成许多小的、分散性的目标。在描述目标时尽可能分层次,从而体现结构性特点,并说明哪些是课前应达到的目标,哪些是课堂上应达到的目标。

### (二)教学内容的选择与制作

在这一环节中,教师根据微课程的设计方法,首先要有针对性地选择教学内容。在选择教学内容时要与细化的教学目标相对应,以知识点来设计教学内容和评测题库。其次,一般采用视频呈现教学内容,也包括文本和音频等形式。教师可以从开放资源(如哈佛、耶鲁公开课,可汗学院课程,中国国家精品课程,大学公开课,互联网上的视频网站等)中寻找视频,也可根据

教学内容自己用录制软件提前录制视频。一般要求视频的长度短小精练,并集中呈现关键教学内容。再次,根据学生的特点设计几个层次的教学内容,以便不同学生能根据自身特点选择教学内容。最后,由于视频教学内容是学生自主学习的,即使是很简单的内容,也不能跳跃教学步骤,并且在结束时需要对学习内容进行总结,强调重难点。同时,教师需要根据选择的教学内容设计课前学习单,以学习单中的问题引导学生自主学习。学习单一般包括五个方面的问题,即让学生回答"我知道什么""我想学什么""我发现了什么问题""我已经学会了什么""我如何学会的"。

### (三)自主学习情境的创建

在这一环节,教师需要准备教学装备,如学生通过网络进行自主学习的设备、视频服务器等,以及网络自主学习平台等。

### (四)自主学习策略的选择与设计

教师根据不同的教学内容,选择不同的自主学习策略(如支架式教学策略、抛锚式教学策略、随机进入教学策略等),设计学生自主学习活动。

### (五)课内教学准备

教师通过交流平台中学生所提出的疑问、学生课前评测结果和学生填写的学习单,总结出一些有针对性的探究题目,以课内学习单的形式提供给学生,并对课内学生的活动(独立探究、协作学习、成果交流和汇报、评价等)进行设计。

## 第五节 对分课堂的信息化教学设计

### 一、对分课堂的内涵

2014年秋,复旦大学教授张学新立足于中国教育实情,以教育心理学理论为依据,提出中国原创的教学模式——对分课堂。其核心理念是将课堂时间一分为二,一半留给教师讲授,一半留给学生讨论,并在讲授和讨论之间引入心理学的内化环节,让学生对讲授内容消化吸收之后,有准备地参与讨论。在时间上对分课堂分为三个过程,即讲授(presentation)、内化吸收(assimilation)和讨论(discussion),因此也可简称为PAD课堂,如图7-3所示。

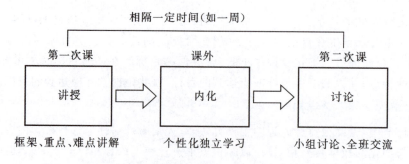

图7-3 对分课堂的基本流程

## 二、对分课堂的信息化教学设计的原则

### (一)先教后学

认知心理学强调知识的作用,认为知识是决定人类行为的主要因素。对分课堂先讲授知识,为学生提供一个认知的模型和结构,让学生形成一定的认知压力和认知困惑,以增强学生的探索欲望和学习动机。

### (二)合理分组

对分课堂上的学生讨论不受班级人数的限制。按照"组内异质、组间同质"的原则分组,每组4~6名学生,并考虑男女比例和成绩差异。

### (三)甄选教材

学生对知识内化的质量取决于输入内容的优劣。优秀的教材是成功授课的重要保障。教材的配套练习应合理新颖,能够启发学生的批判性思维,带动学生对各方面的信息提出质疑。优秀的教材也能够启发教师,让教师从更高的层次、更新的角度审视专业知识。这也对教师的素质提出了更高的要求。

### (四)科学评价

对分课堂采用过程性评价,不仅考核知识,还考核能力。学生的最终成绩可以包含平时作业(50%)、期末考试(45%)和报告(5%)等部分。平时作业可以按照次数计分,如果布置10次作业,则每次记5分;期末考试可以包含两部分,例如将闭卷考查课本知识与开卷考查理论应用能力相结合;报告可以是书面的,也可以是口头的。给学生布置平时作业的目的是督促其复习,以保证学生理解基本内容,并能够进行深入、有意义的交流讨论。在批改平时作业时,教师可以按照"合格""良好"和"优秀"等来判分,重点是对学生的学习态度和创新性进行评价。

## 三、对分课堂的信息化教学设计的方法

### (一)改变学生的传统观念

已有的经验表明,对分课堂的教学成效会受到学生惯性被动学习观念的影响,一些传统观念更是会影响教学效果。为此,需要重点改变学生的传统学习观念。在教师方面,应帮助学生树立正确的学习思维,使其能够将自己视为学习的中心。教师还应关注学生的价值观、情感和精神状态,以便能够有针对性地对其进行教导。此外,要培养学生的求学观念,通过多种形式激发其内在的学习动机。当然,在这一过程中,教师也应进行立志教育,以此促进学生责任感和使命感的提升。

### (二)教师要建立心理相容的班级氛围

对分课堂的内核是充分发挥学生的主体作用,通过强化学生参与课堂活动提升学习效果。为此,教师有必要为学生建立适应对分课堂的学习氛围和心理相容的班级气氛。教师应具有健康的人格魅力,关爱学生并信任学生,能够将课堂交到学生手里,认为学生的表现具有不可低估的影响,让学生能够产生被尊重的感觉。

### (三)增强授课内容的系统性

对分课堂是在保留传统课堂讲授范式的基础上发展起来的,强调教材的优秀性与经典性。

因此,为了获得更理想的教学效果,需要重视教材的作用。为此,在编写教材或者选择教材时,教师应重点关注话题选择、体系编排与练习内容等,在条件允许的情况下还要及时更新与修订重难点内容。同时,教师要持续不断地研究教材,借助有限的课堂讲授时间,按照重难点内容选择合适的讲授方式,并结合教材中的练习设计课后自学的内容与方式等。

思考与练习

1. 比较和分析基于问题的教学设计与基于任务的教学设计之间的区别和联系。

2. 在实施翻转课堂教学时,如何做到课堂内和课堂外的无缝对接?如何有效评判学习者课堂外的学习效果?

3. 任选一种信息化教学设计模式,自选主题,完成一份信息化教学设计,并与其他同学相互分享。

学习资源拓展

1. 张学新. 对分课堂:心理学推动教育变革的可能[N]. 文汇报,2017-01-13(6).

2. 张学新. 对分课堂:大学课堂教学改革的新探索[J]. 复旦教育论坛,2014(5):5-10.

3. 祝智庭. 现代教育技术:走向信息化教育[M]. 北京:高等教育出版社,2001.

4. 刘斐. 论问题导向教学[D]. 武汉:华中师范大学,2014.

5. 董黎明,焦宝聪. 基于翻转课堂理念的教学应用模型研究[J]. 电化教育研究,2014,35(7):108-113,120.

6. 王慧君,王海丽. 多模态视域下翻转课堂教学模式研究[J]. 电化教育研究,2015,36(12):70-76.

7. 可汗. 翻转课堂的可汗学院:互联时代的教育革命[M]. 刘婧,译. 杭州:浙江人民出版社,2014.

8. 倪彤. 微课/慕课设计、制作与应用[M]. 北京:清华大学出版社,2016.

9. 上海市教育委员会教学研究室. 基于问题解决:提升课程领导力的行动[M]. 上海:华东师范大学出版社,2013.

# 第八章 信息化教学评价

 **学习目标**

1. 掌握信息化教学评价的基本内涵及特点。
2. 能够在信息化教学设计中创造性地应用常见的信息化教学评价工具。
3. 了解信息化教学评价的发展趋势。

 **主要内容**

信息化教学评价是信息化教学活动的重要组成部分。本章主要介绍信息化教学评价的内涵、特点、原则，以及其与传统教学评价的区别，并在此基础上介绍了几种常见的信息化教学评价工具。最后初步介绍了信息化教学评价的发展趋势。

 **知识结构**

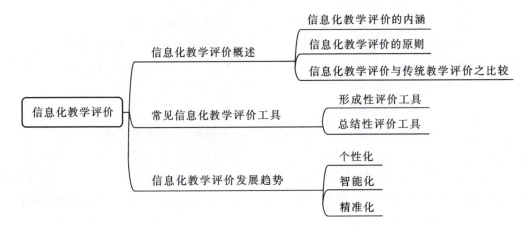

# 第一节　信息化教学评价概述

## 一、信息化教学评价的内涵

### (一)教学评价的含义

教学评价是指运用一系列可行的评价技术和手段评测教学过程和效果的活动,以期确定教学状况与教学期望的差距,并找出教学问题解决对策的过程。其根本目的是改善学与教的效果。它是根据具体学科的教育目的及原则,对教学过程和所产生的成果进行定量的测量,进而做出价值判断,为学生的发展和教学的改进提供依据。科学的评价体系是实现教学目标的重要保障。

### (二)教学评价的类型

教学评价按评价基准可分为相对评价、绝对评价和个体内差评价;按评价功能可分为诊断性评价、形成性评价、总结性评价;按评价的表达方式可分为定性评价、定量评价;按评价对象可分为面向学习过程的评价(侧重于测量与评价学生的学习情况,可以分成形成性评价和总结性评价)、面向学习资源的评价(侧重资源建设质量的把关,目前常用的教学资源评价方法包括自我评价、组织评价、使用评价和过程评价);根据评价参与主体分为自我评价和外部评价。

### (三)信息化教学评价的含义

信息化教学评价是指在现代教育理念的指导下,运用一系列评价技术和工具,对信息化教学过程进行测量和价值判断,为教学问题的解决提供根据,并保证教学效果的过程。信息化教学评价的发展和完善,有利于学生在自主学习过程中构建知识体系。评价维度越多样,数据反映的行为越具体;评价体系越合理,数据反映的信息可信度越高。

### (四)信息化教学评价的特点

(1)信息化教学评价关注学习过程,是体现"以学为中心"的新型教学评价。在整个教学过程中,评价很自然地融入真实的教学和学习任务之中,是整个学习过程中不可分割的一部分。

(2)评价主体多元化。信息化教学评价不再像原有的评价方式那样,只把教师的评价放在最权威的位置上。评价主体将呈现多元化的趋势,学习者将有机会制订和使用评价的标准,对评价进程和质量承担一定的责任。

(3)倡导动态的、过程性的评价。传统评价往往是在完成教学之后对教学结果进行孤立、终结性的评价。而信息化的教学评价更注重将评价嵌入到教学过程之中。

(4)注重通过合理的评价方案选择和收集适宜的资源,以保证学习内容的良性循环。

## 二、信息化教学评价的原则

### (一)以学生为主体

学生既是学习的主体,又是评价的主体。在开展教学前,教师要指明教学目标,使学生对自己要达到的结果有一个明确的认识。这能充分发挥学生的主观能动性。在评价时要重视学生在实际任务中所表现出的能力,注重对学生综合素质的考查,强调评价指标的多样化,促进学生的全面发展。评价要突出发展、变化的过程,面向学生的未来发展,注重学生的长远需要,鼓励学生积极、主动地对自己的学习情况进行评价与反思,即自我评价。这能使学生有针对性地反思与提高自身的学习水平。同时,重视学生评价的反馈调节功能,帮助学生有效调控自己的学习过程。评价通常采用问卷调查表的形式来实现,可以帮助学生通过回答预先设计的问题产生某种感悟,从而促使他们对自己的学习过程和学习结果进行重新审视和改进,以增强自信心和自主学习能力。

### (二)评价内容的广泛性

各种社会因素的影响造成人才标准单一、选拔机制僵化,应试教育倾向在基础教育领域仍占很大比重,考试分数成为评价的唯一标准。随着信息化时代的到来,教学评价充分体现了教育、教学目标,对学生评价的内容是多方面的,克服了以前仅凭考试成绩来评定学生的弊端。它包括学业成绩、创新能力、实践能力、情感体验、合作意识等。比如在英语教学过程中,评价内容主要包括学生是否有浓厚的学习兴趣,在进行任务型学习时是否有主动学习的态度和合作学习的能力;是否能根据不同的学习任务调整自己的学习策略。还包括通过测验的形式判断学生掌握教学内容的情况。评价内容的广泛性适应了个体差异,也注重个体发展的相异性,充满了人文关怀。它体现了信息化教学评价的多元性、多样性与可选择性。

### (三)评价手段和方法多元化

评价内容的广泛性决定了评价手段和方法应多元化。

#### 1. 形成性评价

形成性评价指对学生日常学习过程中的表现、所取得的成绩以及所反映出的情感、态度、策略等方面的发展做出的评价。通过多种评价手段和方法对学生在学习过程中表现出的兴趣、态度、参与程度,以及他们的语言发展状态做出判断,对他们的学习尝试做出肯定,可以促进学生的学习积极性,从而帮助教师改进教学。通过形成性评价能有效了解学生的学习状态和发展趋势,揭示学生在学习中的情感状态,从而促使其不断提高自身素质,有利于学生的可持续发展。

#### 2. 学习档案

教师按一定目的收集反映学生学习过程及最终成果的材料,形成学习档案,使学生通过它检视自己的成长。凭借学习档案所提供的具体参考资料,教师也能有效地辅导和支持学习者达到学习目的,有助于促进学生个人的成长。

总之,无论是何种方法,都应体现多元化原则,重视评价的功能,以起到反馈调节的作用。在具体的评价中还要重视合作的原则,提倡教师与学生的合作以及学生之间的合作;要坚持鼓励性原则,以利于加强和保持学生的学习兴趣,从而提高学生的学习积极性;要坚持发展性原则,评价的结果应既能反映学生学习现状,又能反映学生的发展潜能。

## 三、信息化教学评价与传统教学评价之比较

为了达到信息化教育的培养目标,信息化教学评价必须要与各种相关的教学要素相适应,因而它与传统的教学评价迥然不同,具体可以概括为以下五点。

### (一)评价目的不同

传统的教学评价侧重于评价学习结果,以便给学生定级或分类。评价通常包含根据外部标准对某种努力的价值、重要性、优点的判断,并依据这种标准对学生所学到的与没有学到的知识进行判断。为了评价学习结果,传统的评价往往是正规的、判断性的。而在信息化教学中,评价是基于学生的表现和学习过程,主要评价学生应用知识的能力。关注的重点不再是学生学到了什么知识,而是在学习过程中获得了什么技能。这时的评价通常是不正规的、建议性的。

### (二)评价标准的制定者不同

传统评价的标准是根据教学大纲或教师、课程编制者等的意图制定的,因而对团体学生的评价标准是相对固定且统一的。而信息化教学强调学生的个性化学习,学生在如何学、学什么等方面有一定的控制权,教师则起到督促和引导的作用。卡赛特(Csete)和詹(Gentry)甚至建议使用名词"学生控制的教学"(learner controlled instruction)来代替这种以学为中心的教学,学生所"控制"的要素中也包括对"评价"的控制。为此,在信息化教学中,评价的标准往往是由教师和学生根据实际问题以及学生先前的知识、兴趣和经验共同制定的。

### (三)对学习资源的关注不同

在传统教学中,学习资源往往是相对固定的教材和辅导材料,因而往往会忽视对于学习资源的评价。而在信息化教学中,学习资源的来源十分广泛,特别是互联网上的学习资源十分丰富。然而这些资源的质量却参差不齐。在这种情况下,如何选择适合学习目标的资源不仅仅是教师的重要任务,也是学生终身学习所需要的必备能力之一。因而,在信息化教学评价中,对学习资源的评价受到更广泛的重视。

### (四)学生所获得的能力不同

在传统的教学评价中,学生的角色是被动的。他们通过教师的评价被定级或分类,并从评价的反馈中认识自己的学习是否达到预期。然而,在信息化社会中,面对不断更新的知识,作为一个合格的终身学习者,自我评价将是必备技能。培养学生的这种技能本身就是信息化教学的目标之一,也是评价工作的任务之一。

### (五)评价与教学过程的整合性不同

在信息化教学中,培养自我评价的能力是教学的目标之一。评价具有指导学习方向和在教学过程中激励学生的作用。正是由于有了评价,学生才有可能达到预期的学习结果。因此,评价是与真实任务相结合的,评价的出现是自然而然的,是整个学习过程中不可分割的一部分。

应该指出的是,虽然信息化教学评价与传统教学评价相比有种种不同之处,但在应用中并不是对立的。

## 第二节 常见信息化教学评价工具

为了适应信息化社会对人才的要求和素质教育的需要,信息化教学应该将形成性评价和总结性评价相结合。常用的评价工具有:形成性评价工具,如电子档案袋、评价量规、学习契约;总结性评价工具,如测验和考试,可以利用计算机来帮助实现总结性评价,如使用光电阅读机处理答题卡,在网络上进行在线客观题测试等。

## 一、形成性评价工具

形成性评价不仅可以帮助学生强化已学知识,还可以帮助他们发现不清楚的知识点。其宗旨在于有效推进课程进展,帮助教师及时了解学生的实际学习情况,发现学生在学习中存在的实际问题,探索解决问题的方法。这种评价方式可以使用的工具有以下几种。

### (一)电子档案袋

电子档案袋是指在信息技术环境下,学生的学习目的、学习活动、学习成果、学习业绩、学习付出、学业进步,以及对学习过程和学习结果进行的反思等资料的集合。电子档案袋通过多个方式展示学生的表现,学生可以由此发现自己在学习上的进步,并对改进自己的学习方法产生兴趣,进而对学习任务产生责任感,主动探索如何规划自己的学习进程和评估自己的学习效果。实质上这是一种基于学生真实学习成果或表现的过程性评价工具,学生本身就是评价的主体。

电子档案袋应该包括下列元素:学习目标;材料选择的原则和量规;教师和学生共同选择的作品范例;教师的反馈与指导;学生的自我反省;清晰合适的作品评价量规等。在最开始的教学实践中,档案袋是一个真实的袋子,用来存放学生的作品和证明其在学习过程中不断进步的材料。随着信息技术的发展,尤其是办公自动化软件和博客的出现,教师在教学过程中开始使用这些工具进行评价,即形成了电子档案袋。现在博客作为一种电子档案袋评价工具已经在教学实践中广泛使用,并取得了良好的效果。博客以时间为轴记录了学生的五大类信息,即学生信息、学习成果、学习反思、学习依据和学习过程,非常有利于开展过程性评价和真实性评价。

### (二)评价量规

评价量规是一个真实性评价工具,它是评价学生的作品、成果、表现或者评定等级的一套标准,也是一个有效的教学工具,是连接教学与评价的重要桥梁。表 8-1 是一个有关合作学习的评价量规。

表 8-1 评价量规

| 项目 | 评价内容 | 等级 | | | |
|---|---|---|---|---|---|
| | | 优秀(4分) | 良好(3分) | 一般(2分) | 差(1分) |
| 合作学习框架 | (1)目标描述清晰、准确,且可观察或测量 | | | | |
| | (2)目标紧密结合课程教学目标及21世纪技能 | | | | |
| | (3)目标描述能够说明学生在完成任务后行为或能力的变化 | | | | |
| | (4)时间合理,能确保目标的实现 | | | | |
| | (5)分组方式合理 | | | | |
| | (6)合作者互动方式多样,且有助于完成任务 | | | | |
| | (7)所选工具类型多样,且支持师生协作 | | | | |
| | (8)所选工具适合所设计的合作学习活动 | | | | |

续表

| 项目 | 评价内容 | 等级 | | | |
|---|---|---|---|---|---|
| | | 优秀(4分) | 良好(3分) | 一般(2分) | 差(1分) |
| 合作学习活动 | (1)情境真实有趣,能够启发学生的学习兴趣 | | | | |
| | (2)情境背景能够突出活动主题 | | | | |
| | (3)任务描述简单明了,且具有可行性 | | | | |
| | (4)任务能够促进学习目标的实现 | | | | |
| | (5)任务的难易程度符合学生的认知水平 | | | | |
| | (6)成果展示方式多样 | | | | |
| 评价工具 | (1)评价工具能测量学习目标的达成 | | | | |
| | (2)评价工具的选择和运用恰当 | | | | |
| | (3)量规维度能够全面反映学生的学习表现,且行为描述可观测 | | | | |
| | (4)对评价内容的描述清晰明确 | | | | |

评价量规具有以下三个要素：一是评价准则,决定评价学生表现、行为或作品质量的各个指标,如表8-1中的"项目";二是等级标准,说明学生在完成任务的过程中处于什么样的水平,如表8-1中的"等级"划分;三是具体说明,描述评价准则的具体内容,使等级标准有据可循,如表8-1中的"评价内容"。

评价量规具有以下优势：第一,帮助教师和学生定义"高质量"的学习,使学生明确学习的要求和目标;第二,清楚地显示评价学习的方式和教师的期望,让学生明白"如何做"才能达到这些期望;第三,使用具体的术语描述标准,降低评价的随意性,使评价更客观、公正;第四,帮助学生比较深入地思考和判断自己作业的质量,减少了"我还要做什么"的问题;第五,除了由教师评价学生的学习情况外,还可以让学生自评或同学互评;第六,评价量规可以经过修改重复使用,以评价多种类型的学习活动。

制定量规的一般步骤：选择已有的评价材料,分析材料并找出其中的特点,初步确定优、良、中、差四个等级的标准;将分解出的等级标准进一步细化,制定出量规的二级指标;在小范围内使用制定出的量规,并根据使用情况进行修改。

### (三)学习契约

学习契约是一份由学习者和帮促者(专家、教师或学友)协商拟定的书面资料,清楚载明学习的内容、学习的程序和方法、学习的时间以及评估的方式等,以详细规范教、学的职责。简单说就是学习者与帮促者之间的书面协议或者保证书。

学习契约的设计要素有：学习者姓名及相关信息;课程名称和级别;学习目标;达成学习目标的依据;得分保证;学习资源和策略;时间期限;协议双方的签名。拟定学习契约的主要目的是培养学习者规划学习的能力和加强学习者自我学习的责任心。学习契约允许学习者控制自己的学习进程,从而在最大程度上满足了学习者的个性化需要。由于学习者自己参与了保证书的签订,了解预期的学习任务,因而他可以在较长的时间内根据契约的内容评价自己的学习,保持积极的自律,也能激发学习动机与学习热情。

学习契约的优点有:第一,可加强教与学之间的良性互动;第二,可使教学更具弹性,能顾及学习者之间的差别;第三,能够有效地控制学习程序;第四,能够同时培养教与学双方的教学设计能力;第五,学习者具有一定的主动权,能激发其学习的积极性。

学习契约评价应遵循以下几个步骤:诊断学习的需要,并确立学习目标,让学习者在学习之前就已明确学习内容及要达到的标准;根据学习者的学习习惯、时间表、所能承担的费用等各种因素来选择最优的学习资源和策略;制订学习计划,包括如何实现既定目标,如果遇到困难或障碍将采取哪些其他可供选择的计划或方案;学习者和帮促者共同协商对学习结果的评价方式,并确定评价标准和工具,最后双方签字确认,实施学习契约;帮促者和学习者根据契约的内容,共同对学习过程和学习效果进行检查。

### (四)概念图

概念图(concept map)是由美国康奈尔大学的诺瓦克(Novak)在20世纪70年代末提出的,后来逐渐被引入课堂,目前被广泛地应用于发达国家的课堂教学和评价中。它是根据奥苏贝尔(Ausubel)的有意义学习理论提出的一种教学技术。概念图是用来组织和表征知识的工具。它通常将某一主题的有关的概念放到圆圈或方框中,然后将相关的两个概念用线段连接,并在线段上标明两个概念之间的关系,如图8-2所示。

概念、命题、交叉连接和层级结构是概念图的四个图表特征。概念是学习者感知到的事物的规则属性,通常用专有名词或符号进行标记;命题是对事物现象、结构和规则的陈述,在概念图中,命题是两个概念之间通过某个连接词而形成的意义关系;交叉连接表示不同知识领域概念之间的相互关系;层级结构是概念的展现方式,一般情况下,最概括的概念被置于概念图的最上层,从属的概念则被安排在下面。学习者通过将内部零散的知识结构化、条理化并连接起来,建立了一定的意义关联,同时将头脑中的知识从隐性转为显性。

为了评价学生真实的知识结构,概念图作为教学研究和评价的工具,正起着重要的作用,主要表现在:概念图评价方式减少了学习者的紧张、焦虑感,提高了学习者的学习兴趣和参与性;概念图评价方式更有利于评价主体向多元化方向发展;概念图的评价是一种动态的评价方式,它能促进学习者思维与学习能力的提高。

概念图评价一般包括以下步骤。

(1)教师一般在日常课堂教学中进行随堂评价前都要精心准备主题内容,以帮助学生温故而知新。在评价的过程中可以将部分概念呈现给学生,也可以一点提示都没有,完全采用开放性质的概念图评价。第一种属于概念限定性任务,在评价的过程中对概念图的设计有具体的要求,如只对知识层级关系中的某一分支加以限定考察。第二种属于非限定性任务,这类任务对学生的约束相对较少,可以更真实地检验出学生头脑中的知识网络。例如,在小组内,学生可以用头脑风暴的形式共同完成一个概念图。

(2)学生通过计算机中的概念图软件将自己关于主题的知识网络呈现出来。随后是评价的实施部分,这是评价主体多元化的具体体现。学生先相互评价做好的概念图,再由教师帮助补充和完善。这个过程的重点不是给学生分出等级,而是真正了解学生会什么、不会什么,这有利于教师修改教学设计和补救教学任务。

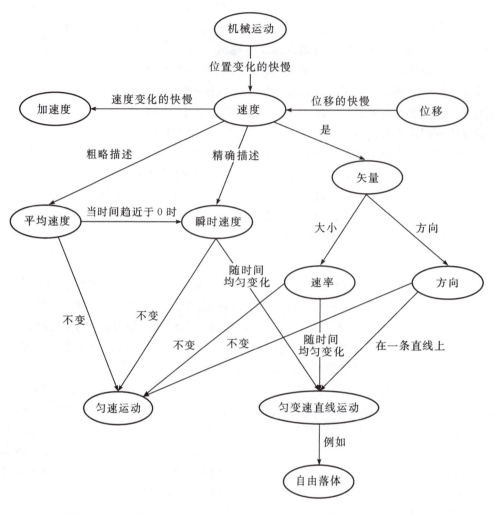

图 8-2 概念图

(3) 由学生自己完善概念图。一些开放性的问题没有唯一答案,教师要事先指明。学生已经吸纳了同学与教师的建议,对自己的概念图进行进一步的反思,对没有建立有意义知识联系的地方作修改,以加深理解。

## 二、总结性评价工具

测试是教学中常用的评价工具,它有利于教师了解学生对认知目标的达成度。测试的形式主要有面试、笔试与综合考试。在学校教育中,最常用的就是闭卷考试。闭卷考试的试卷主要有客观题和主观题。客观题在一定程度上提高了考试的公平性和公正性。与之相比,主观题有一定的人为因素,但是能在一定程度上反映学习者的思考过程和观点。测试作为一种传统的评价工具操作简单,并且能在一定程度上起到激励、调整和反馈的作用。但是它只适用于对知识内容的检测,不适用于对学习者情感、态度和价值观的考查。信息技术的发展推动了网络测试系统的出现,计算机辅助测试为信息化教学评价提供了有力的帮助。

TestEasy 是一款常用的网络测试试卷制作工具,通过它可以制作交互式教学测试、评估试卷。这款软件包括选择、填空、匹配、判断和简答五种类型的题目,其界面直观、操作简单,十分适合教师制作各种网络化的教学测试试卷。

这款软件的使用步骤如下:运行 EasyTest 软件,选择有关的测试题目单元,在"输入题目"中可看到各种类型题目的输入界面;题目输入完毕后,选择"制作网页"中的"生成网页",即可看到生成的网页效果。

编制试卷时应该注意以下问题:试卷应按照教学大纲来编制;注意题目的难度、效度和区分度;试卷前后的题目不能重复;题目描述要简洁明了,不能出现歧义。

信息化教学中以"学"为中心的学习理念强调学习者的实践经验和元认知技能,以及创新意识和解决劣构问题的能力。因此,需要寻求接近真实学习环境的评价方式。"工欲善其事,必先利其器。"信息化教学评价工具的恰当使用,必将推动教学评价的科学发展。

## 第三节　信息化教学评价发展趋势

随着评价理念和信息技术的快速发展,信息化教学评价的发展主要呈现出以下趋势。

### 一、个性化

教学评价是测量教育结果、改进教学方式的基石。教的方式对不对?学生是不是真的学会了?针对学生的进度,教学方式要做哪些改变?这些问题的解答都需要有准确的评价体系。但过去的教学评价主要依靠考试,一个学期两次考试显然不够及时和准确。人工智能(AI)推动教学评价变革,实现了个性化的"教"和"学"。利用人工智能技术,可以提供更加多元的过程化教学评价,使评价手段更加丰富、评价过程更加科学、评价结果更加准确。智能教学助手和智能评测系统的协同,可以为学生提供全面的学习诊断,并配合及时精准的学习干预,真正实现教学的规模化与个性化的统一,如图 8-3 所示。

图 8-3　课堂学生行为智能识别

人工智能应用于教育,核心的场景之一应当是教育的评价。它把过去的"结果评价"变成了"过程评价",把考核从一次考试变成了持续不断的行为分析。人工智能也扩大了评价的范围,在纸面文字之外,把语音、图像等内容纳入了评价范围。例如,我们的"英语君"利用音素级的语音评测技术对英语口语进行评测,让学生知道自己哪个音标读错了,也减轻了教师检查口语作业的负担。人工智能在教育评价中的运用,让教和学可以更融洽。教师更准确地发现学生的优缺点,实现"因材施教";学生也可以更好地了解自己,管理自己的学习进度。

腾讯的K12在线教育产品——企鹅辅导,引入人工智能评价系统。它会自动分析学生的上课状况,生成个人学情报告。通过专属的"错题本"和匹配的学习计划,学生可以实现自我发现和自我辅导。

## 二、智能化

科技的日新月异和经济全球化时代的到来对未来社会的人才素养提出了新要求,但传统的教育评价由于受手段和技术的限制,对这些重要的素养难以进行客观的评估,因此需要整合多方面的科技进展赋能教育评价,使教育评价能更好地反映学生德、智、体、美、劳的全面发展,对素质教育的实施产生更加积极的推动作用。云计算技术、5G技术、物联网技术等,以及智能终端的到来,都为我们开展智能教育评价提供了支撑,使我们能够创设更加真实的情境来评价学生,能够更加准确、高效、及时地将评价的结果反馈给个体。所有这一系列技术的整合,将推动教育评价进入新的发展阶段。

教育评价还是应该回到教育的本质,促进学生德、智、体、美、劳的全面发展。但是在过去由于技术的限制,只能注重知识和基本能力的评价,很难对德、智、体、美、劳进行全面评价。现在新的智能化评价方式使实现全面评价成为可能。

在过去,由于评价方法、计算及储存等技术的限制,我们只能用抽样的方法选取有代表性的样本进行评价,不可能针对所有的学生。即使针对样本,我们更多的是给予一般的平均数、标准差的描述,很难做到针对每一个学生。使用新的技术使我们可以面对所有的学生。这样就可以对每一个学生进行个性化的评价、指导。其次,过去我们收集的数据只能用比较简单的文本信息表示,图片信息、视频信息都很有限,现在我们可以收集更多、更丰富的多模态信息,并对这些信息进行自动的智能化分析和加工评判。最后,过去的评价局限在一些非真实的典型场所,如专门的考场,有特定的时间和要求。在这种情况下,我们不能在真实的生活、学习、工作的过程中对学生进行评价。

智能化的评价方式使在真实的情境中对学生进行评价成为可能。过去的评价主要就是考试,现在的评价在日常的学习中就可以进行数据的收集,这也增加了评价结果的真实性。过去的评价分析成本很高,现在成本较低;过去的评价反馈需要延迟,现在可以做到及时反馈、及时指导,而且可以有针对性地进行个性化的信息推送。

现在世界各国已经在应用智能化的教育测评方法方面取得了重要的进展。这些进展尽管是初步的,但是随着时间的推移、应用的深入以及不断地研究,智能化教育测评的应用水平会越来越高。下面简单举例说明智能化教育测评如何结合教育的本质,对学生进行更全面、更客观、更真实、更准确的评价。

例如对于学生的身心健康发展,情绪是很重要的一个评价维度。我们对情绪怎样进行评价?如果能结合学生的学习过程,了解学生平时学习过程中的真实状态,就可以发现有的学生学数学是有焦虑的,有的甚至很严重。我们可以将学生学习过程中的情绪状态和他的成绩相关联。我们也可以观察数学课的教学结果,教师教学的效果是什么?除了数学成绩的高低,还

## 第八章 信息化教学评价

包括学生学习数学的情绪、热爱程度,以及自信心如何。这些我们都可以利用文本分析技术、语音分析技术、图像识别技术以及学谱仪等一些新的方法进行评价。

### 三、精准化

在大数据时代"用数据说话、用数据决策、用数据管理、用数据创新"成为科学管理的一种隐含标准。有人预测,大数据将给教育带来革命性的变化,教育大数据使"经验式"的教学模式变为"基于数据的精准"的教学模式,改变传统的课堂教学和学习方式,实现学生的个性化学习。

在大数据激发的教育变革中,以测量、记录数据为基础的精准教学必将迎来新的发展机遇。通过基于"大数据技术"的评估系统,依据诊断结果和评估维度,可针对学生的弱项推送定制化资源,生成个性化学习报告,实现个性化学习服务;也为教师改进教学提供现实依据,促进教师自我反思和专业成长;同时为家长提供更为贴近现实的指导和建议。

在大数据时代,学习结果不再是评判学习效果的主要依据。学生的学习过程、学习内容、讨论和互动等活动都可成为相关评价的依据,真正实现学习质量的可度量。通过大数据的技术处理,评价结果将变得可视化,教师可以准确把握学生的学习现状和成长过程,设计个性化的学习活动,并通过不断的互动和巩固训练提高学生的认知层次。

**思考与练习**

1. 在注重学生学习能力培养的目标导向下,如何更好地开展信息化教学评价?
2. 以小组为单位了解成果导向的教育理念(outcome-based education,OBE),并阐述如何以该理念为指导开展信息化教学评价。

**学习资源拓展**

1. 王佑镁.基于ePortfolio的信息化教学评价策略研究[J].电化教育研究,2003(12):63-68.
2. 高巍,毛俊芳,叶飞,等.高校如何提升学生评教效度:澳大利亚高校学生评教最大差异量规及其启示[J].开放教育研究,2020(1):28-36.
3. 罗祖兵,郭超华.新中国成立70年课堂教学评价标准的回顾与展望[J].中国教育学刊,2020(1):55-61.
4. 范涌峰,宋乃庆.大数据时代的教育测评模型及其范式构建[J].中国社会科学,2019(12):139-155.
5. 王永泉,胡改玲,段玉岗,等.产出导向的课程教学:设计、实施与评价[J].高等工程教育研究,2019(3):62-68.
6. 刘宁,王晓典.论成果导向教育理念的学生学习成效多元评量[J].黑龙江高教研究,2016(12):37-40.
7. 姜波.OBE:以结果为基础的教育[J].外国教育研究,2003(3):37-39.

# 第九章 信息时代教师专业能力发展

 **学习目标**

1. 了解信息时代教师专业能力的内涵。
2. 掌握信息时代教师专业能力发展的主要内容和途径。

 **主要内容**

本章主要介绍信息时代教师专业能力的新内涵、新特征,以及信息技术支撑教师专业能力发展的主要途径。

 **知识结构**

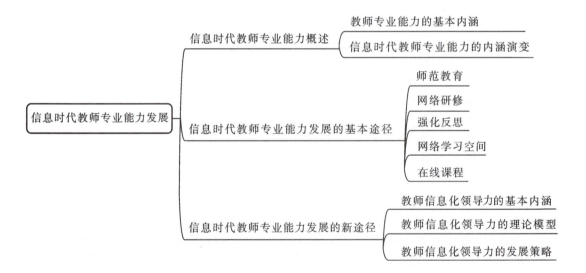

## 第一节 信息时代教师专业能力概述

在信息技术高速发展的今天,信息技术与教育的结合无论是在广度上还是深度上都实现了空前的优化,也对教师的知识结构与教学技能提出了严峻的挑战。教师应积极提升专业能力、更新知识结构、增强专业技能,以适应新时代的教育教学改革需要。提升教师专业能力是国际教师教育改革发展的潮流,也是当前我国教师教育改革发展的重要导向。

# 第九章 信息时代教师专业能力发展

## 一、教师专业能力的基本内涵

教师专业能力是教师特有的从教能力,是教师圆满完成本职工作的专业本领,是教师综合素质最突出的外在表现,也是评价教师专业性的核心要素。到目前为止,关于教师专业能力的结构和种类,不同学者有不同的观点。一般说来,教师的专业能力应包括以下几个方面:

(1)教学设计能力,即教师在综合考虑教学内容、教学媒体、教学时间、教学对象等因素的基础上,对教学目的、教学流程、教学方法进行整体构思和设计的能力;

(2)表达能力,主要包括语言、板书板画及运用多种教学手段表达和演示的能力,是实施教学的重要支撑,其中语言表达能力是教师传授知识、教育学生的必备能力;

(3)组织能力,如班级管理能力、课堂管理能力、资源管理能力以及自主学习管理能力等;

(4)研究能力,是教师专业发展的必备素养,也是教师改进自身专业结构、反思教学实践、发现与解决教学问题、总结教学经验形成理性认识的重要基础;

(5)反思能力在教师能力结构中居于核心地位,是较难得到发展的教师能力之一,也是教师专业成长的重要标志;

(6)德育能力,主要指教师在教育活动中随时在思想品德、做人做事、精神成长等方面对学生施加影响的能力。

除了以上所阐述的教师需具备的基本能力外,在实施素质教育的今天,教师还要有培养学生发现问题、分析问题与解决问题的能力等。

## 二、信息时代的教师专业能力

教师专业能力是教师专业发展的重要内容。要了解信息时代教师专业能力内涵的演变,首先要了解教师专业发展的新特征。

### (一)教师专业发展的新特征

#### 1.常态化是教师专业发展的新目标

从教育事业与经济发展的内在关系来看,经济发展要求教育发展做先导,教育发展要以经济发展为基础,教育事业必须同国民经济发展的要求相适应。这是我国历史发展经验的结晶,也是任何时期教育工作的根本指导思想。因此,认识新常态、适应新常态、引领新常态,是当前和今后一个时期经济发展的主旋律,也是教育工作的大逻辑。自经济发展新常态的理念提出以来,诸多专家学者对教育发展新常态发表了不同见解,其中顾明远先生对教育发展新常态的理解最具有宏观指导意义,即我国教育发展面临三个"新常态":促进教育公平、提高教育质量、"互联网+教育"。"互联网+教育"是促进教育公平、提高教育质量的重要途径,是一种以互联网为核心的信息技术在教育教学领域不断渗透与相互融合的趋势性、不可逆的发展状态。这就意味着信息化已成为解构"旧教育"的必要手段,重组与再造"新教育"的基本元素。基础教育是我国教育体系的基石,教师是促进教育公平、提高教育质量、推进"互联网+"与教育深度融合的最核心要素。教师专业发展是保持教师素养先进性、引领教育事业发展的重要途径,是我国教育体系的重要组成部分。

改革开放以来,我国对"教师"内涵认识的不断深化,即从"教师是一种职业"到"教师是一种专业",再到"教师是一种生活方式",实现了教师发展理念由"工具化"向"人本化"的不断转变。此外,从马斯洛的需求层次理论来看,从"职业"到"专业"再到"生活方式"的转变也是教师培训在不同时期对我国教师更高层次心理需求的不断满足。因此,在上述分析的基础上,我们可以将教师专业发展新常态的内涵界定为在"互联网＋"时代,以提升综合素养为基础,以提升精神生活质量与人生境界为导向,在当前和今后一个时期所呈现的一种不同以往、相对稳定的状态,其特点主要体现在以下五个方面:教师专业发展模式由粗放式、规模化向精准化、内涵式转变;教师专业发展范式由"外促"式被动发展向"内生"式主动学习转变;教师专业发展生态由封闭的、现实的生态向开放的、虚拟的生态转变;教师专业发展结构由单一机构独立实施向多家机构联合协同推进转变;教师专业发展活动由学科本位的孤立设计向主题聚焦的融合设计转变。

**2. 泛在互联是教师专业发展的新情境**

泛在互联(ubiquitous interconnection,UI)是"互联网＋"时代社会网络化的显著特征,主要指在信息化社会,任何人都可以借助相应的信息化媒体直接或间接地与他人进行信息传输,形成社会关系网络的存在形态。其内涵主要体现在以下几个方面。

(1)网络化是信息时代人类生存的基本情境。在"互联网＋"时代,互联网成为人类谋求竞争新优势的战略方向,学网、懂网、用网是人类谋求更高发展的基本要求,网络已成为人类优化各项社会活动的基本要素。

(2)扁平化是信息时代人类交互的基本形态。网络的普及和应用打破了以往信息由上向下传播的层次性特征,为人类信息的接收和传播创造了一个扁平化的自由环境。

(3)分享是信息时代人类拓展社会网络的重要举措。分享是增强信息流动、扩展个人影响力的重要方式,互联网的普及和应用使信息分享突破了时间和空间的限制。现阶段,各种社交平台分享功能的完善及彼此间分享活动的无缝连接对信息传播又一次带来了深度变革。

(4)节点类型更加丰富,人类节点呈"被隐形化"的趋势。信息技术的发展强化了人与人、人与物、物与物之间的相互关联,信息传播路径的多样化丰富了社会网络节点的类型。各种社交媒体或平台逐步成为人与人之间传播信息必不可少的"外在显性"的中介节点,且在社会网络中的重要价值越来越凸显。这对六度分隔理论在信息时代的应用提出了挑战。

(5)节点间关系的建立与强化是信息时代人类社会价值的集中体现。人是各种社会关系的集合,在数字时代更为凸显。社会网络中节点间关系的建立和强化不仅指人与人之间信息的直接传播,更倾向于人类能够有效利用各种社交媒体发表自己的思想观点或获取他人的思想见解,实现人与人之间信息的间接传播。节点间关系建立和强化的过程实质上是人类不断扩大自身对他人、社会影响力,提升自身社会价值的直接体现。

(6)人的内在传播是社会网络存在、发展的源起和指向。人是传播活动的主体,促进人的发展是传播活动的最终指向,也是衡量传播有效性的重要指标。人的内在传播是人的思维活动,是人脑对感性知觉和表象进行加工,从而产生概念和推理,形成思想的过程。人的新思想的形成是引发有效传播行为的基本条件之一。社会网络的传播引发其他个体的内在传播,进而实现社会网络的拓延和个体的社会化发展。

近些年来,随着我国教育信息化工程的深入推进,"宽带网络校校通"的覆盖面进一步扩大,教师信息技术应用能力得到普遍提升,网络学习空间应用逐步普及并深入。教师队伍中数字土著比重的逐渐增多以及网络工作坊、微信、微博、博客等多种社交平台在教育教学领域的

## 第九章 信息时代教师专业能力发展

深度应用,为教师与同事、校长、学生及其家长,以及其他利益相关者间的信息传播创造了良好的支撑环境。因此,"泛在互联"成为教师专业发展的新情境,也是思考教师专业能力内涵演变的新视角。

### (二)信息时代教师专业能力的内涵演变

随着科技的发展,教学媒体、教学资源、教与学的环境等逐步发生了显著变化。在这样的时代背景下,教师专业能力的内涵也发生了新的转变。

#### 1. 注重教师数据素养的发展

随着大数据时代的到来,传统教育与网络教育间无缝融合,教师较以往能更快甚至是实时获取更多元、更完备的教育数据。数据在教师教育教学中的作用无疑将日益突出。然而拥有数据并不等于使教学获得改善,这就要求教师具有理解和应用数据以改进教学的能力,即数据素养。

目前,国内外关于教师数据素养的观点多样,在综合诸多学者观点的基础上,我们认为教师数据素养主要包括教师处理数据的基本能力与教师应用数据改进教学的能力。处理数据的基本能力是教师数据素养的核心,是教师应用数据改进教与学的根本前提,主要包括数据获取能力、数据分析能力、数据解读能力、数据交流能力等。数据的教学应用能力,即应用数据改进教学的能力,是教师数据素养的基本要求,是数据在教育教学中得以发挥重要价值的关键所在,主要包括应用数据发现教学问题的能力、应用数据进行教学决策的能力、应用数据监控教学发展的能力等。

#### 2. 注重教师新媒介素养的发展

媒介素养是人们对现代媒体的意识、情感、态度、价值取向与应用能力的总和。教师应具备自觉的媒介素养意识,在对学生传道、授业、解惑的同时,培养学生去更好地适应信息时代和社会发展,使他们正确地看待和应用技术等。因此教师需要不断提升媒介素养,提升在教育教学活动中使用媒介工具、判断媒介内容的能力,从而更好地为教育教学工作服务。互联网信息平台和终端设备的丰富昭示着融媒体时代的到来,直接影响我国社会的各个阶层和领域。教师面对开放的环境和融媒体时代教育教学改革的发展,必须按照新的要求提升媒介素养,适应发展潮流。

#### 3. 注重教师跨学科教学能力的发展

学科本位化是我国教育教学中存在的显著问题,严重制约了我国素质教育的发展。破解这一难题的关键在于教师跨学科协同教学能力的发展。《教育部关于实施全国中小学教师信息技术应用能力提升工程 2.0 的意见》(教师〔2019〕1 号)中明确提出要整合多方资源,促进教师有效利用信息技术开展跨学科教学。

教师信息技术与教育教学深度融合能力不仅要求教师选择和使用信息技术,而且要求教师能够结合所教课程适时、合理地融合信息技术,从而实现教育教学效果的提升,促进教学目标的实现。整合技术的学科教学知识是一种特殊的、高价值的、面向 21 世纪的教师知识,是一种超越了三个核心成分(学科知识、教学知识、技术知识)的新的知识形态,是利用技术进行有效教学的基础,是教师应当具备且必须具备的全新知识。它涉及学科内容、教学法和技术三种知识要素,但并非这三种知识的简单组合或叠加,而是将技术"整合"到具体学科内容教学的教学法知识当中去。它是整合了三种知识要素以后形成的新知识。由于涉及的条件、因素较多,且彼此交互作用,它是一种"结构不良"(ill-structured)知识,如图9-1所示。

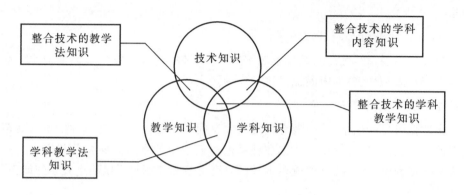

图9-1 整合技术的学科教学知识

**4. 注重教师网络德育能力的发展**

2020年4月,中国互联网络信息中心(CNNIC)发布的第45次《中国互联网络发展状况统计报告》指出,截至2020年3月,我国网民规模达9.04亿,互联网普及率达64.5%。网络技术的发展和普及极大丰富、便捷了人民群众的生活,但其带来的负面影响也越加明显。网络的虚拟性、开放性和隐蔽性导致虚假信息泛滥、网络语言暴力加重、他人隐私频遭侵犯等,干扰了正常网络秩序。因此,在新媒体时代,应引导教师在网络上进行理性的思想表达,促进教师网络道德素养的全面提升。

**5. 注重教师在线学习力的发展**

学习力是人发展的核心内驱力,学习力决定发展力。如今,随着信息技术的发展,在线学习力成为学习型社会与信息化社会中人的必要生存能力。在在线开放课程大力建设与深度应用的背景下,注重教师在线学习力的发展是促进教师自身专业发展常态化的重要基础。

在线学习力主要包括学习驱动力、学习策应力、学习顺应力、学习反省/管理调节力、学习互惠力五部分。学习驱动力是激发网络学习者在线学习的动力系统,是引发和激发网络学习者持续学习的关键,包括学习需要、兴趣、信念、成就目标等,直接影响网络学习者的学习行为;学习策应力是网络学习者熟悉信息内容表征的方式,学习者能够根据需要综合运用多种方法或策略,如提问、联系、想象、推理等进行学习;学习顺应力指网络学习者能够保持耐性与专注精神,排除内外干扰,集中精力投入学习,具体包括引发并保持注意,管理分心、毅力与持久力等;学习反省/管理调节力是指网络学习者的规划管理、反思与调节能力,网络学习者不仅要能感知学习目标,而且能科学制订计划、预计结果、选择策略、预见问题及解决方法,及时评价、反馈学习活动过程及结果,根据问题采取相应措施并及时做出修正和调整;学习互惠力是指网络学习者能以有效、负责任的方式建立学习关系,既能学习他人的成果,也愿意与他人共享自己的学习成果。网络学习者不仅应知道如何进行自主学习,也应知道何时与如何开展合作学习;讨论问题时能表达个人观点,也愿意倾听他人观点。

## 第二节 信息时代教师专业能力发展的基本途径

一般认为,教师专业能力发展有三种取向:理智取向、实践—反思取向、文化生态取向。理智取向主张教师通过正规的培训,向专家学习先进的理念、知识和能力,以提高教育理性认识水平和教学技能;实践—反思取向主张教师通过实践反思,发现教育教学的意义,获得实践智慧,其主要方法有写日志、传记、构想、教育叙事等;文化生态取向认为教师专业发展不仅仅依靠个人努力,在更大程度上依赖教学文化或教师文化为其工作提供意义、支持和身份认同,其主要方式是通过建设学习团队进行协同教学、合作教研,实现共同发展。随着信息技术的不断发展,各种取向下的教师专业能力发展途径涌现出了新的内涵。

### 一、师范教育

师范教育是教师个体专业能力发展的起点和基础。在线课程的大力建设、科学引入与深度应用推动了师范生专业能力培养模式的变革。《教育部关于实施卓越教师培养计划2.0的意见》(教师〔2018〕13号)中明确要求推动人工智能、智慧学习环境等新技术与教师教育课程全方位融合,充分利用虚拟现实、增强现实和混合现实等技术建设开发一批交互性、情境化的教师教育课程资源。及时吸收基础教育、职业教育改革发展的最新成果,开设模块化的教师教育课程,精选中小学教育教学和教师培训优秀案例,拍摄短小实用的微视频,建立结构化、能够进行深度分析的课例库。建设200门国家教师教育精品在线开放课程,推广翻转课堂、混合式教学等新型教学模式,形成线上教学与线下教学有机结合、深度融通的自主、合作、探究学习模式。创新在线学习学分管理、学籍管理、学业成绩评价等制度,大力支持名师名课等优质资源共享。利用大数据、云计算等技术,对课程教学实施情况进行监测,有效诊断和评价师范生学习状况及教学质量,为教师、教学管理人员等进行教学决策、改善教学计划、提高教学质量、保证教学效果提供参考依据。

### 二、网络研修

我国历来重视在职教师专业能力的发展,并先后实施了重大工程或项目,其中较为显著的主要有中小学教师国家级培训计划、中小学教师信息技术应用能力提升工程等。中小学教师国家级培训计划自2010年正式实施以来,已发展成一项国家重点支持、投资巨大、持续时间较长的重大教育政策,也形成一套日趋完整的以教师培训项目为核心的制度体系。在信息技术不断发展的背景下,教师在职培训模式也在不断变革,如基于网络的后续跟踪、教师网络研修工作坊的建设和应用以及各类在线培训课程的建设等,其中以网络研修的作用最为显著。

网络研修是信息时代背景下教师继续教育发展的新模式,是对传统教研与培训的变革与创新。作为当代教师研修发展的产物,我国很多省份的网络研修主要采用的是"网络研修工作室或工作坊"这一具体表现方式,其实质是集专家引领、教师自主研修、教师互动交流、管理过程监控于一体的综合性网络研修社区,实践中是由网络研修工作室主持人(简称主持人或坊主)设计研修主题,同时引领学员开展网络学习。教育部文件明确指出,网络研修是教师培训的基本模式,主持人遴选由区县把握。主持人作为教师网络研修工作室的核心,是教师专业发展、教师学习甚至教育创新发展的引领者。

## 三、强化反思

在信息时代背景下,技术为教师的教学反思提供了异于传统教学反思的工具、手段、途径、方法,如电子档案袋、博客、论坛等的使用在一定程度上提高了教师教学反思的效率。技术支持的教学反思,就是教师在教学活动中或者教学活动之后借助信息技术、多媒体技术、网络技术等工具进行教学反思,以寻求更好的问题解决方案。所以,传统的技术原理模式和反思模式不应截然对立,而应该相互结合。

在信息时代背景下,各种新的网络技术工具为教师提供了新的教学反思工具。通过整合现代教育技术手段,教师可以进行网络化的教学反思,实现一些传统手段无法实现的反思形式。

### (一)录音录像

随着科技的发展,教师收集教学反思素材的工具也逐渐多样化。录音录像的出现,更是将教学活动中的声音和全过程进行了数字化的存储,让教师能够清晰地回顾教学活动环节,以帮助其进行更客观、全面的反思。

### (二)电子档案袋

与传统的纸质档案袋相比,电子档案袋是数字化的存储工具,有易于管理分类,不受物理环境影响,存储形式多样化(文本、图片、视频、音频等)等优点。教师成长的电子档案袋对教师的专业能力发展有着重要的意义。

### (三)思维导图软件

思维导图是一种表达发散性思维的有效图形思维工具。思维导图软件如 iMindMap、MindMapper、MindManager、XMind、FreeMind 等的应用,使整个教学活动可视化。教师在教学反思的过程中可以将零散的、无序的教学片段通过图画表示出来,以厘清思路,找出问题所在,并寻求解决方案。

## 四、网络学习空间

随着我国教育信息化的飞速发展,人们越来越重视人与人之间的互联互通和互助。"十三五"期间,我国全面深入推进"三通两平台"工程,而"网络学习空间人人通"是"三通"工程的核心和重点。为了更好地实现"网络学习空间人人通",不仅需要建设个性化、智能化的网络学习空间,更需要了解网络学习空间中的学习者,并激发学习者充分利用网络学习空间进行互帮互助,实现优质资源的共建共享,进而培养学习者的创新能力。

网络学习空间是学生、教师、家长、管理者共同构建的学习空间,其核心还是以学习者为中心。学习者在网络学习空间中会遇到各种各样的问题,而同伴之间的互助为及时解决这些问题提供了良好的手段。研究表明,同伴作为一种重要的人力资源,常常被人们忽视,但是同伴在协同知识建构和个人专业发展方面发挥了重要作用。因此,网络学习空间是当下促进教师专业能力发展的重要途径。

## 五、在线课程

近年来,在线开放课程的发展与普及为教师专业能力的发展提供了新途径。

首先,在线开放课程实现优秀教学理念和方法的快速共享。作为精心锤炼的教学成果,大规模在线开放课程(MOOC)具有教学内容先进、教学设计精练、教学手段丰富等特点。借助互联网传播手段,它不仅可以将优质的教学内容快速传递给学习者,也可以将优质的教学理念和方法快速传播给同行,使关注教学改进但缺乏思路的教师获得启发。在传统的教师培训体系下,教师需要参加会议、现场听课或聆听报告,才能获取对某个学科或某门课程教学方案的片断式了解。而通过观摩在线开放课程,教师可便捷、直观、全面地获知关于某门课程的各版本教学设计和知识点讲授方式,乃至学生对各种讲授方式的评价与反馈,进而进行借鉴以改进自己的教学。

其次,在线开放课程引导教师对传统教学方式的反思与再造。公开、开放的在线开放课程平台使教师的教学成果通过互联网得以放大,教师的教学活动不再局限于课堂的有限时空,优质课程具有鲜明的示范效应,必然得到广泛关注。教学为教师带来的成就感显著提升,空前激发了教师的教学改革热情。通过推动国家级、省级精品在线开放课程的评审,促使教师认真总结、梳理过去的教学经验,积极采纳信息技术对课程进行再造,以求经受住镜头、同行、课程评审专家、学习者等多个"他者"视角的审视,为教师自觉提升教学能力提供了原生动力。

最后,在线开放课程促进"互联网+教育"相关技术的快速发展。在线开放课程是"互联网+教育"的产物,在线开放课程的快速发展也促进了"互联网+教育"相关技术的快速发展。近几年来,围绕在线开放课程的线上教学和本地化教学,大量支撑信息化教学的产品,如支持在线开展实践教学的实验平台,加强互动效果的直播工具,增强课程视觉效果的虚拟现实和增强现实技术支持下的富媒体教学资源,支持移动学习和课堂教学互动的App、微信小程序,人工智能、大数据技术支持下的教学分析工具等纷纷面世。这些信息技术产品不但为教师开展信息化教学提供了辅助工具,还帮助教师开启创新视角、突破传统教学模式,深入研究以学生为中心的新型教学模式。

## 第三节 信息时代教师专业能力发展的新途径

### 一、教师信息化领导力的基本内涵

教师信息化领导力是教师为优化学生学习质量,通过独立或协作的方式,利用信息化手段或传播信息化内容,影响同事、校长(管理者)、学生家长等其他相关人员的思想、行为等发生变化,进而改善教与学实践的能力。其内涵集中体现在以下几点。

其一,教师信息化领导力是一种分布式领导理念指导下的共享型领导力,其"权力"来源于教师以实践智慧为核心支撑的非权力性因素,属于一种非正式领导力。只有当全体教师按照所处环境或事件的需要积极主动地将领导者的角色转换到自己身上时,教师信息化领导力才会形成,并且这种领导力可以被教授、分享、传播以及在集体意义上实现。此外,教师信息化领导力作为信息化领导力的一种,遵循信息化领导力的普遍法则,具有与信息化领导力相同的范式。

其二,领导理念、教师专业化、信息化情境是教师信息化领导力存在与发展的支撑要素。其中领导理念是教师信息化领导力存在和发展的基础支撑,信息化情境是教师信息化领导力存在和发展的外在支撑,教师专业化是教师信息化领导力在学校这一学习型组织中存在和发展的内在支撑,如图9-2所示。

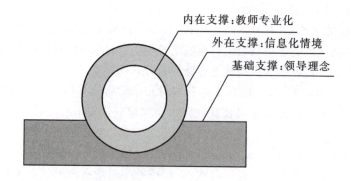

图9-2 教师信息化领导力支撑要素间的作用关系

其三,教师信息化领导力的最终指向是改善学生学习质量,其实践主体是获得教师认证资格的全员教师,与受益学生之间不一定存在明确的师生关系。也就是说发挥领导作用的教师可分为两大类:承担一线教学任务的教师和未承担一线教学任务的教师,如教研员、已退休的特级教师等。这是教师专业化和分布式领导理念的集中体现和应用。

其四,教师信息化领导力的实践途径主要有教师发挥自身专长,借助信息化手段提升同事的信息化教学与资源开发能力,优化学生家长家庭教育理念与教育方式,共同参与谋划学校或区域层面教育政策与规划的制定,以及信息化产品的设计与开发等,从而改变学生的学习质量。它具有间接性、范围广的特点,属于一种宏观思维下的教育变革。我国现阶段优化学生学习质量的方式主要是鼓励教师利用信息技术促进自主专业化发展,进而改善学生学习质量,具有直接性和范围小的特点,属于一种微观层次的教育变革。二者之间形成良好的补充。

此外,与教师领导力相比,从系统科学论的角度出发,教师信息化领导力中"信息化"的内涵可概括为,对教师领导力原有各要素及要素之间的关系进行解构、重组与再造,最终形成一种新的教师领导形态的过程。与教师领导力相比,领导情境的变化是教师信息化领导力区别于教师领导力的最为显著的要素。"信息化"的内涵集中体现在以下四个层面,如图9-3所示。

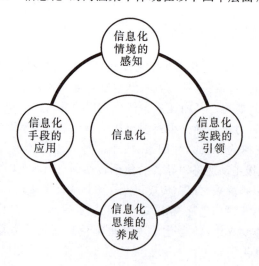

图9-3 教师信息化领导力中"信息化"的内涵

## 第九章 信息时代教师专业能力发展

首先,信息化情境的感知。信息化情境主要包括两个层面:一种是外显的信息化教育情境,即教育信息化对教育教学产生的革命性影响所带来的教学环境网络化、教学资源数字化、教学管理智能化以及学习过程可视化等;一种是内在的信息化教育情境,主要体现在以领导主体与领导客体获取资源的平等性、言论的自由性、交互的及时性、学习时空的灵活性等为主要特征的信息时代民主化的领导情境。教师对信息化情境的感知集中体现在教师对自身在"泛在互联"的领导情境中所扮演角色的再认识,是变革教师领导理念的基础。互联网通信技术的发展打破了已往信息传播的范式,将我们所处的世界重塑为一个"扁平化"的世界,人人都是信息的生产者和传播者。在"泛在互联"的领导情境中,互联网通信技术的发展为教师最大范围内扩散、分享自己的教学智慧、教学资源以及教育思想,引领其他教师的专业发展和教育变革创造了外在的支撑条件。因此,在"泛在互联"的领导情境中,教师实现了由传统单一的优化课堂教学者演变为信息化教学设计者、教学变革引领者、数字化资源开发者、信息化教学研究者、信息化实践智慧的贡献者等多重角色。此外,教师明确自身在"泛在互联"的领导情境中所扮演的角色,是教师明确信息化领导力实践途径的前提,也是强化教师领导责任意识,进而推动教师领导行为的内在驱动力。

其次,信息化手段的应用。领导主体对领导客体的运动状态产生影响的过程,就是激发教师个体内在传播的过程,即领导客体学习活动发生的过程。西蒙斯提出的联通主义学习理论认为:学习与知识形成建立于各种节点之上;学习是一种将不同节点或信息源连接起来的过程;促进持续学习,需要培养与保持各种节点的连接等。因此,信息技术手段应用的直接目的在于在各个节点之间建立并保持有效连接,即建立信息传播通道或平台,具体体现在:领导主体与领导客体间即时性信息的交互;领导主体、领导客体借助社交平台积累、发布自己的思想观点,或浏览、分享对自己的发展产生影响的思想观点。信息技术在教师领导活动中应用的最终目的在于通过不断强化各节点间的连接,促进学习共同体的形成和持续发展。

再次,信息化思维的养成。互联网、云计算、大数据等现代信息技术深刻改变着人类的思维方式,信息化思维的养成是人们适应"互联网+"时代生存情境,优化生活质量的核心支撑。不同的经历产生不同的大脑认知结构。因此,在现有教育体系中存在着数字移民与数字土著两类具有不同思维模式的群体。现阶段,各级骨干教师、校长及各级具有教育决策能力的行政管理者多数以数字移民为主,新入职教师、学生则以数字土著为主。这就造成了骨干教师在发挥示范引领作用的过程中,领导主体与领导客体间思维模式的"断点"。因此,注重骨干教师信息化思维的培养既是增强骨干教师适应信息化教育教学情境能力的需要,同时有助于其按照数字土著所固有的意义建构的方式有效加工和表征自己的思想观点,增强信息编码与译码的契合度,优化信息传播效果。此外,注重校长、各级教育行政部门管理者信息化思维的培养,有助于优化教师信息化领导力发展的外在支撑环境。

最后,信息化实践的引领。信息技术与教育教学的深度融合是我国教育信息化的核心理念,信息化教学实践是教育信息化实践的核心焦点。教师是教育体系中最了解课堂的群体,是教学创新的主体,而教学创新又是学校变革发展的内在动力。因此,教师是推动教育信息化事业创新发展的中坚力量。从传播学的视角来看,教学创新包括创新接受和创新扩散两个过程,其中创新接受是个体层次的教师与学生对新事物的接受和采纳的过程,而创新扩散则是在整体层次上新事物被更多人所接受的过程。教师在信息技术与教学融合的初级阶段,通过批判性接受他人所分享的信息技术与教学融合的新思想、新方法,优化自己的课堂教学或转变学生的学习方式,并在实践的基础上形成和分享自己的信息化教学智慧,实现了由创新接受向创新扩散的演变。优化课堂教学实践的变革,也实现了由领导客体向领导主体的变迁,促进教师的专业化发展。

从系统科学理论的角度来看,系统中某一要素内涵的演变,必然会带动系统中其他要素的内涵及各要素间关系的转变。因此,我们以系统科学理论为指导,以中国科学院领导力课题组关于信息化领导力范式的相关论述为参考,着重从要素内涵、要素间的作用关系两个层面对教师信息化领导力与教师领导力之间的区别和联系进行剖析。

管理学的研究显示,领导活动包括领导者、追随者和领导情境三个基本要素。与教师领导力相比,教师信息化领导力中的领导者由先前的骨干教师、专家型教师转变为全体教师,更加注重对每一位教师内在潜力的激发;领导者应该具备的知能体系也发生了重大变化,更加注重信息技术与原有知能体系的融合,即注重以信息技术应用为导向、以知识为导向的领导能力的培养。领导情境由先前的信息单一传递或分层传递、有限互联转变为多元化、全球性、虚拟化的泛在互联,扁平化、开放性、民主性的特征越来越显著。追随者的知识型特征越来越显著,其对新兴事物的理解和接受能力越来越强,表达自我的意愿、渴望创新的动力也越来越强烈,这就使领导者开展领导活动的挑战越来越显著。领导者不再是权威的象征,而是智慧的象征,善于为追随者创造性实践的开展创造条件。追随者的主体是知识型工作者,其自身的发展逐渐成为更为重要的领导目标,在领导活动中的中心地位越来越凸显,领导活动更加注重追随者发展需求的满足。追随者也是自己的领导者,更加注重信息技术的自我领导或自我发展等。

## 二、教师信息化领导力的理论模型

领导是一种人与人之间的关系,是领导者与追随者之间的关系。基于此,从政策文件的角度出发,在对教师信息化领导力的应然诉求进行归纳、总结的基础上,我们根据领导活动中追随者的不同,将教师信息化领导力实践范畴确定为教师与学生的相互作用、教师与同事的相互作用、教师与校长及其他管理者的相互作用、教师与学生家长的相互作用、教师与教育行政部门的相互作用以及教师与信息化产业的相互作用等六个范畴,并结合教师信息化领导力的内涵构建了教师信息化领导力的理论模型,如图9-4所示。

该模型从实践范畴的角度出发,将教师信息化领导力的影响对象划分为学生、教师(同事)、学校管理者、学生家长、各级各类教育政策(决策者)以及教育信息化产品的研发和设计者(机构),对应的实践范畴及内涵分别为:课堂教学,主要指教师在教学活动中合理、有效地应用信息技术优化课堂教学或转变学生的学习方式,以提升学生的学习效果;教师发展,主要指教师结合自身优势,采用合适的方式促进专业素养的不断提升;学校变革,主要指充分发挥自身专业优势,通过合适的途径为信息时代学校深层次的变革贡献智慧;家校融合,主要指围绕学生的发展需求,通过合适的方式与家长保持有效互动与沟通,形成家校共育的合力;政策实施,主要指教师通过合适的途径,主动或被动地参与政策的制定、宣传或解读,并反馈政策的实施效果;产品研发,主要指教师发挥自身专业优势,与信息化产业(机构)合作,参与信息化产品(资源)的设计和开发,促进产—教—研的深度融合,同时推动教育信息化产品(资源)的供给侧改革。最后,课堂教学是教师信息化领导力最基础、最核心的实践,既包括信息化领导者自身的课堂教学,也包括信息化领导者通过促进教师发展、参与学校变革、参与产品研发等相关实践引发的"追随者"的课堂教学。

# 第九章 信息时代教师专业能力发展

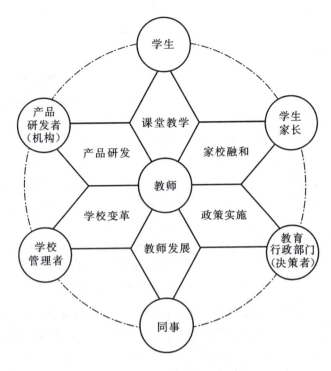

图9-4 教师信息化领导力的理论模型

## 三、教师信息化领导力的发展策略

### (一)围绕教师专业地位全面提升教师信息化领导力

《中华人民共和国教师法》第三条明确规定,教师是履行教育教学职责的专业人员,承担教书育人、培养社会主义事业建设者和接班人、提高民族素质的使命。教师应当忠诚于人民的教育事业。专业性是教师教育教学实践活动的显著特征。所谓围绕教师专业地位全面提升教师信息化领导力,就是以充分发挥教师在教育信息化变革中的专业优势为教师信息化领导力提升的价值取向,强化教师在推动和引领教育信息化变革中的关键地位。教师的这一关键地位是在长期的教育信息化变革的实践中形成的,在教育教学领域基本达成共识。因此,围绕教师专业地位全面提升教师信息化领导力既是教师专业价值的集中体现,也是深度推进教育信息化变革的客观需求。

首先,坚定教育信息化变革的理念,带动广大教师参与教育信息化变革。职业理念是职业实践中意识行为的基础,如果没有坚定的教育信息化变革的理念,就不会有参与或引领教育信息化变革的强大内心和动力;反之,坚定的教育信息化变革的理念一旦形成,就会产生强大的、积极的内在驱动力。因此,在信息时代,教师坚定的教育信息化变革理念就是自觉以先进的教育教学思想为指导,在教育教学实践中积极应用信息技术,推动信息技术与教育教学实践的创新性深度融合,在思想上排除各种干扰、消除各种困惑,自觉做教育信息化变革的参与者和引领者。

其次,强化学习力的提升,保障自身专业知能体系的动态更新。学习力是提升教师信息化领导力,增强广大教师发展力的重要基础。在信息时代,信息技术在教育教学领域的不断渗透,使教师专业知能体系的各要素以及各要素之间的关系都发生了重大变革。为保障自身知能体系的动态革新,教师必须掌握较强的学习力,能够熟练应用各种社会资源促进自身专业知能体系的动态更新和完善,保持专业先进性。因此,在师范生培养和中小学在职培训的相关活动中,应注重教师学习力,尤其是在线学习力的培育和提升,注重相关资源的设计和开发,搭建较为完善的教师学习力提升服务体系。

最后,强化责任担当,主动带动广大教师发挥专业优势。教师是推动教育信息化变革的关键群体,是确保各项教育变革方针和举措贯彻落实的基础。然而,在现实中,部分教师在专业价值发挥中存在弱化、边缘化的问题。有的教师由于不善于、不愿意做更为深入的科学研究工作,不能深入地宣传和实践教育变革的各种理念或举措,以至于在教育信息化变革中的位置越来越边缘化,教育信息化的意识越来越薄弱。因此,教师提升信息化领导力,应当增强信息化变革的责任担当,积极主动地参与教育信息化变革的各种实践活动,在实践中引导更多教师发挥专业优势,逐渐形成合力,集中大家的智慧更深入地推进教育信息化的变革和发展。

## (二)围绕学生主体地位切实提升教师信息化领导力

从教师信息化领导力理论框架研究中构建的教师信息化领导力理论模型可以看出,促进学生发展是教师信息化领导力价值发挥的最终取向,教师与学生之间的相互作用是教师信息化领导力各种作用关系的核心。由此,教师提升信息化领导力,应始终坚持学生的主体地位,围绕学生主体地位的切实实现提升信息化领导力。

首先,坚持以学生为主体,最大限度地全面促进学生发展。重点应在四个方面:一是把学生看作时代主体,在教育信息化变革中牢固树立学生至上的人才意识和责任意识,从内心和情感深处坚定培养适应时代发展需求、全面发展的人才的实践目标;二是把学生看作价值主体,树立学生发展至上的职业价值观,为学生发展不断精心设计教育教学实践活动、开发教育教学资源、搭建和完善以学生为中心的家校共育体系;三是把学生看作实践主体,充分发挥互联网思维的指导价值和信息技术或资源的支撑作用,敢于在教学实践中变革教育教学模式,积极开展基于主题的小组协作学习或基于项目的学习、基于问题的学习、翻转学习、对分学习等多种新型信息化教学模式,引导广大学生积极参与到教育教学实践中来;四是把学生看作是人生主体,鼓励学生为适应数字化社会,追求新时代的美好生活,而不断提高自己的数字素养,养成良好的网络道德规范。

其次,注重和开发学生智慧,最大限度地发挥学生的创新精神。教师要认真践行"教学相长"的教育智慧,发自内心地尊重、相信每一位学生。在教育教学实践中,教师应始终坚持以学生需求为导向的信息化教学设计,利用信息化手段或资源营造宽松、民主的学习氛围或学习空间,最大限度地调动学生的积极性、主动性和创造性。教学方式要尽量符合学生的需要和身心特征。

最后,关注学生需求变化,最大限度地满足学生的更高层次需求。《中国学生发展核心素养》框架明确回答了新时代我们的教育要"培养什么人"的问题。从历史发展的视角来看,我们的教育目标先后经历了由"两基"(基础知识和基本技能)到"三维"(知识与技能、过程与方法、情感态度与价值观)再到"核心素养"(学生应具备的适应终身发展和社会发展需要的必备品格和关键能力)的不断演变。教育目标的演变在一定程度上反映了学生发展需求的不断变革。因此,教师在教育教学实践中,要准确把握信息化变革视角下中国学生发展核心素养的变化及

# 第九章 信息时代教师专业能力发展

其深层次内涵,在职业实践中不断满足学生更高层次的发展需求。

### (三)围绕教育变革需求系统提升教师信息化领导力

教育变革是一项系统工程。信息技术在教育教学领域的普遍应用,引发了人才培养目标、教学环境、教学评价等要素和环节的重大变革,也为教育信息化变革的科学、有效开展提供了一定的理论指导。围绕教育变革需求系统提升教师信息化领导力是教师信息化领导力理论模型对构建教师信息化领导力发展策略指导价值的集中体现。

首先,提升信息化教学能力,适应智慧教学情境。物联网、大数据、云计算以及各种智能移动终端等先进信息技术的普及和应用,推动了教学环境的重大变革,使教学情境越来越数字化、智能化,智慧教学逐渐成为可能。教学情境的不断变革对教师信息技术应用能力以及信息技术与教学内容的融合能力提出了新的挑战。因此,提升教师信息化教学能力是教师适应教学情境变化和引领发展的必然要求。

其次,凝练信息化教学智慧,推广教师专业价值。教学经验是教师专业能力发展的重要支撑和收获。丰富的教学经验只有提炼、升华为一定的理论,才更具有推广价值,才会对更多的人产生影响。在我们的教师队伍中,存在一大批信息化教学经验丰富的教师。通过恰当的途径将丰富的教学经验、实践性智慧等内隐性知识转化升级为一定的教育教学理论,对促进更多教师群体的专业发展、信息化教学产品的设计和研发、学校教育的信息化变革等均会产生重大影响,进而最大限度地实现教师专业价值的推广。

再次,综合应用互联网思维,促进融合形成合力。从人员组成来看,教育系统是一个以学生为核心,以教师、学生家长、学校管理者、教育行政管理者等为利益相关者的系统,其中教师是连接其他利益相关者与学生的关键群体。在"互联网+"时代,借助互联网思维,促进各方利益相关者间信息的无障碍传递,既可以形成强大的教育合力,同时扩大了教师专业优势发挥的空间。

最后,动态更新素养体系,职前在职深度融合。教育系统的信息化变革必然引发教师专业素养体系的改变。在信息时代的师范生培养过程中,应不断更新"现代教育技术"等课程的内容,在已有资源的基础上适度发挥在线开放课程在师范生信息化领导力培养中的作用。此外,信息化领导力跨学科的特性,也意味着只有深度推进师范生培养课程体系的改革,才能提高师范生信息化领导力培养的实效性。针对在职教师,除采用专题讲座、集中研修等方式以外,还应该注重通过相关文化氛围的营造,在真实的教育教学实践或各种问题的解决中,常态化提升教师信息化领导力。

## 思考与练习

1. 作为数字原住民,如何借助信息技术支撑自身专业的常态化发展?
2. 作为刚毕业的师范生,你对同行专业能力的发展会产生什么影响,如何产生影响?

## 学习资源拓展

1. 全国十二所重点师范大学.教育学基础[M].3版.北京:教育科学出版社,2016.
2. 柳海民.现代教育学原理导论[M].北京:高等教育出版社,2013.
3. 罗晓杰,牟金江.反馈促进新教师教学反思能力发展的行动研究[J].教师教育研究,2016(1):96-102.

4.李运福,杨晓宏.基于大数据分析的O2O教师培训模式研究:对"互联网+"教师培训的初步思考[J].中国电化教育,2016(12):113-120.

5.南国农,李运林.教育传播学[M].2版.北京:高等教育出版社,2005.

6.阮士桂,郑燕林.教师数据素养的构成、功用与发展策略[J].现代远距离教育,2016(1):60-65.

7.李兰青.新媒体环境下高校教师媒介素养对教学的影响[J].西部广播电视,2014(1):23-24.

8.郭兆云.融媒体时代高校教师媒介素养要求及实践[J].中国高校科技,2016(10):15-17.

9.赵岩,谭向阳.公民网络道德素养的提升路径[J].人民论坛,2018(17):112-113.

10.刘赣洪,杨敏.教师网络研修工作室主持人引领能力模型的构建:基于探索性和验证性因子分析[J].当代教育科学,2019(1):53-58.

11.韦宁彬.现代教育技术支持下的教师教学反思研究[J].教学与管理,2012(3):27-28.

12.萧潇.以在线开放课程体系支持高校教师信息化教学能力构建[J].中国大学教学,2018(9):72-75.

13.李运福.小学教师信息化领导力模型构建与应用[J].中国电化教育,2020(2):94-101.

14.李运福.小学教师信息化领导行为影响因素与形成路径研究[J].电化教育研究,2020(4):109-115.

## 第九章 信息时代教师专业能力发展

## 参考文献

[1] 程璐楠. E-learning时代的学习理论:联通主义[J]. 中国国际财经:英文版,2016(19):35-38.

[2] 张剑平. 现代教育技术[M]. 3版. 北京:高等教育出版社,2013.

[3] 张大良. 协同创新 打造精品 建以致用 用以促学:在中国大学在线开放课程论坛上的致辞[J]. 中国大学教学,2017(2):4-6,11.

[4] 张策,徐晓飞,张龙. 利用MOOC优势重塑教学实现线上线下混合式教学新模式[J]. 中国大学教学,2018(5):37-41.

[5] 陈明. 慕课时代大学生自主学习能力养成研究[J]. 文教资料,2016(30):180-181.

[6] 韩淼. 基于慕课和雨课堂的高校思政课混合式教学:以"毛泽东思想和中国特色社会主义理论体系概论"慕课为例[J]. 现代教育技术,2018(7):65-70.

[7] 王晶心,冯雪松. 基于慕课的混合式教学:模式、效果与趋势[J]. 中国大学教学,2019(10):51-57.

[8] 吴慧华. 信息化教学评价原则[J]. 九江师专学报(社会科学版),2004(1):93-94.

[9] 李宇峰,李兆君. 概念图在信息化教学评价中的应用研究[J]. 中国教育信息化,2009(20):45-47.

[10] 中国日报网. 北师大校长董奇在人工智能与教育大数据峰会上的报告:智能化的教育评价,推动教育回归本质[EB/OL]. (2019-08-02)[2020-04-26]. https://baijiahao.baidu.com/s?id=1640739295765611430&wfr=spider&for=pc.

[11] 李运福. 小学教师信息化领导力模型构建与应用[J]. 中国电化教育,2020(2):94-101.

[12] 中国科学院领导力课题组. 信息化领导力范式[J]. 领导科学,2010(13):38-40.

[13] 西蒙斯. 网络时代的知识和学习[M]. 詹青龙,译. 上海:华东师范大学出版社,2009.

[14] 任友群,隋丰蔚,李锋. 数字土著何以可能?[J]. 中国电化教育,2016(1):1-8.

[15] 黄荣怀,胡永斌. 信息化领导力与学校信息化建设[J]. 开放教育研究,2012(5):11-17.

[16] 库泽斯,波斯纳. 领导力[M]. 李丽琳,张震,杨振东,译. 北京:电子工业出版社,2009.

彩图 5-8　12种常见颜色的色轮

彩图 5-9　原色

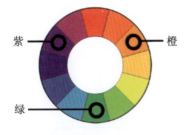
彩图 5-10　二次色

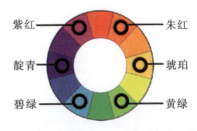
彩图 5-11　三次色

彩图 5-12　冷、暖色

彩图 5-14　近似色

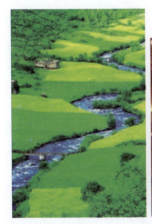
彩图 5-15　近似色搭配图片

彩图 5-16 对比色

彩图 5-17 对比色搭配图片

彩图 5-18 互补色

彩图 5-19　互补色搭配图片

彩图 5-20　同色系搭配图片

彩图 5-21　有变化的单色配色图

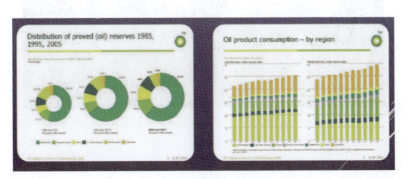

彩图 5-22　近似色配色图

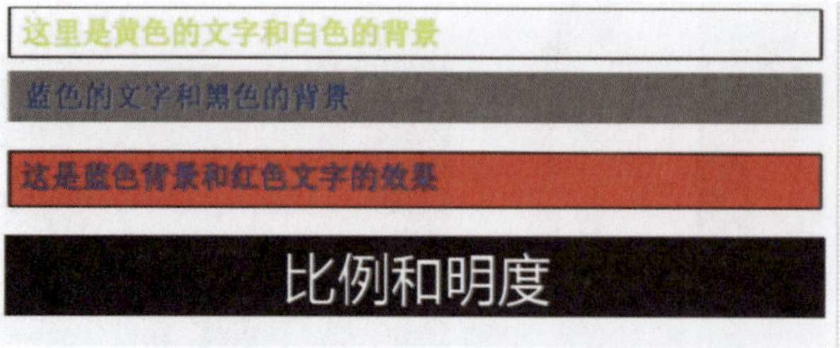

彩图 5-23 单纯文字和背景色

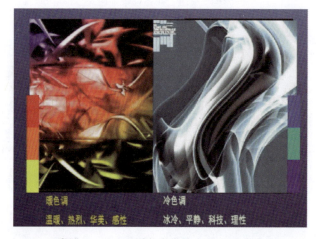

彩图 5-24 不同色彩带给人的不同感受

彩图 5-25 有彩色和无彩色搭配